Wolfgang Körner
Noch mal von vorn anfangen

Wolfgang Körner

Noch mal von vorn anfangen

Männer erzählen, wie sie ihr Leben veränderten

S. Fischer / Goverts

Umschlaggestaltung: Rambow, Lienemeyer, van de Sand
Satz und Druck: Georg Wagner, Nördlingen
Einband: Hans Klotz, Augsburg
Printed in Germany 1981
ISBN 3-10-040702-4

»... beruhen viele Zwangsläufigkeiten, denen sich die Menschen ausgesetzt fühlen, auf den ihnen gemeinsamen Auffassungen über das, was sie zum Leben unbedingt zu brauchen glauben. Sobald sich einer oder zwei aus einer Gruppe von diesen Auffassungen frei machten, ohne daß dadurch ihre Arbeit oder ihre Welt zusammenbricht, werden vielleicht auch andere den Mut dazu aufbringen. In einem solchen Falle würde sich der Charakter in Übereinstimmung mit der veränderten Interpretation der Lebensbedingungen wandeln.«

David Riesman, ›Die einsame Masse‹

»Macht Rhizome!«

Aufkleber in der Bahnhofstoilette Bad Reichenhall

Inhalt

Vorwort: Verständigung über Veränderungen von Lebensstrukturen

Seit einigen Jahren beginnen immer mehr Menschen, die festgefügt erscheinenden Strukturen ihres Lebens zu verändern. Weil dieser Wunsch nach Veränderung mittlerweile derart weitverbreitet ist, daß er weder übersehen noch totgeschwiegen werden kann, stellt der kulturelle Überbau unserer Gesellschaft inzwischen zahlreiche wohlfeile Bezeichnungen bereit, die dieses offensichtlich irritierende Verhalten zahlreicher Mitmenschen schlagwortartig plakativ benennen. Bei dem Lehrer, der plötzlich den Schuldienst aufgibt, seine wohlerworbenen Beamtenrechte an den Dienstherrn zurückreicht, um statt dessen beispielsweise eine gewerbliche Zierfischzucht anzufangen, natürlich, wenn er um die vierzig Jahre alt ist, diagnostizieren wir *Midlife-crisis* und bringen damit einmal mehr unsere Zweifel an der eigenen Lebenswirklichkeit zum Schweigen. Eine *Krise* ist in Deutschland allemal etwas Schlechtes, Unangenehmes. Krise – klingt das nicht fast wie Psychopathie? – Wer eine Krise durchlebt, ist nicht ganz in Ordnung, nicht ganz gesund – und allemal im Unrecht.

Ist der Lehrer aber erst zweiundzwanzig Jahre alt, können wir mit dem Klischee Midlife-crisis nicht viel anfangen, und wir bedienen uns der Bezeichnung *jugendlicher Aussteiger,* auf deren Funktionieren wir uns verlassen können. Ein *jugendlicher Aussteiger,* einer, der von unseren Grundwerten (Rentenanspruch, Bausparvertrag, Stilmöbel) nichts wissen will, ist erstens *jugendlich* (also jung und folglich unreif) und zweitens ein *Aussteiger,* das klingt nach Fahnenflucht und Verrat und nach Alleingang, und auch das ist in Deutschland (wo die schöne Schweizer Lüge *Alle für einen – einer für alle* zur KZ-Moral werden konnte) allemal ein Übel.

Diese Schlagworte, Bezeichnungen für die angeblich jeweils *aktuellen Trends,* die Psychologie und Soziologie bereitwilligst entdecken, haben eine deutlich erkennbare Funktion.
Wenn Zweifel an *der* Art zu leben wach werden, für die wir erzogen wurden, wenn die Handlungsweisen anderer, die mit ihren Lebensverhältnissen unzufrieden sind wie wir mit den unsrigen, uns irritieren, weil sie zum Vorbild werden könnten, sollen die Klischees unsere eigenen Veränderungswünsche verdrängen und uns dabei helfen, den mühsam gebastelten Panzer unserer persönlichen und gesellschaftlichen Identität abzudichten.
Dieses Buch ist ein Versuch, genauer hinzusehen. Es ist das Ergebnis zahlreicher Gespräche mit Männern, die gewagt haben, was in unserer im Sicherheitsstreben erstarrenden Bundesrepublik als tollkühnes Abenteuer erscheinen muß: Sie sind aus ihren Lebensstrukturen ausgebrochen und haben mit Verhältnissen gebrochen, bevor diese Verhältnisse sie zerbrechen konnten.
Als ich damit begann, mich für Männer zu interessieren, die ihr Leben verändert haben, erwartete ich, nur einigen Prominenten zu begegnen, von deren »kühnen« Entscheidungen für ein ganz anderes Leben gelegentlich spektakulär aufgemachte Illustriertenberichte erzählen. Ich wollte den Ursachen nachspüren, die bekannte Unternehmer oder erfolgreiche Schauspieler dazu bringen, ihr Leben zu ändern, ich bereitete mich auf die Begegnung mit Menschen vor, die, von der Gunst ihres »Schicksals« maßlos verwöhnt, auf dem Höhepunkt ihres Erfolgs nach neuen Ufern streben. Ich habe mit solchen Männern gesprochen, aber so verblüffend mir ihre Biographien im einzelnen auch immer vorkamen, was mich viel mehr überraschte und bald auch mehr interessierte als die Geschichte des erfolgreichen Verlagsmanagers, der für die Akupunktur votierte, oder die Geschichte der Leistungssportlerin, die sich gegen die Leichtathletik und für den eigenen Ponyhof entschieden hatte, war die Erfahrung, daß diese erfolgsgewohnten Gestalten nur die Spitze eines Eisbergs sind. Quer durch alle gesellschaftlichen Schichten und Altersstufen geraten festgefügt und berechenbar erscheinende Lebensstrukturen in Bewegung, tagtäglich stimmen Menschen aus den verschiedensten Berufen über ihre in Jahrzehnten gewachsenen Verhältnisse ab, und sie stimmen dagegen. Während der Name des Prominenten allemal eine Nachricht wert ist, bleibt schon die

Geschichte des nur regional bekannten Unternehmers, der seinen Betrieb irgendwann nicht mehr sehen will, fast privat. Sie ist bestenfalls für einige Tage Gesprächsstoff für ein paar Freunde im örtlichen Industrieclub oder Unternehmerverband. Die Entscheidung des Fließbandarbeiters, der seinen Arbeitsplatz (und den für ihn vorgesehenen Platz in der Gesellschaft) für immer verläßt, bleibt völlig unauffällig.

Zu meinem Erstaunen habe ich keinerlei Material, ganz zu schweigen von statistischen Zahlen, über diese Tendenz zur Veränderung, ihre Ursachen und ihren Umfang gefunden, obgleich diese konsequent verwirklichten Selbstentfaltungswünsche erhebliche Wirkungen auf das gesamtgesellschaftliche Gefüge haben müssen. Der Arzt, der nach Abschluß seines Studiums nicht in die Klinik oder Praxis geht, sondern in den Ashram, trifft eine Entscheidung, die nicht nur für ihn erheblich ist. Der Unternehmer, der seinen Betrieb an eine Holding veräußert, die ihn bei nächster Gelegenheit schließt, gefährdet nicht nur seinen Arbeitsplatz. Verdrängt eine Gesellschaft, die selbst die Zahl der Bienenvölker und Brieftauben statistisch erfaßt, diese Wanderungsbewegung weg von den überkommenen Grundwerten, weil nicht sein kann, was nicht sein darf? Wenn das der Fall ist, dann ist diese Verdrängung (wie jede Verdrängung) töricht, denn es ist für die einzelnen wie für die Gesellschaft nicht unerheblich, wenn eine kaum noch zu überblickende Zahl von Menschen ihren Fleiß, ihre Phantasie und ihre Zielstrebigkeit nicht mehr wie bisher auf die Wachstumsziele einer industriellen Leistungsgesellschaft richtet, sondern im Gegenteil danach trachtet, diese zunehmend als unerträglich empfundenen Ziele und die mit ihnen verbundenen Leistungszwänge einfach ad absurdum zu führen.

Dieses Buch enthält die Niederschriften von zehn Gesprächen mit Männern, die erzählen, wie sie in eine unerträgliche Lebenswirklichkeit gerieten und wie sie diese Lebenswirklichkeit veränderten. Ich habe sie aus zweiundvierzig Tonbandprotokollen ausgewählt, wobei ich die Tonbandaufnahmen bei der Niederschrift so weit veränderte, daß sie lesbar wurden und die Anonymität meiner Gesprächspartner gewahrt bleibt. Zehn Männer erzählten von ihrem Leben – und davon, wie sie es fertiggebracht haben, gegen den enormen, auf Fortschreibung einmal gefundener Lebensstruk-

turen gerichteten Druck aus dem jeweiligen sozialen Umfeld eigene Veränderungsabsichten zu verwirklichen.
Ich habe mich nach der Niederschrift mit den Erfahrungen anderer auseinandergesetzt und sie danach zu hinterfragen versucht, ob sie eigenen Erfahrungen und Einsichten entsprechen oder ob und wodurch sie sich von ihnen unterscheiden. Mein Instrumentarium dabei war nicht das des Psychologen oder Soziologen, sondern das der am Leben von Menschen in diesem Lande zu dieser Zeit interessierten Literatur. Jeder meiner Gesprächspartner erzählt ja nicht nur von seinem Leben, sondern auch und nicht zuletzt von den Chancen und Risiken: zu dieser Zeit in der Bundesrepublik Deutschland.
Die Veröffentlichung zielt auf Verständigung über Motive, Möglichkeiten und Grenzen bei der Veränderung von Lebensstrukturen, sie stützt sich in Absicht und Methode auf Erfahrungen, die ich meiner Veröffentlichung über männliches Erleben von Scheidung und Trennung[1] verdanke. Zu diesen Erfahrungen gehören auch Einsichten in die hierzulande vorhandene Kommunikationssituation. Nach der Veröffentlichung von sieben Gesprächsprotokollen erlebte ich, daß die Offenheit und Ehrlichkeit, mit denen meine Gesprächspartner damals – im Vertrauen auf strikte Wahrung ihrer Anonymität – von ihren Erlebnissen und Erfahrungen erzählt hatten, beim Leser das Interesse an der bewußten Auseinandersetzung mit der eigenen Lebenswirklichkeit förderten, ebenso die Verständigung über diese Wirklichkeit.
Obgleich ich Rezepte zur Bewältigung schmerzender Trennungserfahrung weder versprochen hatte noch zu liefern vermochte, erfuhr ich aus zahlreichen Briefen und Diskussionsbeiträgen bei öffentlichen Veranstaltungen, daß allein die Möglichkeit, eigene Erfahrungen und Einsichten mit den Erfahrungen und Einsichten anderer zu vergleichen, einem menschlichen Grundbedürfnis nach Verständigung entspricht, dessen Befriedigung unerläßlich für die Bewältigung von Konflikten zu sein scheint.
Ist es charakteristisch für die Vereinzelung des Menschen in der technisch hoch entwickelten Industriegesellschaft, daß diese Verständigung immer weniger mit anderen Menschen in ähnlicher Situation im direkten Gespräch möglich ist?

1 W. Körner, ›Meine Frau ist gegangen‹, Frankfurt/Main 1979

Die Massenkommunikation durch Medien in einer angeblich informierten Gesellschaft vermag an diesen Kommunikationsdefiziten offensichtlich wenig zu ändern – jedenfalls, solange sich in Medien vorwiegend das Establishment aus Wirtschaft, Politik, Wissenschaft und Kunst artikuliert, solange Massenmedien – sofern sie nicht bloß Unterhaltungsbedürfnissen und Ablenkungsbedürfnissen entgegenkommen – nahezu ausschließlich als Transportmittel für die Leitlinien des von *Opinionleaders* für wünschenswert gehaltenen Sozialverhaltens funktionieren, also nicht als Instrument der Verständigung, sondern als Mittel der Herrschaft, als Werkzeug der Manipulation.
Erschweren oder verhindern die Vereinzelung des Menschen in der Industriegesellschaft und die Funktionsweise der Massenmedien schon die Verständigung über vergleichsweise häufige Trennungserfahrung, wird diese Verständigung nahezu völlig unmöglich, wenn es um die Erfahrung der Veränderung geht. Zusätzlich zur gegebenen Kommunikationssituation verhindern vielfältige Eigeninteressen möglicher Gesprächspartner offene Gespräche über Chancen und Risiken der Veränderung persönlicher Lebenswirklichkeit; selbst dort, wo solche Verständigung möglich wäre, scheitert sie meist an dem Umstand, daß es dem in vielerlei Zwänge eingebundenen, beruflich meist stark beanspruchten Menschen nicht möglich ist, den für solche Gespräche erforderlichen Kontakt zu einer größeren Anzahl von Menschen zu finden, die sämtlich Spezialisten sind: in diesem Fall Spezialisten für Veränderung.
Auch bei der vorliegenden Veröffentlichung habe ich mich bei der Auswahl meiner Gesprächspartner auf Männer beschränkt. Die Erfahrungen von Frauen scheinen mir in anderen Problem- und Spannungsfeldern angesiedelt zu sein, und sich mit ihnen auseinanderzusetzen, wäre ein Unterfangen, das mir angesichts der gegenwärtig weithin zu beobachtenden Polarisierung der Geschlechter und ihrer oft unterschiedlichen Interessen von einem Mann kaum zu verwirklichen ist. Trotz dieser Einschränkung handelt dieses Buch auch von Frauen, und diese Frauen sind keinesfalls nur Nebenfiguren. Das Leben erwachsener Männer ist meist vielfältig mit dem Leben von Frauen verflochten, und wenn ein Mann sein Leben verändert, verändert er damit auch meist das Leben der Frau, die mit ihm durch einen Ehevertrag verbunden ist oder mit der er in einer mehr als oberflächlichen Beziehung lebt.

Frauen spielen in den Erzählungen meiner Gesprächspartner unterschiedliche Rollen. Sie wagten zusammen mit Männern die Veränderung – oder sie blieben mit den alten Lebensstrukturen als Verlassene zurück.
Erwähnenswert erscheint mir noch, daß es sich bei den hier veröffentlichten Lebensgeschichten nicht um sogenannte »Einzelfälle« handelt. Ich habe meine Gesprächspartner nicht durch Anzeigenaktionen oder dergleichen mühevoll suchen müssen, sondern allein mein nach Autorenlesungen oder Diskussionen geäußertes Interesse an Männern, die ihr Leben grundlegend veränderten, konfrontierte mich mit mehr Lebensgeschichten, als ich aufarbeiten konnte. Dieses Interesse zielte darauf, von anderen zu erfahren, wie sie ihr Leben verändert haben, und darauf, in der Auseinandersetzung mit fremden Erfahrungen mehr über meine eigenen Ängste vor gedankenloser Fortschreibung einmal gewachsener Lebensstrukturen herauszufinden, aber auch über meine Hoffnung, daß Veränderungen auch in einer mir immer starrer erscheinenden Gesellschaft möglich sein müßten.
Allen meinen mir beim ersten Kontakt meist völlig fremden Gesprächspartnern danke ich für ihr Vertrauen. Meiner Lektorin Ingeborg Mues danke ich für die kritische, engagierte und gegenüber neuen Erfahrungen und Einsichten stets offene Begleitung dieses Buchprojekts.

Dortmund/Bad Reichenhall
Januar/Februar 1981

1

Bad Reichenhall im Februar

Endlich einmal Ruhe haben, endlich einmal saubere Luft atmen. Endlich einmal eine Nacht lang schlafen können, ohne von den Straßenbahnen, die an meiner Wohnung vorbei aus den trostlosen Vororten der Großstadt in die City und aus der City in die trostlosen Vororte donnern, jede halbe Stunde aus dem Tiefschlaf gerissen zu werden. Dabei geht es mir noch ausgesprochen gut, weil der Hauseigentümer bei der Sanierung des Altbaus, in dem ich wohne, an nichts gespart hat. Die Fenster meiner Wohnung sind Schallschutzfenster. Der Teppichboden ist rollstuhlfest. Die Armaturen im Badezimmer und den Toiletten sind so schön, als hätte sie Colani entworfen – und so kompliziert, daß ich Gästen regelmäßig erklären muß, wie sie funktionieren. Ich nutze hundertzehn Quadratmeter Wohnfläche, was ich dem Finanzamt und mir sehr schlüssig erklären kann. Mein Arbeitszimmer ist vierzig Quadratmeter groß, weil ich viele Bücher schließlich irgendwo unterbringen muß. Das Finanzamt hat diese Erklärung schlucken müssen, schließlich gibt es Gesetze. Ich schlucke diese Erklärung seit einiger Zeit nicht mehr, denn bei allen Abschreibungsmöglichkeiten, auf die mich mein Steuerberater regelmäßig hinweist, irgendwann habe ich mich zu fragen begonnen, was für einen Sinn das alles haben soll, die große Wohnung in relativ zentraler Lage, der schnelle Zweieinhalbliterwagen, der mir absurd vorkommt wie die regelmäßig viel zu hohe Telefonrechnung.

Das sind natürlich alles Sachverhalte, die ich mir lange Zeit mit dem schönen Wort Sachzwang erklärte. Nur beginnt man, sich irgendwann zu fragen, ob es nicht hirnrissig ist, einen Zweieinhalbliterwagen zu fahren, weil man ihn benötigt, um das Geld zu verdienen, das man für den Unterhalt eines Zweieinhalbliterwagens braucht. Ähnlich sieht es mit dem Telefon aus und der ziemlich großen Wohnung und unzähligen anderen Ausgaben, die man irgendwann für notwendig hält, bis sie ihre wundersame Eigengesetzlichkeit entfalten, die mir vor einem halben Jahr das

Gefühl vermittelte, mein Leben wäre eigentlich nicht mehr als der Strich zwischen Einnahmen und Ausgaben.
Jetzt sitze ich hier in einem Appartement von vierzig Quadratmetern, auf denen Bett, Kleiderschrank, Sitzgruppe und Bücherregale äußerst sinnvoll untergebracht sind. Sogar eine Elektroküche und ein Badezimmer sind von diesen vierzig Quadratmetern abgeteilt. Meine Schreibmaschine steht auf einer Schranktür, die ich kurzerhand ausgehängt habe. Niemand kennt meine Anschrift außer meiner seit zwei Jahren verwitweten, fast siebzig Jahre alten Mutter. Soll sich doch die Post zu Hause stapeln, wer zwingt mich denn dazu, mich Tag für Tag durch Stapel von Briefen zu arbeiten, die immer mehr mit Geld zu tun haben und immer weniger mit mir? Wer zwingt mich denn dazu, in der staubig grauen Industriegroßstadt Dortmund ein Leben zu leben, das mir zunehmend sinnlos erscheint? Woran liegt es denn, daß ich den Eindruck habe, daß es um mich immer enger wird, und mir meine Lebenswirklichkeit immer bedrohlicher vorkommt?
Du bist erschöpft, sagten mir Freunde, Sie sind einfach überempfindlich und neigen zu depressiven Verstimmungen, sagte mir der Arzt, und meine Mutter sah mich eine Weile an, überlegte und sagte dann, ich sei ganz einfach urlaubsreif.
Aber hat es etwas mit Erschöpfung und depressiven Verstimmungen zu tun, wenn man die Zeitungen aufmerksam liest und sich dabei immer häufiger mit Nachrichten konfrontiert sieht, die jedes Tier mit noch halbwegs gesunden Instinkten zu sofortiger Flucht veranlassen würden, könnte es lesen? »Die Gesundheits-Bedrohung durch das giftige Schwermetall Cadmium in der Luft kann nach einer Studie des Bundesinnenministeriums langfristig zu einer ernsten Gefahr für die Deutschen werden«, lese ich beispielsweise in der ›Welt am Sonntag‹ vom 18. Januar 1981, und diese Studie führt weiterhin aus, daß bereits etwa 100.000 Deutsche cadmiumgeschädigt sind; ihre Nierenfunktion ist gestört.
Ist das Erschöpfung oder Urlaubsreife, wenn ich bei dieser Nachricht daran denke, wie mein Vater kurze Zeit nach Empfang des Bescheides über sein Altersruhegeld auf der Intensivstation eines Krankenhauses, einsam und mit Maschinen technisierter Medizin kämpfend, nach einem Nierenversagen in eine Urämie und in ihr in die Ewigkeit glitt?
Tätigkeit sei das beste Mittel gegen depressive Stimmungen, lese

ich in populär-psychologischen Ratgebern, die in einer kranken Gesellschaft reißenden Absatz finden, und alle raten dazu, bei Depressionen irgend etwas zu tun, um auf andere Gedanken zu kommen.

Das menschliche Gehirn nämlich, so erklärte mir ein Neurologe kürzlich, sei nicht dazu imstande, zwei »Gedanken« zur selben Zeit zu »denken«. Das mag ja so sein, aber auch wenn ich nicht daran denke, daß einer meiner Bekannten, ein junger Architekt, mit dreiundvierzig Jahren gerade an einer äußerst aggressiven Krebsart stirbt, die durch Asbest hervorgerufen wird, auch wenn ich nicht daran denke, wie glücklich dieser Innenarchitekt war, als er endlich seinen eigenen Betrieb eröffnen konnte – ändert das etwas an der Tatsache, daß dieser Architekt, froh darüber, nach langer Suche endlich Betriebsräume zu günstigem Preis mieten zu können, sich nichts dabei dachte, daß sein Betrieb im Industriegebiet lag, ein paar hundert Meter neben einem Asbest verarbeitenden Betrieb?

Ich weiß, das ist nun einmal so in einer Gesellschaft, in der es Landwirte fertigbringen, Kälber mit Chemikalien zu mästen, die den Krebs des Körpers nähren, wo wir es tagtäglich fertigbringen, unsere Beziehungen zu anderen Menschen auf eine Art und Weise zu gestalten, die den Krebs der Seele nährt – sofern der Krebs der Seele nicht den des Körpers nach sich zieht und umgekehrt.

Ich weiß, Angst kann sich zur Paranoia steigern, aber für mich waren Zuhören und Schreiben immer Überlebensmittel, für mich hilfreich und keinem Menschen schadend, was man beispielsweise von den Neuroleptika, mit denen die Ärzte meinen Freund Josef vollpumpten, als er angesichts seiner Lebenswirklichkeit durchdrehte, nicht sagen kann. Seit einigen Jahren habe ich mit Freunden und Bekannten über die Notwendigkeit sprechen wollen, die eigene Situation zu prüfen und, wenn es sich als erforderlich erweisen sollte, diese Situation zu verändern. Ich bin dabei meistens auf Verständnislosigkeit und Abwehr gestoßen. »Was hast du denn, es geht mir doch gut!« sagte ein junger Angestellter, kurz nachdem er mir von Lernstörungen seiner Tochter erzählt hatte, die in der Grundschule nicht mitkommt. – Ob die Lernstörungen des Kindes mit der Berufstätigkeit der Mutter zusammenhängen, die einen Bausparvertrag finanziert?

»Das ist schon alles sehr beschissen«, sagte ein vierzigjähriger

Abteilungsleiter eines Chemie-Konzerns, den ich nach dem Herzinfarkt am Krankenbett besuchte, »natürlich bin ich in einer Tretmühle, aber was soll ich machen? Vielleicht alles hinschmeißen und Arbeitslosenunterstützung beziehen? Du kannst halt nichts daran ändern . . .«

Irgendwann wollte ich etwas anderes hören, als diese ohnmächtige Resignation, die sich in die Verhältnisse schickt – und Menschen dazu bringt, sich von den Verhältnissen zerbrechen zu lassen. Ich ging auf Reisen, ich fuhr durch die Bundesrepublik, hungrig nach Menschen, die nicht von Resignation und dumpfem Dahinsterben im Alltagstrott erzählen würden, sondern von der Möglichkeit, auszubrechen aus erdrückenden Strukturen. Kann ich von ihnen lernen? Und wenn ich von ihnen lernen kann – was kann ich lernen?

Fünf Monate lang bin ich kreuz und quer durch die Bundesrepublik gereist, mit dem Auto, der Bundesbahn, dem Flugzeug bin ich unterwegs gewesen auf der Suche nach Veränderung. Ich reiste nicht mit der blauen Blume der Romantik im Gepäck, sondern mit dem Cassette-Corder Sony TC 150 B und dem Mikrophon Sony ECM 150. In einer anomischen Gesellschaft sind Warenzeichen und Typenbezeichnungen Signale, die Sachverhalte deutlicher machen können, in diesem Falle können sie zusätzlich meine Erfahrung zur Sprache bringen, daß erste Gesprächspartner, die bei Vorgesprächen überraschend offen von ihrem Leben erzählt hatten, verschlossen wie Austern wurden, als ich die große transportable Tonmaschine und das schwere Studio-Mikrophon aufgebaut hatte, mit denen ich gewöhnlich arbeite. Den kleinen Cassetten-Recorder, mit dem meine Gesprächsteilnehmer offensichtlich vertrauter waren, nahmen sie meist nach einigen Minuten nicht mehr bewußt wahr.

Endlich wieder einmal saubere Luft atmen und stundenlang durch den Wald gehen können, ohne andere Menschen zu treffen oder ein Kraftfahrzeug zu sehen. Seit drei Tagen bin ich hier, aus der Großstadt an den Rand der Kleinstadt am Rande der Bundesrepublik geflüchtet. Schnee liegt über der Landschaft, stundenlang bin ich an den ersten drei Tagen durch Wälder gegangen und entlang dem Ufer des Saalach-Sees, habe Geräusche gehört, die ich aus meiner Jugendzeit kenne und die ich für unwiderbringlich verloren hielt. Das leise Knistern gefrorenen Schnees unter den

Schuhsohlen. Das dumpfe Poltern, das den Weg eines Schneebretts vom Gipfel zum Tal begleitet: Augenblicke, in denen das menschliche Wesen der Natur und das natürliche Wesen des Menschen identisch werden, bis sich Erinnerungen an Theorie, in diesem Falle Deleuze/Guattari,[1] dazwischendrängen. Ich habe nur wenige Bücher im Gepäck, es geht mir darum, mich in Abgeschiedenheit von meiner normalen Umgebung den Lebensgeschichten von Männern zu nähern, weil ich mehr über mein Leben herausfinden will – und vielleicht einiges, das ich von ihnen lernen kann. – Aber kann man überhaupt durch fremde Erfahrung lernen?

1 G. Deleuze/F. Guattari, ›Anti-Ödipus‹, Frankfurt/Main 1974

2

Ein Elektromaschinenbauer denkt plötzlich an sich:

Gesprächsprotokoll John Z., 34 Jahre, früher Elektromaschinenbauer – jetzt Diskothek-Besitzer

Gesprächsprotokoll John Z.:

»Ich habe mehr Schulden als Haare auf dem Kopf, meine Ehe ist im Arsch, und mit der Elli stimmt es auch nicht mehr, aber ich muß das hier weiter durchziehen, sonst kann ich mir 'nen Strick kaufen . . .« (John Z., 34 Jahre alt, früher Elektromaschinenbauer, jetzt Diskothek-Besitzer)

Das Gespräch fand Mitte Dezember 1980 in der Wohnung der Elli S. statt, mit der John seit zwei Jahren zusammenlebt, wenn er nicht, gewöhnlich ein- oder zweimal im Monat, ein Wochenende bei seiner Ehefrau und seinen Kindern verbringt. Die Dreizimmerwohnung der Elli S. in der niedersächsischen Kleinstadt R. war mit nierenförmigen Tischen und einer Musiktruhe noch im Wohnstil der fünfziger Jahre eingerichtet. Elli, jetzt siebenunddreißig Jahre alt, hat diese Wohnung nach dem Tode ihrer Mutter übernommen. John Z. machte auf mich den Eindruck eines vorzeitig gealterten Mannes. Wäre mir sein Alter nicht bekannt gewesen, ich hätte ihn auf mindestens vierzig Jahre geschätzt.

JOHN: Sie sind ganz schön hartnäckig! Wie sind Sie eigentlich ausgerechnet auf mich gekommen? Als ob ich was zu erzählen hätte. Schmeckt mir alles nicht! Wenn meine Frau das durch Ihr Buch erfährt . . .
KÖRNER: Liest Ihre Frau Bücher?
JOHN: Nein, dafür hat sie bei drei Kindern keine Zeit!
KÖRNER: Na also! Und Sie können sich darauf verlassen, ich ändere Ihren Namen und den Namen der Stadt, in der sie jetzt wohnen. . .
JOHN: Ich glaube, ich mache einen Fehler.
KÖRNER: Mir haben Leute schon Geschichten erzählt, da standen bis zu drei Jahren Knast drauf!
JOHN: Und die laufen noch immer draußen herum?
KÖRNER: Klar! Ich möchte jeden Morgen in den Spiegel gucken können, ohne kotzen zu müssen!

JOHN: Ehrlich? – Können Sie das? – Ich glaub', das kann keiner! Aber ich habe nichts verbrochen. Das kann ich sagen, ehrlich, ich habe nie was verbrochen. Höchstens mal mit dem Wagen, davor habe ich manchmal Angst, daß ich hier in R. mal eine Anzeige kriege, und die geht dann natürlich an meine Wohnung in H., und alles kippt auf. Aber irgendwann kippt das sowieso mal auf. Vielleicht weiß meine Frau mehr, als sie zugibt. Das ist doch wohl nicht gut möglich, daß eine Frau zwei Jahre lang nicht mitbekommt, was läuft . . .

KÖRNER: Ich kenne Fälle, wo so was jahrzehntelang gutging. Was soll denn Ihre Frau nicht wissen?

JOHN: Sie haben am Telefon was von Geld gesagt. Wie haben Sie überhaupt meine Telefonnummer herausbekommen?

KÖRNER: Ein Bekannter hat mir von Ihnen erzählt!

JOHN: Und wer?

KÖRNER: Tut mir leid, das fällt sozusagen unters Beichtgeheimnis!

JOHN: Die quasseln alle zuviel! Und dreihundert Mark sind für so was viel zu wenig. Die Illustrierten zahlen zehn- oder zwanzigtausend!

KÖRNER: Für die Memoiren eines Pop-Stars oder die Geschichte eines Massenmörders! Wenn Sie ein paar Morde begehen, läßt sich da bestimmt auch mehr rausholen . . .

JOHN: Tausend! Ich brauch' das Geld!

KÖRNER: Fünfhundert! Ich brauch's auch!

JOHN: Also gut, was soll ich erzählen?

KÖRNER: Meine Güte, wir machen doch kein Kreuzverhör! – Ich bin zu Ihnen gekommen, weil mich interessierte, wie das ist, wenn ein Handwerker den Ausstieg schafft . . .

JOHN: Arbeiter wollten sie sagen, stimmt's? – Wie das ist, wenn ein Arbeiter den Ausstieg schafft . . . Wie soll das sein? – Zuerst ist das ein sehr gutes Gefühl. Morgens nicht mehr um fünf oder sechs rausmüssen und nicht mehr bei Hitze und Kälte in einer Fabrikhalle arbeiten müssen, bis einem das Fleisch von den Knochen fällt. Und dauernd diese Unfälle! Zwei Unfälle hatte ich im letzten Jahr. Und als mir dann die Elli den Vorschlag machte, was anderes anzufangen, zuerst wollte ich ja nicht, aber schließlich . . . ich habe immer davon geträumt, mal nicht mehr für andere arbeiten zu müssen, sondern für mich. Ich arbeite ja jetzt auch noch für andere, aber es ist doch, es ist doch etwas Eigenes, ich mache etwas für mich ...

KÖRNER: Und die Elli?

JOHN: Natürlich, die Elli hängt da auch voll drin. Wir versuchen eben, zusammen was aufzubauen, und wenn es schiefgeht, sind wir beide kaputt!

KÖRNER: Wie war das denn? Sie haben einfach aufgehört und die Diskothek eröffnet? So ganz einfach was anderes gemacht ...

JOHN: Das war gar nicht einfach! Da kam sehr viel zusammen. Ich wollte nicht mehr so weitermachen ... Mit fünfzig oder sechzig Jahren noch auf Montage gehen ... dauernd in Gasthäusern und nirgends zu Hause ... Ist doch völlig beknackt! Da hab' ich mit dreißig mein Haus stehen und einen schweren Wagen und eine Frau und drei Kinder und habe gelebt wie das ärmste Schwein! Da muß man doch irgendwann ... nicht, bei mir hat's lange gedauert, aber auch bei mir ist der Groschen mal gefallen. Da arbeitet man und arbeitet und geht jedes Jahr mehr kaputt. Aus, habe ich mir gedacht, nach dem zweiten Unfall war für mich Schluß mit Montage ...

KÖRNER: Was war das für ein Unfall?

JOHN: Ein Idiot hat nicht aufgepaßt, und ein Anker ist runtergekommen. Genau auf meinen Fuß!

KÖRNER: Wieso ein Anker? Haben Sie was mit Schiffsbau zu tun?

JOHN: Quatsch! – Der Anker von einem großen Elektromotor! Ich bin fünfzehn Jahre lang ... na ja, eigentlich dreizehn Jahre auf Montage gewesen. Zu Hause habe ich keine vernünftige Arbeit gefunden, und da bin ich auf Montage gegangen ... mal in Hamburg und mal bei Frankfurt ... sogar in Venezuela bin ich auf Montage gewesen, und meine Frau saß zu Hause bequem rum und hat die Kohlen eingestrichen ...

KÖRNER: Sie haben Kinder?

JOHN: Ja! Zwei Jungen und ein Mädchen! Wenn die Kinder nicht wären, wäre alles viel einfacher! Aber so ist das im Leben, alles geht wie im D-Zug, du hast gerade die Schule hinter dir, lernst einen Beruf, schwupp, dann bist du auf einmal verheiratet, hast drei Kinder und guckst dumm aus der Wäsche! – Wollen Sie was trinken?

KÖRNER: Ja! Vielleicht Whisky-Cola!

JOHN: So was trinken Sie? So ein Sauzeug? – Na ja, der eine liebt die Mutter, der andere die Tochter!

KÖRNER: Sind Sie hier in R. geboren?

JOHN: Was? – Nein, geboren bin ich in Washington D. C. ... Da hab' ich auch meinen blöden Vornamen her. Ich will das immer mal ändern, aber dann denk' ich mir, weshalb dafür Geld ausgeben ...

KÖRNER: Wie wird man in Washington geboren? Sind Sie Amerikaner?

JOHN: Quatsch! – Ich bin Deutscher! Das ist auch so eine Geschichte! Meine Mutter ist kurz nach dem Krieg ... also, sie sagt immer, damals gab es in Deutschland nichts zu fressen, und nach dem Krieg, das muß mies ausgesehen haben, überall die Trümmer und Deutschland kaputt, sie hat mir das mal alles erzählt, als ich größer war. Sie war durch den Krieg nach Bayern gekommen, mit ihrer Mutter, da lebten die bei einem Bauern, und die schwere Arbeit beim Bauern ... da hat sie einen Amerikaner kennengelernt und so, na ja, wie so was eben läuft. Da hat sie was mit einem Ami angefangen ... Manchmal denk' ich, ist ein komischer Gedanke, daß du vielleicht dein Leben einer Stange Zigaretten verdankst, die ein Ami hatte ...

KÖRNER: Eine Stange wär' ja was! Vielleicht war's auch nur ein Päckchen ...

JOHN: Was?? – Mensch, du raubst mir auch noch die letzte Illusion!

KÖRNER: Wir können es meinetwegen ruhig beim Du lassen! – Deine Mutter hat dich also mit dem Ami auf Kiel gelegt ...

JOHN: Kann man so sagen! Und dann hat er sie irgendwie ... Meine Mutter hat mir das mal erzählt ... Das muß unheimlich schwer gewesen sein, und ich glaube, sogar verboten, aber er hat das irgendwie geschafft, meine Mutter aus Deutschland rauszukriegen und mit rüberzunehmen ...

KÖRNER: Wie denn das? Auf Fraternisieren hat bei den Amis doch Strafe gestanden!

JOHN: Weiß ich auch nicht, wie die das gedreht haben! Jedenfalls hat er sie rausbekommen, und zwei Jahre nach mir wurde mein Bruder geboren, und wieder zwei Jahre später war sie wieder zurück ...

KÖRNER: Ehe kaputt?

JOHN: Irgendwie so was. Mit dem Ami lief das nicht mehr gut, und ich glaub', mit den Papieren war irgendwas nicht in Ordnung ... Wir kamen jedenfalls wieder rüber nach Deutschland ...
KÖRNER: Hast du die amerikanische Staatsangehörigkeit?
JOHN: Nein! Ich bin sozusagen, also in meiner Geburtsurkunde steht, ich bin unehelich geboren, und ich habe den Namen meiner Mutter. Mein Bruder auch. Der hat auch so einen blöden Vornamen, der heißt Jack ...
KÖRNER: Da kennst du deinen Vater überhaupt nicht?
JOHN: Nein! Meine Mutter hat mir mal ein Foto gezeigt. Der Typ sah gar nicht schlecht aus. Ich sehe ihm ziemlich ähnlich, sagt sie manchmal.
KÖRNER: Gibt es da noch Verbindungen zu deinem Vater?
JOHN: Ach was! Meine Mutter hat nie einen Pfennig Unterhalt für uns bekommen. Als ich noch jünger war, weißt du, ich wollte immer mal rüber und ihn suchen, aber das war so eine Schnapsidee von mir. Hat doch keinen Zweck. Der ist bestimmt wieder verheiratet, oder er lebt überhaupt nicht mehr. Ja. So ist das eben.
KÖRNER: Und wovon habt ihr gelebt?
JOHN: Wovon wohl? – Meine Mutter hat gearbeitet, und die Oma hat auf uns aufgepaßt. Und dann hat mein Onkel ein Baugeschäft aufgemacht, da ging es uns dann allen besser. Da hat meine Mutter bei ihm mitgearbeitet, da kann ich nicht klagen. Zu fressen haben wir immer was gekriegt ...
KÖRNER: Und sonst?
JOHN: Was sonst? Wie es eben ist, wenn die Mutter arbeitet! Ich habe vielleicht manchmal einen Scheiß gemacht, als ich noch jünger war ... War schon irgendwie stark ...
KÖRNER: Was hast du gemacht?
JOHN: Alles mögliche! Bei den Tommys geklaut und im Kaufhaus ... alles so aus Blödsinn.
KÖRNER: Und dann kamst du aus der Schule. Hast du den Hauptschulabschluß?
JOHN: Den gab es damals noch nicht. Ich bin acht Jahre zur Volksschule gegangen und dann in die Lehre.
KÖRNER: Wolltest du Elektromonteur werden?
JOHN: Elektromaschinenbauer meinst du? – Das hat sich alles so ergeben. Mein Onkel hatte einen Bekannten, der hatte einen

kleinen Betrieb, da konnte ich anfangen. Und dann, ich war gerade ein Jahr aus der Lehre, da hab' ich dann geheiratet ...

KÖRNER: Da warst du achtzehn ...

JOHN: Fast neunzehn! War zu früh! – Aber was willst du machen ...

KÖRNER: Du hast geheiratet, weil ein Kind unterwegs war ...

JOHN: Natürlich. Die meisten heirateten damals so. Da gab es die Pille noch nicht, und Pariser, ich hab' da nie drauf gestanden. Mit achtzehn, heute könnte mir so was nicht mehr passieren, aber damals, wir wurden doch alle nicht aufgeklärt. Meinst du, meine Mutter hat mir mal was gesagt?

KÖRNER: Du hast mit achtzehn noch an den Klapperstorch geglaubt?

JOHN: Das natürlich nicht! Aber wie man das macht, damit kein Kind kommt, ich bin immer vorher raus, aber das war wohl nicht so das Wahre ...

KÖRNER: Und deine Frau? Wie alt war sie, und was hat sie beruflich gemacht?

JOHN: Die Hanna war damals siebzehn und hat beim Kaufhaus im Büro gearbeitet! – Mann, da war vielleicht was los damals! Da sitzt du und wartest, daß sie ihre Tage doch noch kriegt, und dann ist auf einmal der Teufel los, und ehe du richtig schnallst, was los ist, stehst du in der Kirche und der Pastor erzählt dir was ...

KÖRNER: Wolltest du nicht heiraten?

JOHN: Eigentlich schon. Ich wollte immer mal heiraten. Aber eben nicht so früh. Du, das war vielleicht ein Theater! Da kamen ihre Eltern zu meinen Eltern angerauscht, und die haben Zeter und Mordio geschrien. Ihr einziges Kind, ich hätte ihre einzige Tochter verführt und müßte jetzt auch die Konsequenzen tragen, na ja, wie das eben damals so war ...

KÖRNER: Und du hast sie nicht verführt?

JOHN: Ach was! Die hatte ein halbes Jahr vorher einen Freier verloren und hatte unheimlich Horror, daß ihr das noch mal passiert. Die hat regelrecht geklammert. Die hat alles gemacht, was ich wollte, nur damit ich ihr nicht von der Fahne ging! War eine blöde Zeit damals! Du, weißt du, wo wir meinen Ältesten gemacht haben? – Damals konntest du nicht einfach ein Mädchen mit nach Hause bringen! – Auf einer Parkbank haben wir meinen Ältesten gemacht! Und als meine Mutter die Hanni das erste Mal sah, wart' mal, ich glaub', da war sie schon im sechsten Monat. Und dann kamen ihre Eltern angerauscht und machten Theater, Mensch, da war was los, da hab' ich nach einer Weile gesagt, was soll der Geiz, regt euch nicht auf, ich werde sie schon heiraten ...

KÖRNER: Und das wolltest du eigentlich nicht?

JOHN: Du, das ist schwer zu sagen. Natürlich habe ich sie ja, man sagt wohl geliebt. Ich habe sie schon irgendwie geliebt, aber daß ich so jung heiraten würde, ja, ich weiß nicht. Ich habe mir das vorher immer alles ganz anders vorgestellt.

KÖRNER: Man konnte dich doch nicht zur Heirat zwingen!

JOHN: Zwingen direkt nicht! Was meinst du, was damals los war. Alle drei Tage hat der Vater von der Hanna bei uns auf der Matte gestanden, bis wir dann endlich zum Gericht gegangen sind ...

KÖRNER: Warum zum Gericht?

JOHN: Das war doch alles ganz anders als heute! Damals wurde man erst mit einundzwanzig volljährig, und ich mußte für volljährig erklärt werden, damit ich überhaupt heiraten konnte. Da gab es ein Riesentrara, ob ich überhaupt die nötige Reife für die Ehe habe und für eine Familie richtig sorgen kann ... Ja. Und dann gab es eine Hochzeit mit einem Essen nachher in einem feinen Restaurant, da hat sich Hannis Vater nicht lumpen lassen. Und dann haben wir die ersten Wochen bei meiner Mutter gewohnt, die Hanni hat den Peter gekriegt, und dann hat uns mein Onkel zwei Monate später eine Wohnung besorgt. Da mußte ich richtig ranhauen für die Möbel und alles, da fing das mit den Überstunden an. Was ich an Überstunden geklopft habe, du, wirklich, das hätte für zwei Mann gereicht.

KÖRNER: Und dann kam noch ein Kind und dann noch eins ...

JOHN: Ja! Drei Jahre später kam der Horst und dann wieder vier Jahre später die Gisela ... Du, mein Ältester ist fast sechzehn ... Um den mach' ich mir für später mal keine Sorgen. Der wird seinen Weg gehen ...

KÖRNER: Was lernt er denn?

JOHN: Der Peter? – Wieso lernen? Der geht noch zum Gymnasium! Das wollte ich zwar auch nicht, aber da hat sich die Hanni auch durchgesetzt. Vielleicht liegt sie nicht mal schief. Wenn du heute kein Abi hast, kannst du nichts mehr werden! Nur der Horst ... tut mir leid, aber für den bezahle ich nicht jahrelang ... die fressen mir sowieso schon die Haare vom Kopf. Du bist nicht verheiratet, was,

sonst würdest du nicht so ruhig hier sitzen, wenn du eine Familie hast, die frißt dich auf! Die fressen dir die Haare vom Kopf ...
KÖRNER: Na hör mal auf! Drei Kinder sind gar nicht so ungewöhnlich! Kann deine Frau nicht mit dem Geld umgehen?
JOHN: Die Hanni? – Und ob die mit dem Geld umgehen kann! Die sitzt an der Nähmaschine und näht die Kleidung für sich und die Kinder am liebsten selbst! Für den Großen natürlich jetzt nicht mehr, aber da kann man nichts dran aussetzen, mit Geld kann die umgehen! Sonst hätte ich das mit dem Haus nie riskiert! Wenn eine Frau nicht mit Geld umgehen kann, dann kann man nicht bauen! Wenn man das Geld mit den eigenen Händen verdienen muß, schon ganz und gar nicht ...
KÖRNER: Und du hast gebaut?
JOHN: Na klar! Ich wollte immer mal mein eigenes Haus stehen haben, und das habe ich geschafft! Vor zwei Jahren sind wir eingezogen! Ich kann dir die Adresse geben, in einem Vorort von H.... aber wenn du auf den Gedanken kommst, reinzugehen, um mit meiner Frau zu sprechen ... Ich weiß, wo du wohnst ...
KÖRNER: Du hast bestimmt Fotos von dem Haus ...
(John hatte einige Fotos des Einfamilienhauses griffbereit in seiner Brieftasche.)
JOHN: Da staunst du, was? – Auf wieviel schätzt du das Haus?
KÖRNER: Dreihunderttausend bis dreihundertfünfzigtausend Mark!
JOHN: Was?? – Du enttäuschst mich! Für fünfhunderttausend Mark könnte ich es mit Handkuß loswerden, aber ich denke nicht im Traum daran!
KÖRNER: Und wie hast du das alles geschafft?
JOHN: Mit Arbeit! Und der Sparsamkeit meiner Frau natürlich ...
KÖRNER: Was verdienst du überhaupt? Wenn ich dich so reden höre, ich glaube, ich habe den falschen Beruf.
JOHN: Was? – Nein, laß das lieber! Mit einer normalen Arbeitsstelle in H. hätte ich das nie schaffen können. Aber wenn du auf Montage bist und Überstunden klopfst ... mit Auslöse und Spesen und so, kommt allerhand zusammen ...
KÖRNER: Wieviel kommt zusammen?
JOHN: Ich habe zuletzt meist die ganze Verantwortung gehabt. Bauleitender Monteur, weißt du. Da habe ich immer so zwischen

dreifünf und vierfünf nach Hause gebracht. Manchmal auch mehr! Natürlich gehört uns das Haus noch nicht ganz, da sind noch jede Menge Hypotheken drauf und so, aber das ist zu schaffen. Die monatliche Tilgung liegt bei elfhundert Mark. Soviel zahlen andere Leute Miete!

KÖRNER: Trotzdem, mir erscheint das alles unwahrscheinlich! Eine Frau und drei Kinder und dann so ein Haus ...

JOHN: Du vergißt, daß ich arbeiten kann! Was meinst du, was ich alles allein gemacht hab' ... vom Ausschachten angefangen ... da hat mir mein Onkel einen Bagger geliehen, und ich habe das am Samstag nach der Arbeit gemacht ...

KÖRNER: Ich denke, du warst auf Montage?

JOHN: Klar, war ich! Aber ich hab' mich nach der Arbeit in den Wagen gesetzt, bin nach Hause gerast und hab' mich dann um den Bau gekümmert! Mein Bruder, also der Jack, nicht, meine Mutter, alle haben mitgeholfen! Den größten Teil der Mauern haben wir nach und nach allein hochgezogen. ...

KÖRNER: Hast du Maurer gelernt?

JOHN: Quatsch! Das hat mir ein Kumpel gezeigt, der auch gebaut hat! Er ist mir beim Bauen zur Hand gegangen, und ich hab' ihm danach bei seinem Bau die Elektroinstallation gemacht! Du hast vielleicht Vorstellungen! Da hilft einer doch dem anderen! Meine Mutter hat mit ihren fünfzig Jahren mit der Schubkarre Speis gekarrt! Eine Arthritis hat sie sich dabei geholt! Nur die liebe Hanna hat nicht einmal auf dem Bau einen Handschlag gemacht, und daran ist im Grunde auch unsere Ehe kaputt gegangen! – Du, ich hab' geschuftet, daß ich manchmal so müde war, daß ich im Keller des Rohbaus geschlafen habe, weil ich nicht mehr die Kraft dazu hatte, ins Auto zu steigen und in die Wohnung zu fahren ... Wenn du da am Samstag und Sonntag allein auf dem Bau bist und arbeitest, du, da fängst du an nachzudenken, da gehen dir die Gedanken im Kopf herum ...

KÖRNER: Und über was hast du nachgedacht?

JOHN: Über was? – Ja, über alles. Über das Leben, wie das alles so läuft ... Und über die Hanni natürlich! Daß die keinen Handschlag am Bau machte, wo das doch unser Haus wurde, ja, es gehört doch beiden ...

KÖRNER: Habt ihr nicht darüber gesprochen?

JOHN: Natürlich, da gab es manchmal Zoff. Hanna sagte dann, daß sie neben der Arbeit im Haushalt bei drei Kindern nicht auch noch auf der Baustelle arbeiten kann. Und daß wir ohne ihren Vater nie zu einem so billigen Grundstück gekommen wären ...

KÖRNER: Stimmt das?

JOHN: Ja. Ihr Vater war Justizangestellter in H., der hat eine Menge Verbindungen. Der hat uns zu einem billigen Grundstück von der Stadt verholfen. Aus einem Programm für kinderreiche Familien. Dreißigtausend Mark haben wir für das Grundstück bezahlt. Das war praktisch geschenkt. Deshalb war das auch einfach mit den Hypotheken und so, da hat sich Hannis Vater drum gekümmert, um die Finanzierung und solche Sachen.

KÖRNER: Und vor zwei Jahren seid ihr da eingezogen. Ein gutes Gefühl?

JOHN: Du, das war so eine Sache. Ich hatte mich darauf gefreut, aber als dann der Möbelwagen vor der Tür stand und der Umzug anfing, ich glaube, die Sachen sind in Wirklichkeit nie so, wie man sie sich vorstellt. Wir haben den Umzug gemacht, und eine Woche später haben wir eine Party gefeiert, alle Leute eingeladen, die beim Bauen mitgeholfen haben, aber das war alles nichts Rechtes mehr. An dem Abend habe ich meiner Frau auch gesagt, eigentlich hätte sie gar nicht mitfeiern dürfen, denn sie hat ja auch nichts am Bau gemacht. Damals fing das auch mit der Elli an, mit der ich jetzt die Disko mache ...

KÖRNER: Wie war das? Du hast eine andere Frau kennengelernt ...

JOHN: Das war komisch! Ich war damals hier in der Nähe auf Montage, und wir wohnten in einem miesen Gasthaus ...

KÖRNER: Du hättest doch auch nach H. fahren können, das ist doch nicht weit ...

JOHN: Wollte ich nicht! Ich weiß auch nicht warum, da hatte ich das Haus stehen, aber das war mir, ja, irgendwie fremd. So, als ob es mir nicht richtig gehörte. Verrückt, ich habe es zum größten Teil selbst gebaut, aber das machte mich nicht mehr an ...

KÖRNER: Wegen deiner Frau? Wegen der Kinder? Gingen dir die Kinder auf die Nerven?

JOHN: Das nicht direkt! Aber mit Hanni, das lief nicht mehr richtig und mit den Kindern, die Hanni hat immer so getan, als wäre alles in Ordnung. Die hat so auf großzügig gemacht, verstehst du, wenn ich mal nach der Arbeit mit einer anderen ins Bett gehen würde, also das würde sie mir nicht ankreiden, das kann sie verstehen, wenn ein Mann dauernd unterwegs ist.

KÖRNER: Hat sie was mit anderen Männern gehabt?

JOHN: Meinst du? – Nein, das glaube ich nicht. Die war mit dem Haus und den Kindern zugange, nein, für die Hanni war das schon alles in Ordnung. Für sie ist jetzt noch alles in Ordnung ...

KÖRNER: Wie ist dein Verhältnis zu den Kindern?

JOHN: Wie soll es schon sein? Da hat sich nicht viel geändert, seit ich das hier mit der Elli mache. Ich bin vorher auch nicht jedes Wochenende nach Hause gefahren, und wenn ich da nach Hause kam, ich war müde von der Arbeit, und was man da in den paar Stunden redet ... Wie alles so läuft und was am Haus zu machen war, und die Hanni hat von den Kindern erzählt, aber das war, wie soll ich sagen ...

KÖRNER: Weit entfernt?

JOHN: Ja, das kann man sagen ... sehr weit weg. So, als ob alles nichts mehr mit mir zu tun hat. Hat es ja auch schon lange nicht, ich habe das Geld für den Haushalt und so auf den Tisch gelegt, und Hanni hat mir die Wäsche gemacht, wie das eben so läuft, wenn einer auf Montage fährt ...

KÖRNER: Du wolltest erzählen, wie du die Elli kennenlerntest ...

JOHN: Da gibt es nicht viel zu erzählen. Ein Kumpel sagte, komm, wir setzen uns in die Karre und fahren zu meiner Schwester und hauen uns mal richtig den Bauch voll, und da bin ich mitgefahren, und seine Schwester, das war dann die Elli ...

KÖRNER: Ihr habt euch gleich verstanden?

JOHN: Die war irgendwie anders als die Hanni ...

KÖRNER: Im Aussehen oder im Wesen?

JOHN: Beides! Die Hanni hat richtig gut ausgesehen, als wir uns kennenlernten. Sieht eigentlich heute noch gut aus. Kürzlich hab' ich mal einen Kumpel mit nach H. genommen, der von der Sache hier weiß. Ja. Der sagte nachher, also, er versteht das alles nicht, was ich mache, das wäre eine linke Kiste. Der ist voll auf die Hanni abgefahren ...

KÖRNER: Und du fährst nicht mehr auf sie ab?

JOHN: Nein, kann ich nicht sagen. Bei der Elli war das ganz anders, da hast du das Gefühl, ja, ich werde da ernstgenommen. Die Hanni hat mich nie ganz ernstgenommen ...

KÖRNER: Meinst du als Mann? Sexuell?
JOHN: Die Elli war ganz anders. Die arbeitete damals noch in einer Bar, und ich bin am Abend nach dem Essen mit hingefahren, und um vier bin ich mit ihr wieder nach Hause, und am nächsten Tag habe ich zum erstenmal in meinem Leben blaugemacht.
KÖRNER: Das kann doch nicht dein Ernst sein!
JOHN: War aber so! Die sah alles ganz klar. Morgens, als ich aufstehen wollte, die sagte, komm', sagte sie, mach keinen Quatsch, man lebt nur einmal, und ich will jetzt mit dir ficken. So was würde die Hanni nie sagen . . .
KÖRNER: Und da bist du dageblieben!
JOHN: Da wäre wohl jeder dageblieben. Und dann habe ich ihr alles erzählt, wie mein Leben so war, und sie hat zugehört, und dann hat sie erzählt, wie bei ihr alles so war, und ich hab' . . .
KÖRNER: Wie war es bei ihr?
JOHN: Die hat auch mit zwanzig geheiratet und war vier Jahre später geschieden. Die konnte ihren Mann nicht mehr ab . . .
KÖRNER: Hat sie dir erzählt!
JOHN: Wird stimmen. Der ruft jetzt noch manchmal an und fragt, ob er nicht wieder zu ihr kommen kann. Der ist völlig runter . . . Ja, und da hat das angefangen mit dem Doppelleben. Ich war häufiger die Wochenenden bei der Elli als bei der Hanni und den Kindern, da hat das eben so angefangen . . .
KÖRNER: Vor zwei Jahren, sagst du. Und deine Frau?
JOHN: Der habe ich erzählt, wir hätten so viel Arbeit, daß ich auch am Wochenende arbeiten muß und nicht rüberkommen kann.
KÖRNER: Und das hat sie geglaubt?
JOHN: Ja. Manchmal hab' ich deswegen bei der Elli geheult, da hat man eine Frau und drei Kinder, und dann so was, aber ich bin einfach nicht von der Elli losgekommen. Und nach dem zweiten Unfall, da habe ich das alles ganz klar gesehen. Daß ich das praktisch überhaupt nicht gewollt habe, die Heirat und die Kinder, daß ich damit nicht viel zu tun habe. Und da habe ich hier in der Wohnung gelegen, und die Elli hat mich versorgt, ja, und dann haben wir über alles geredet. Sie wollte nicht, daß ich dauernd auf Montage fahre, ich sollte was anderes machen, andere machen ja auch was anderes. Und da haben wir überlegt, und dann kamen wir auf den Gedanken mit der Disko. Ich hab' sie gefragt, wie sie sich das vorstellen würde, ich hab' doch das Haus am Arsch, aber sie

hatte die ganzen Jahre gespart, die hat in der Bar ganz gut verdient. Aber das konnte sie ja auch nicht mehr lange machen, nicht, sie hatte Geld gespart, und ich war es auch leid, dauernd die Knochen hinzuhalten, da haben wie die Disko aufgebaut ... Ich muß sowieso gleich rüber, du kannst sie dir mal ansehen. Wird dir gefallen ...

KÖRNER: Mein Gott, ihr scheint alle zu sparen ... Was braucht man denn für eine Disko?

JOHN: Normalerweise mindestens zweihundertfünfzig- bis dreihunderttausend Mark. Bei einer großen Disko wie unserer brauchst du noch mehr.

KÖRNER: Und so viel Geld hatte die Elli gespart?

JOHN: Nein! Das brauchst du doch nicht alles haben! Du brauchst natürlich ein bestimmtes Eigenkapital. Die Elli hatte fünfzigtausend Mark, und ich habe ein Darlehen aufgenommen, so Geld für junge Unternehmer, und dann gibt dir die Brauerei Geld, nicht, bei so was machst du eine ganze Menge Schulden ...

KÖRNER: Wie hast du denn das Geld bekommen? Muß da die Ehefrau nicht mit unterschreiben?

JOHN: Das war schwer. Du, daran wäre der ganze Plan fast kaputtgegangen. Aber ich habe dir von meinem Onkel erzählt ... der hat Geld, und als alles auf der Kippe stand, bin ich hingefahren und hab' ihm alles erzählt, und da hat er für mich eine Bürgschaft unterschrieben. Der weiß ja, daß ich ranhauen kann ... Und das meiste in der Disko hab' ich natürlich wieder selber gemacht. Ja. Vor einem halben Jahr war die Disko fertig, und seit drei Monaten gehe ich nicht mehr auf Montage.

KÖRNER: Und wie stellst du dir das weiter vor?

JOHN: Weiß ich nicht. Ich lasse alles auf mich zukommen. Die Hanni muß wohl irgendwas vermuten, weil ich doch die Wäsche nicht mehr nach Hause bringe, und als ich vor vierzehn Tagen mal wieder ein Wochenende zu Hause war, hat die Kleine, also die Gisela hat schrecklich geheult, aber darauf kann ich nicht immer Rücksicht nehmen ... Ja. Meine Frau fragt natürlich dauernd, was los sei, wenn ich eine andere hätte und mich scheiden lassen will, ich sollte doch mit ihr offen darüber reden, da würden wir uns einig werden, ich weiß auch nicht ...

KÖRNER: Deine Frau weiß von Elli und der Disko nichts?

JOHN: Quatsch! Meinst du, ich bin verrückt! Die würde glatt

herkommen und der Elli die Hölle heiß machen. Will ich nicht.
KÖRNER: Und was sagt die Elli dazu, daß du noch eine andere Frau neben ihr hast?
JOHN: Die Elli sieht das so, wie es ist. Ich habe zu früh geheiratet und drei Kinder, daran kann ich nichts ändern, und damit müssen wir leben. Sie rechnet wohl damit, daß sich Hanni irgendwann scheiden lassen wird. Aber da glaube ich nicht dran.
KÖRNER: Wirst du dich irgendwann scheiden lassen?
JOHN: Weiß ich nicht. Es würde sich dadurch überhaupt nichts ändern. Vielleicht später mal. Wenn die Kinder größer sind. Der Peter ist ja praktisch schon erwachsen. Um die Kleine mache ich mir Sorgen ...
KÖRNER: Das wollte ich auch schon sagen. Die Kinder tun mir leid ...
JOHN: Meinst du, denen ging' es besser, wenn ich zum Wochenende oder alle vierzehn Tage mal nach Hause komme? Ist doch Unsinn. Das waren nie richtig meine Kinder, sondern immer die Kinder meiner Frau, und ich habe mit meinen Kindern nur durch das Geld zu tun. Ich bin der Vater und muß für die Frau und die Kinder bezahlen. Irgendwie habe ich mich damit abgefunden.
KÖRNER: Du liebst deine Kinder nicht?
JOHN: Der Älteste ist ganz gut und die Gilla, ja, bei der Kleinen würde ich sagen, wenn es zur Scheidung käme und das möglich wäre, für die Gilla hätte ich gern das Sorgerecht, wenn die bei uns wohnen könnte, das wäre prima.
KÖRNER: Die Elli wäre damit einverstanden?
JOHN: Die kennt die Kinder doch nur von Fotos!
KÖRNER: Deine Frau tut dir nicht leid?
JOHN: Hab' ich ihr vielleicht leid getan, als ich jede freie Minute an unserem Haus geschuftet habe?
KÖRNER: Ich frag' noch mal was, das ich, glaub' ich, schon mal gefragt habe. Wie fühlst du dich, jetzt, wo du den Ausstieg geschafft hast? Prima?
JOHN: Quatsch! Prima ist Quatsch! Aber ich will dir mal was sagen, ich habe fast zwanzig Jahre schwer gearbeitet, und ich bin sehr froh, daß ich zum erstenmal in meinem Leben in einer Situation bin, wo andere für mich arbeiten!
KÖRNER: Die Elli?
JOHN: Wie kommst du denn darauf? – Die Elli ist mein Partner!

Wir machen halbe-halbe! Nein, die beiden Kellner und die Serviererinnen und die Garderobenfrau. Du, ich hab' das auch noch nicht ganz begriffen, ich bin zum erstenmal in meinem Leben Chef. Ich hoffe bloß, daß das Geschäft gut bleibt, vor einem Jahr oder zwei Jahren kannst du bei einer Disko noch nichts sagen. Die Elli meint, der Laden würde was. Die hat mehr Ahnung als ich. Die kennt sich im Nachtgeschäft aus, und ich sehe das ganz klar, die Disko ist meine letzte Chance! Ich sehe das ganz klar. Ich habe mehr Schulden als Haare auf dem Kopf, meine Ehe ist im Arsch, und mit der Elli stimmt es auch nicht mehr, aber ich muß das hier weiter durchziehen, sonst kann ich mir 'nen Strick kaufen . . .

KÖRNER: Wieso stimmt das mit der Elli nicht mehr?

JOHN: Du, wenn sie gleich kommt, kein Wort davon! – Ist schon wahr, wir haben keinen Streit, und das Verhältnis ist ganz anders, als es jemals mit der Hanni war. Aber wenn ich ehrlich bin . . .

KÖRNER: Der alte Schwung ist hin??

JOHN: Du, ich sehe das ganz realistisch. Irgendwie wird jede Sache zwischen Mann und Frau mit der Zeit zu einer guten Kameradschaft. Die Elli ist ein prima Kumpel, und ich zieh' das hier auch mit ihr durch. Ich bin ihr auch dankbar. Wenn die Elli nicht gewesen wäre, ich würde heut' noch auf Montage fahren. Aber so richtig das Wahre . . . ich weiß nicht!

KÖRNER: Läuft was mit 'ner anderen Frau?

JOHN: Laufen ist zu viel . . . Ich versteh' mich halt mit der Angelika ganz gut, die bei uns hinterm Tresen steht. Aber dafür würd' ich die Elli nie laufenlassen.

KÖRNER: Bist du zufrieden mit deinem Leben?

JOHN: Wie kommst du denn auf so was? Ich weiß, daß ich für die Hanni und die Kinder sorgen muß und das Haus und die Disko und die ganzen Schulden . . . aber so, wie alles gekommen ist, ich finde, ich habe noch das Beste daraus gemacht. Ich hätte eben die Hanni nicht heiraten sollen, aber wenn du aus der Kirche raus bist, dann bist du immer viel klüger! – Komm, wir gehen rüber in die Disko! Und kein Wort über alles zur Elli. Ich hab' ihr gesagt, na ja, ist egal.

KÖRNER: Was denn?

JOHN: Daß ich für ein Gespräch über unsere neue Disko dreihundert Mark kriegen kann!

KÖRNER: Fünfhundert!

JOHN: Davon braucht die Elli nichts zu wissen!

3

Bad Reichenhall im Februar: Autonomie und Vernetzung

Vorgestern lag Schnee und gestern lag Schnee, in der Nacht aber ist es wärmer geworden, der Schnee taut, wenn ich an der Saalach entlang gehe, spritzt der Schneematsch unter meinen Schuhen zur Seite, und auch der Schneematsch ist sauber. Weil es auch weiter oben, an den Hängen des Predigtstuhls, taut und sich die Schneegrenze wieder nach oben schiebt, werden Bäche und Flüsse zu reißenden Gewässern. Als ich vor einer Felswand stehe, aus der überall sauberes Wasser fließt, habe ich den Eindruck, daß das Wetter sich nur meinetwegen geändert hat, um mir feucht und fließend um die Ohren zu schlagen, daß mir in der Industriegroßstadt die Jahreszeiten abhanden gekommen sind. Das gibt es also noch anderswo! In Dortmund, wo sich der Wechsel der Jahreszeiten nur am Wechsel von feuchten kalten, feuchten wärmeren, trockenen kalten und trockenen wärmeren Grauabstufungen bemerkbar macht, hatte ich das vergessen. Vorsichtshalber rufe ich Freunde in Dortmund an, um mich zu vergewissern, ob meine Annahme richtig ist, daß zu Hause feuchtes kaltes Grau eingezogen ist. Meine Annahme ist unrichtig. In Dortmund ist das Grau trocken und kalt.

Ein Beitrag zur Notwendigkeit der Veränderung? Und weil ich das Wetter nicht verändern kann: Wäre es nicht zweckmäßig, wenigstens den Aufenthaltsort zu wechseln? Von Dortmund nach Bad Reichenhall umziehen oder, besser noch, auf die Kanarischen Inseln, wo sich das Wetter zwar auch nur wenig verändert, aber immerhin das schlechte Wetter so beschaffen ist wie im Ruhrgebiet das gute? Das Wetter ist wichtig für den Menschen. Ein Germanist hat mit einer Arbeit ›Der Held und sein Wetter‹[1] promoviert. Ob es ein Zufall ist, daß die industriellen Leistungsgesellschaften dort entstanden sind, wo mir das Klima schon immer am scheußlichsten vorkam?

1 F. C. Delius, ›Der Held und sein Wetter. Ein Kunstmittel und sein Gebrauch im bürgerlichen Realismus‹, München 1971

Wenn nur die Bindungen an eine vertraute Umgebung nicht wären, diese Furcht vor dem Neuen, Unvertrauten, die ich mit der Karthäuser-Katze meines Freundes Rudi S. gemeinsam habe.
»Katzen sind konservativ«, sagte Rudi, als ich einmal dem Ritual zusah, mit dem seine Katze sich einem ihr unbekannten Gegenstand, einem Heizlüfter, näherte. Äußerst behutsam umkreiste sie die summende und wärmende Maschine, in immer enger werdenden Kreisen, sie keines Blickes würdigend, bis sie nahe genug am Fremden, Neuen, Feindlichen war und vorsichtig, fast wie zufällig, mit einer Pfote über das Metall wischte und sofort wieder wegsprang.
Sind wir wie Katzen, wenn es um Veränderung geht? Schreiben wir von Kindheit an am liebsten einmal gefundene Strukturen fort, und muß uns schon ein schwerer Anker recht kräftig auf den Fuß fallen, bis wir bemerken, in welche Lebensbedingungen wir hineingewachsen sind und wie diese Bedingungen sich auf das auswirken, was uns eigentlich am liebsten und teuersten sein sollte, nämlich unser Leben?
John hatte eine Kindheit, die man nicht gerade als glücklich bezeichnen kann, aber da melden sich auch schon Zweifel: Könnte es nicht gerade an diesen ungewöhnlichen Kindheiten liegen, wenn sich Menschen später irgendwann daran erinnern, daß Entwicklungen nicht überall auf die gleiche Weise verlaufen müssen, daß man alles auch anders machen kann als andere?
Was ist da passiert, das einen Monteur auf den naheliegenden Gedanken bringen konnte, daß er ein trotz Eigenheim eigentlich ziemlich freudloses Leben führte? Ein Leben, das von frühester Kindheit an so oder ähnlich vorgezeichnet war. Nur daß er den Spieß eines Tages einfach umdrehen zu können glaubt. Was hat sein Vater, seine Mutter, seine Ehefrau, was haben seine Kinder, seine Arbeitgeber, die Gesellschaft, wir alle denn ausgerechnet bei ihm falsch gemacht? Oder gar richtig? Sozialisation gelungen, aber welch ein Wunder, der Patient scheint noch zu leben. Oder ist das nur ein Irrtum, und er hat die entfremdete Arbeit für seine Elektromaschinenfirma lediglich gegen die entfremdete Arbeit für Alkoholproduzenten eingetauscht?
ICH WILL DIR MAL WAS SAGEN, ICH HABE FAST ZWANZIG JAHRE SCHWER GEARBEITET, UND ICH BIN SEHR FROH, DASS ICH ZUM ERSTENMAL IN MEINEM

LEBEN IN EINER SITUATION BIN, WO ANDERE FÜR MICH ARBEITEN: WENN SICH JOHN DA ABER IRRT?
Um das Urvertrauen kann es nicht sonderlich gut bestellt sein in der Psyche eines Menschen, der sein Leben darauf zurückführt, daß ein Ami eine Stange Zigaretten hatte, die seine Mutter gern gehabt hätte. Trotzdem, er wächst heran, fährt in einem Alter über den Ozean, in dem er leider nur wenig davon hat, er geht zur Schule und wird für die Arbeitswelt vorbereitet. Der Zufall führt zum Beruf, der Sexus zu Ehe und Vaterschaft. In einem Alter, in dem andere das Studium beginnen, scheint für John alles schon gelaufen, das Leben nur noch Fortschreibung. Ganz gleich, ob dieser John durch innen-leitende, außen-leitende oder traditionsleitende Mechanismen der Riesmanschen Verhaltensdetermination[2] zum angepaßten, verheirateten, Kinder zeugenden Erwachsenen wird und als Elektromaschinenbauer auf Montage geht, das funktioniert anscheinend jahrzehntelang, bis dann die Ehefrau den Wunsch, sich ein eigenes Haus zu bauen, nicht teilt und darüber hinaus als Tochter eines Justizangestellten gewiß nicht für die Rolle der Bauhilfsarbeiterin sozialisiert ist. Da brauchen nur zwei Ergebnisse zusammenzutreffen, ein Arbeitsunfall und die Begegnung mit einer anderen Frau, die diesen John als Mann will und nicht nur als Geldbeschaffungsmaschine, schon bricht das von Anfang an allein durch sozialen Zwang entstandene Familiengefüge zusammen:
»Manchmal hab' ich deswegen bei der Elli geheult, da hat man eine Frau und drei Kinder, und dann so was, aber ich bin einfach nicht von der Elli losgekommen. Und nach dem zweiten Unfall, da habe ich das alles ganz klar gesehen. Daß ich das praktisch überhaupt nicht gewollt habe, die Heirat und die Kinder, daß ich damit nicht viel zu tun habe.« – Die Mechanismen der Anpassung scheinen nicht mehr so recht zu funktionieren, wenn in einer Gesellschaft, deren Wirtschaft gezwungen ist, durch Verbrauchswerbung zur sofortigen Verwirklichung der Wünsche aufzufordern, ein Arbeiter diese Ermutigung so versteht, wie sie eigentlich nicht gedacht war.
Der Wunsch, zusammen mit einer anderen Frau ein anderes Leben

2 David Riesman, ›Die einsame Masse‹, mit einer Einführung von Helmut Schelski, Hamburg 1958

zu beginnen, erweist sich als derart stark, daß John gegen den ohnehin immer schwächer werdenden, auf Fortbestand von Ehe und Familie zielenden Druck von Tradition, innen und außen seine Vorstellungen von einem anderen, besseren Leben verwirklicht.
Zurück bleibt eine Frau, die auf Fortbestand traditioneller Werte setzte, zurück bleiben Kinder (wie wird es um die seelische Gesundheit dieser Tochter bestellt sein, die vom Vater verlassen wird, wie die Ehefrau von ihrem Mann?), bei jedem Neuanfang bleibt das Alte zurück, und wenn Menschen dazu gehören, bleiben auch sie zurück.
Johns Handlungsweise erscheint mir ungemein brutal gegenüber seiner Frau und seinen Kindern, aber gibt er nicht nur jene Brutalität an Unschuldige weiter, der er ausgesetzt war? Jede Veränderung ist ein Vergleichen und Abwägen von Gütern; wo das Neue entsteht, wird das Alte oft verletzt.
Sind es Stellenwert und Rangfolge der Wünsche und Bedürfnisse, die letztlich die Persönlichkeit strukturieren?
Die Frage, ob John sich zum »autonomen« Menschen entwickelt hat oder ob er durch Innen-Leitung oder Außen-Leitung (oder einfach durch seinen Wunsch, mit weniger körperlicher Arbeit mehr Geld zu verdienen) vom Regen in die Traufe gebracht wird, die Zwänge der Existenz als Monteur nur gegen die Zwänge der Existenz als verschuldeter Diskothek-Besitzer eintauscht, interessieren mich in diesem Zusammenhang weniger als der Grad der Vernetzung unseres Lebens. Keiner lebt allein, und wer Veränderung anstrebt, merkt sehr schnell, in welchem Maße die verschiedenen Bereiche, in die wir unser Leben trennen, miteinander verflochten sind.
Ich bin nicht verheiratet und habe keine Kinder. Aber jedesmal, wenn ich durch die Wälder Bad Reichenhalls gehe oder am Ufer des Saalach-Sees entlang, jedesmal, wenn ich zu ahnen beginne, daß diese kleine Stadt, in der mir die Umwelt noch weitgehend unzerstört vorkommt und mir die sozialen Beziehungen überschaubar und einleuchtend erscheinen, eine Heimat werden könnte – denke ich schon an meine Mutter, an Schwester und Bruder, an Freunde und Bekannte, deren Nähe mir wichtig ist, die mir fehlen würden, wie ich ihnen fehlen würde. Natürlich, das ist ein Ergebnis meiner Sozialisation, ist Innen-Leitung und Außen-Leitung.

Ist mir die Nähe von Verwandten und Freunden wichtig? Natürlich! Aber ist sie mir so wichtig, daß sie mich daran hindern wird, eine Stadt zu verlassen, in der zu leben mir immer schwerer erträglich wird, weil diese Stadt die Nachteile der Industriegroßstadt (Schmutz, Lärm, gesundheitsbedrohende Umwelt) mit den Nachteilen des Dorfes (Fehlen der Kultur) verbindet?
Was ist mit mir los? Habe ich mich von der Familie noch nicht abgenabelt, in die ich hineingeboren wurde?
ICH WEISS, DAS WORT FÜR MEINEN ZUSTAND HEISST ZIELKONFLIKT, ABER LEIDER HILFT MIR DAS AUCH NICHT WEITER.
»Ich nehme mich mit«[3], das ist sehr leicht gesagt! – Aber wenn da Menschen sind, die man auch mitnehmen möchte und nicht kann?

3 W. Goebel, ›Ich nehme mich mit – Menschen und Bilder, Ausstieg und Ankunft‹, Frankfurt/Main 1981

4

Vorläufige Biographie eines deutschen Unternehmers:

Gesprächsprotokoll Otto C., 53 Jahre, früher Unternehmer – jetzt Heilpraktiker

Gesprächsprotokoll Otto C.:

»Ich bin als Geschäftsführer aus der Firma ausgeschieden, und wir werden unsere Eigentumsanteile nach und nach an die Belegschaft übertragen. Wir wollen unsere Heilpraktiker-Praxis ganz klein halten. Mehr als zehn Patienten am Tag kann man nicht behandeln, wenn man seine Aufgabe ernst nimmt. Ich wäre froh, wenn der Tag vierzig Stunden hätte. Es gibt so viel, was ich noch lernen möchte ...«
(Otto C., 53 Jahre alt, früher Unternehmer, jetzt Heilpraktiker)

Das Gespräch fand Anfang Januar 1981 in dem Eigenheim der Eheleute C. in der süddeutschen Großstadt S. statt. Ein neben diesem Eigenheim gelegenes neu errichtetes Gebäude ist ausschließlich dazu bestimmt, die Praxis aufzunehmen, und mit Wartezimmer, Behandlungs- und Therapieräumen entsprechend ausgestattet. Der Wohnraum, in dem ich mich mit den Eheleuten C. unterhielt, war im Wohnstil des gehobenen Mittelstandes eingerichtet. Zahlreiche Kunstobjekte, meist Multiples aus Glas und Kunststoffen und Arbeiten bekannter zeitgenössischer Künstler, erinnerten an die Zeit, in der C. in seinem Glas und Kunstglas verarbeitenden Industriebetrieb Bildenden Künstlern bei der Realisation ihrer Entwürfe behilflich gewesen war.
Weil ich den Eindruck gewonnen hatte, daß Ottos Ehefrau Christa mit ihrem Mann in nahezu total erscheinender Lebens- und Arbeitsgemeinschaft lebt, erwies sich meine ursprüngliche Absicht, auch in diesem Falle ein Gespräch nur zwischen Männern zu führen, als ungeeignet zur Darstellung der Lebenswirklichkeit dieses Mannes.

KÖRNER: Wie kommt ein Unternehmer mit einem Betrieb, ja, er ist ja wohl, wenn ich nichts Falsches gehört habe, auf ca. fünfzig Beschäftigte angewachsen ...
OTTO: Es sind jetzt drei Betriebe mit ca. sechzig Beschäftigten ...
KÖRNER: Sie waren da Geschäftsführer und mit Ihrer Frau

gemeinsam Alleineigentümer ... Was bringt einen Mann wie Sie dazu, das hinzuwerfen und als Heilpraktiker zu arbeiten. Köhnlechner-Effekt?

OTTO: An Köhnlechner und sein Institut habe ich gar nicht gedacht, eher im Gegenteil. Das ist fast eine Angstvorstellung von mir. Daß die Praxis auch wieder so wachsen könnte, daß ein Unternehmen daraus wird, daß man den Kontakt zu einzelnen Menschen verliert ...

CHRISTA: Ich finde, wir sollten du zueinander sagen! Wenn man in ein solches Gespräch geht, das erfordert so viel Vertrauen, was soll da das Sie ...

OTTO: Das meine ich auch! Ist so eine deutsche Gewohnheit, dieses Sie ...

KÖRNER: Natürlich!

OTTO: Ja, was bringt einen dazu? So was geschieht aus Einsicht, das sind nach und nach wachsende Erkenntnisse ... Das hängt mit meinem ganzen Leben zusammen, mit der ganzen Entwicklung ...

CHRISTA: Das sehe ich auch so, ich glaube, das kann man nur verstehen, wenn man das ganze Leben von ihm sieht ...

OTTO: Ich gehöre ja einer Generation an, deren Leben und Pläne vom Krieg ziemlich durcheinandergebracht wurden. Nach dem Krieg wollte ich das Abitur nachmachen, da war der Krieg ja dazwischen gekommen, aber nach der Mittleren Reife, ich habe nach dem Krieg dieselben Lehrer wieder getroffen, die in der Nazi-Zeit mit »Heil Hitler« in den Unterricht gekommen sind, die kamen und zogen jetzt den Hut und sagten »Guten Tag«, als wäre es immer so gewesen, damals war mein ganzes Weltbild zerbrochen ...

KÖRNER: Ein Reich, ein Volk, ein Führer?

OTTO: So ungefähr! Ich habe in den letzten Kriegstagen noch Waffen und Munition vergraben, weil wir als Werwölfe Deutschland verteidigen wollten. Die hatten uns vom Morgenthau-Plan und der drohenden Sterilisation aller Deutschen erzählt ...

CHRISTA: Ich glaube, du mußt noch früher anfangen! Ich glaube, deine Kindheit spielt ganz entscheidend mit bei dem, was wir jetzt machen ...

KÖRNER: Wie war denn deine Kinderzeit? Glücklich?

OTTO: Was ist Glück? – Mein Vater ist nach einem Verkehrsunfall

gestorben, als ich sieben Jahre alt war, und ein Jahr später starb meine Mutter an einer verschleppten Grippe. Da war ich allein und bei meinen Großeltern. Kurz darauf starb meine Großmutter und wenig später mein Großvater, dann kam ich mit meinen beiden Schwestern, ich habe zwei Schwestern, ja, wir kamen zu einer Tante . . . Ja, dann kamen Krieg und die Hitlerjugend, da habe ich mich sehr engagiert als Jungvolkführer, da habe ich Tote und Verletzte aus dem Bombenkrieg geborgen. Das wäre bestimmt nicht im Sinne meines Vaters gewesen, der hatte von den Nazis wenig gehalten, aber die Zeiten waren anders geworden. Ich habe mich 1943 freiwillig zur SS-Division Hitlerjugend gemeldet und war auf der Reichsführerschule in Peenemünde, und dann habe ich ab Ende 1944 in Pommern eine große Treck-Küche geleitet . . .
KÖRNER: Für Soldaten?
OTTO: Nein! Für die Flüchtlinge, die aus dem Osten kamen. Und 1945, als der Russe kam, sind wir zu Fuß zurück. Dann habe ich wie alle versucht zu überleben, ich war noch kurze Zeit auf der Realschule, ja, da wurde ich zu einem äußerst erfolgreichen Schieber und Schwarzmarkthändler. Ganz Deutschland hatte gehungert, aber ich hatte dicke Backen und mußte in der Schule was von Hunger-Ödemen erzählen. Ich habe von DP's Zigaretten gekauft und mit Kaffee aus Holland und Fahrradschläuchen gehandelt, meine Tante und ich, wir hatten wirklich alles. Das war eine wilde und abenteuerliche Zeit, und daß ich im Krieg gelernt hatte, etwas zu organisieren, so zu organisieren, daß alles klappte, das hat mir später sehr geholfen . . .
KÖRNER: Du hast keinen Beruf gelernt und bist nicht mehr zur Schule gegangen . . .
OTTO: Nein! Man mußte damals natürlich eine feste Arbeitsstelle nachweisen, das war wichtig, und die habe ich mir auch besorgt . . .
KÖRNER: Und als was?
OTTO: Ich war bei der Post angestellt als Postfacharbeiter. Aber das habe ich so gut wie nie gemacht. Ich habe den Job für eine Speckseite und ein bißchen Kaffee bekommen. Das wichtigste war ja, daß ich eine feste Arbeit nachweisen konnte. Lebensmittelkarten und der Lohn, das hat mich nicht interessiert. Hundertfünfzig Mark bekam ich da. Das reichte gerade für eine Schachtel Zigaretten. Ja. Und 1946, das ist für mich ein sehr wichtiges

Datum. Da wurde ich Mitglied des Rudervereins, und ich wurde ein sehr erfolgreicher Rennruderer ...

KÖRNER: Da warst du siebzehn?

OTTO: Achtzehn Jahre alt. Ein Jahr später war ich bei der Meisterschaft dabei und hatte sehr viel Erfolge, aber ich sagte mir, irgendwie, ja, da kam die Währungsreform und mein ganzes ermauscheltes und erschobenes Geld war nur noch Makulatur, das wurde nicht umgewechselt, da stand ich mit meinen vierzig Mark da, und die Läden waren voll, aber da habe ich herausgekriegt, ja, es gab wieder alles, bloß eins gab es nicht, das war Schokolade. Da habe ich eine Quelle aufgespürt, einen Amerikaner, da konnte ich Schokolade am Zentnerstück kaufen. Ein Zentner für zweihundert neue Mark. Das habe ich dann in Kilostücke geschnitten und fürs Doppelte verkauft, du, mit so süßen Verbindungen, es war damals richtiggehend Mangelware, da ist es mir wieder gut gegangen. Ich habe 1950 den Führerschein gemacht und mir ein schweres Motorrad gekauft. Aber dann gab es Schokolade wieder in den Geschäften, und die Mauschelei hörte ganz auf, da mußte ich wieder zur richtigen Arbeit. Ich habe mir eine Lehrstelle besorgt ...

CHRISTA: Wenn ich was dazu sagen darf, Otto, ich finde es wichtig, daß du das Abitur machen wolltest ...

OTTO: Ja, das wollte ich natürlich. Da war es sehr schwer, bei einem Gymnasium anzukommen, da wollte ich nach Bethel, weil ich hörte, dort könne man das Abi machen, wenn man nachher Pfarrer werden wollte. Aber daraus wurde nichts. Bei der Polizei haben sie mich wegen Plattfüßen nicht genommen. Ich wollte unbedingt was werden, ich wollte unbedingt aus meiner unsicheren Situation heraus, ich wollte endlich einen Beruf. Da gab es einen guten Zufall, bei einer Mineralölgesellschaft, ja, da gab es eine Gesellschaft, da war die Spitze so ruderbegeistert, wenn man da ein guter Rudersportler war, da gab es Witze, da wurde man um ein Haar sofort als Direktor eingestellt. Ich wurde als Lehrling eingestellt, aber durch den Sport, da war ich wer in der Stadt und sogar im Land, da hatte ich ein enormes Selbstbewußtsein bekommen und wurde überall anerkannt, das stand in der Zeitung, wenn man irgendwo gewonnen hatte, das sah man in der Wochenschau, da hieß es dann, der C., die große deutsche Olympia-Hoffnung, so was tut einem jungen Mann, der nichts hinter sich und alles nur vor sich hat, sehr gut, und das stärkt vor allem sein Selbstbewußtsein. Ich hatte sogar ein Angebot für den Opel-Achter, aber da haben mich die anderen gewarnt, mach das bloß nicht, wenn du bei Opel bist, dann mußt du rudern, ob du willst oder nicht, und bei der Mineralölgesellschaft ging es mir ja auch nicht schlecht, da war ich nicht der Lehrling C., sondern der Ruderer C. Ja, da habe ich dann meine Lehrzeit absolviert und wurde kaufmännischer Angestellter, aber nach neun Tagen als Angestellter wurde ich mit dem doppelten Gehalt zu einer Tochterfirma der Mineralölgesellschaft abgeordnet . . .

KÖRNER: Auch wieder durch den Sport . . .

OTTO: Das spielte eine Rolle. Als guter Sportler machte man da sehr leicht Karriere! – 1951 als Lehrling hatte ich auch meine jetzige Frau kennengelernt . . .

KÖRNER: Wie denn?

OTTO: Sie war als Praktikantin bei der Mineralölgesellschaft, und da gab es einen Betriebsausflug, ja, da lernte man sich kennen und lieben, und dann hörte ich mit der Ruderei auf und konzentrierte mich mehr auf den Beruf, weil man ja auch mal heiraten wollte . . .

KÖRNER: Gleich auf die Ehe zu?

OTTO: Das stand eigentlich ziemlich bald für mich fest. Ich hatte meine Erfahrungen, weißt du, das ist vielleicht auch wichtig, durch die Art, wie ich aufgewachsen bin, da war niemand, der ein Interesse daran hatte, mir irgendwas zu verbieten. Moral und so was, die Verwandten hatten andere Sorgen, und im Krieg, wenn du eine Großküche mit zweiunddreißig Frauen leitest, ja, ich habe immer sehr frei gelebt . . .

KÖRNER: Was wurdest du denn bei der Tochtergesellschaft dieses Konzerns?

OTTO: Sachbearbeiter mit zwei Stenotypistinnen. Ja, und dann unterstanden mir drei Außendienstmitarbeiter, die hatte ich einzusetzen. Alles Leute, die schon größere Aufgaben gehabt hatten. Einer war Adjutant bei Adolf Hitler gewesen. Und jetzt sagte ich ihm, was er tun sollte. In dieser Zeit haben wir dann auch geheiratet. Das war eine mutige Entscheidung meiner Frau, ja, Christa hat damals Mut und Konsequenz bewiesen . . .

KÖRNER: Ist die Entscheidung für die Ehe nicht immer mutig und konsequent?

CHRISTA: Du, ich komme aus einer sehr alten Familie. Mein Vater hatte riesige Ländereien. Meine Familie ... du bist von der Autobahn gekommen, da bist du zwanzig Minuten durch Wälder gefahren, du, das waren Wälder unserer Verwandten ... Mein Vater hat gesagt, ob der Otto dir jemals den Lebensstil bieten kann, den du gewohnt bist, weiß ich nicht. Er hat das Zeug dazu, er hat den Marschallstab im Tornister, aber ob er was wird, das kann jetzt niemand wissen ...

KÖRNER: Ich habe oft beobachtet, daß Frauen weniger einen Mann heiraten, als seine soziale Position ...

CHRISTA: Das hatte ich nicht nötig. Ich wußte immer, daß Geld nicht alles ist ...

KÖRNER: Und da hast du dich bemüht, das Geld zu verdienen, Otto, was??

OTTO: Das war nicht das Geld, was ich haben wollte, das war die Anerkennung der Leistung! Ich erinnere mich noch genau daran, da war ich gerade ein paar Tage Angestellter und sah oben vom Fenster aus die Menschen auf der Straße, anonym, weiß du, da sagte ich einem Kollegen, guck mal aus dem Fenster, so wie die werde ich niemals sein. Ich bin anders ...

KÖRNER: Hybris?

OTTO: Ich war durch meine Erfahrung so aufgeblasen, was ich anfaßte, das mußte einfach gelingen ...

KÖRNER: Wo kommt das her? Deine Kindheit war doch nicht gerade rosig ...

CHRISTA: Das habe ich mich auch gefragt. Ich erkläre mir das so, daß Otto als erster Sohn nach zwei Töchtern geboren ist. Danach sagte sein Vater, ich höre fortan auf zu arbeiten, ich lebe jetzt für diesen Jungen, das ist jetzt meine Aufgabe ...

KÖRNER: Und das hat er getan?

OTTO: Ja. Er hat mit mir Ausflüge unternommen, und wir haben am Lagerfeuer gesessen, und ich habe sehr viel von ihm gelernt. Der hat sich rund um die Uhr um mich gekümmert ... wir waren dauernd in der Natur ... die Bekannten nannten ihn den Naturforscher. Der lief schon um fünf Uhr früh über die Wiesen und sammelte Kräuter für Tee, und den mußte ich trinken. Wenn ich das bittere Zeug trank, bekam ich immer einen Groschen ...

KÖRNER: Machst du das mit deinen Patienten heute auch so?

OTTO: Was? – Nein ... das ist mir erst viel später wieder eingefallen, ich hatte meine ganze Kindheit verdrängt ... Vor zehn Jahren fing ich an, mich wieder an so was zu erinnern ...
KÖRNER: Wie ging es bei der Arbeit denn weiter ...
OTTO: Da bekam ich einen Auftrag, ja, ich sollte in Norddeutschland durch einen anderen Bezirk reisen und mir alles notieren, was nicht in Ordnung war, weil der Konzern einen Direktor feuern wollte. Da bin ich durch den Bezirk gereist und habe alles aufgeschrieben, aber der Direktor, ich kam zu dem Ergebnis, daß er an diesen Unstimmigkeiten keine Schuld hatte. Das habe ich dann auch in meinen Bericht geschrieben, und den habe ich diesem Direktor gezeigt. Da konnte er sich in Ruhe etwas anderes suchen, und dieser Mann, ich habe ihn Jahre später noch mal getroffen, und da sagte er, das sei sehr anständig von mir gewesen ...
KÖRNER: Hattest du Nachteile dadurch?
OTTO: Nein! Der Konzern war zwar nicht begeistert. Ja, und 1953 haben wir geheiratet ...
KÖRNER: Der Angestellte die höhere Tochter ...
CHRISTA: Nein, das ist nicht wahr! Ich habe Medizin studieren wollen, immer, ich war auf dem Gymnasium und bin sechs Wochen vor dem Abitur schwer krank geworden. Danach wollte mein Vater, daß ich mir mal vor dem Studium den Wind des Lebens um die Nase wehen lasse, da bin ich zu der Mineralölfirma ins Praktikum gegangen, und da lernte ich Otto kennen ...
KÖRNER: Hast du weiter gearbeitet?
OTTO: Nein, das kam nicht in Frage. Dazu war ich zu stolz. Ich verdiente zwar damals sehr wenig, und wir mußten sehr haushalten, aber meine Frau und arbeiten, das kam nicht in Frage.
KÖRNER: Und dann wurdest du irgendwann selbständiger Unternehmer?
OTTO: Selbständig und Unternehmer ist gut! Ein Onkel von Christa hatte eine Glasschleiferei. Ein winziger Betrieb für technische Gläser, da arbeitete nur ein Angestellter. Der Onkel war kinderloser Junggeselle und konnte nicht mehr so recht, da hat er mir das Angebot gemacht, wenn ich in den Betrieb eintrete und mich darum kümmern würde, dann würde mir später mal alles gehören, was ich daraus machen würde. Da habe ich mit Christa lange überlegt ... was der Laden abwarf ... wir würden weniger Geld haben, als ich bei der Mineralölfirma verdiente, aber bei meinem

Selbstbewußtsein, ich hatte zwar von Glas überhaupt keine Ahnung, aber ich habe das riskiert. Ich bin da voll eingestiegen und habe das organisiert, diese Glasschleiferei ... ja, ein Großhandel mit technischen Gläsern gehörte noch dazu, den hättest du hier im Wohnzimmer unterbringen können, das war völlig heruntergewirtschaftet und so gut wie gar nichts. Ich habe die fünfzehnhundert Mark bei der Mineralölfirma aufgegeben und bin in diesen Laden für siebenhundert Mark eingestiegen ...

KÖRNER: Und siehe da, der Betrieb blühte auf ...

OTTO: Das war eine sehr harte Zeit, aber das hatte ich vorher gewußt. Ich habe das Angebot verbreitert und neue Artikel aufgenommen ... und 1960 habe ich zum Onkel gesagt, du, so geht das nicht, Schluß mit dem Handel, wir legen uns ganz auf die Glasverarbeitung, und da habe ich mich nach und nach eingearbeitet und selbst Rohglas geschmolzen und verarbeitet, Laborbedarf entwickelt und neue Maschinen gekauft ...

KÖRNER: Du warst doch Kaufmann und kein Techniker ...

OTTO: Für den Kaufmann war dort gar nicht genug zu tun ... Ich habe bis spät in die Nacht und samstags und sonntags im Betrieb gestanden und Glas geschliffen. Und unser Sohn, der Ralf, wurde 1955 geboren, ja, als der Ralf in die Schule kam und ihn der Lehrer nach meinem Beruf fragte, da sagte er Glasschleifer, sein Vater wäre Glasschleifer ...

KÖRNER: Wieviel Kinder habt ihr?

OTTO: Eigentlich zwei. Das waren Zwillinge, aber die Kleine ist nach acht Monaten leider gestorben ... Ja, da habe ich mir aus kleinsten Anfängen so viel Wissen angeeignet, so viel Marktkenntnis, ich bin kreuz und quer durch Deutschland gefahren und habe mich in die Glasverarbeitung eingearbeitet ... Ja, da fängt eigentlich die Situation an, in der ich heute stehe, wenn ich zurückblicke, muß ich sagen, ich habe die besten Jahre meines Lebens vertan. Ich habe gearbeitet wie ein Idiot. Ich habe mir immer vier Wochen Urlaub im Jahr gegönnt, ich habe elf Monate im Jahr dafür gelebt, daß ich einen Monat im Jahr zum Camping nach Spanien fuhr. Und wenn ich dann dort war, ich konnte nicht mehr ruhig sein. Ich mußte etwas tun. Der Motor lief auf Hochtouren, der kam kaum noch zur Ruhe. Ich habe auf diese Art und Weise mein Kind sträflich vernachlässigt – der Junge hat mich manchmal die ganze Woche nicht gesehen. Morgens, wenn ich aus dem Haus ging, war er noch nicht wach, und abends, wenn ich nach Hause kam, schlief er schon, und zum Wochenende hat er mich im Betrieb besucht. Wir haben uns nichts leisten können, bei dem Gehalt, Christas Vater hat uns Geld angeboten, aber das habe ich nicht genommen, dafür war ich zu stolz, wir kamen oft nicht über die Runden, aber daß meine Frau arbeitete, nein, dafür war ich auch zu stolz. Aber es ging dann sehr schnell aufwärts . . . Ich habe dann nach und nach drei Häuser für meinen Onkel gebaut, der nach wie vor Eigentümer der Firma war . . . der sagte immer, alles, was ich aufbaue, bekomme ich später, und das hat er auch gemacht, er hat mich später adoptiert und als Universalerben eingesetzt . . . 1965 war das schon ein Betrieb mit zehn Beschäftigten, das ging phantastisch . . . da konnte ich alles machen, an das die Gewerkschaft zu der Zeit überhaupt noch nicht gedacht hat. Mitbestimmung und Gewinnbeteiligung, das war eine einzige große Familie. Wenn da ein Arbeiter Sorgen hatte, der kam zu mir, das war eine schöne Zeit . . .

KÖRNER: Zeiten wechseln! – Wie ging es weiter?

OTTO: Der Onkel starb 1970, und ich wurde Eigentümer, ich habe dann den Grundbesitz später auf meine Frau übertragen, wegen der Haftung, ja, und da waren es längst zwei Betriebe, ich hatte ein Jahr zuvor mit der Kunststoffverarbeitung begonnen. Damals glaubte man ja, das Kunststoffzeitalter bricht an und man könnte durch Kunststoffe alles ersetzen. Da dachte ich mir, jetzt mußt du dich mit Plexiglas beschäftigen. Die ersten Verformungen, das war ganz primitiv, die ersten Verformungen haben wir im Backofen gemacht, wir waren schon damals anders als andere, und das lief sehr gut, und wir haben sehr gut verdient . . .

KÖRNER: Was ist für dich sehr gut?

OTTO: Ich habe mir 1965 als Geschäftsführer schon zweitausendfünfhundert Mark bewilligt, und die Firma hat noch fast zweihundertfünfzigtausend Mark verdient und investiert . . . ja, das wurde größer und wuchs und wuchs, und weil ich wohl schon damals nach anderen Lebensformen suchte, fing ich mit sozialen Experimenten an. Da bildeten wir mit kritischen jungen Leuten, Studenten und anderen, die das Abendabitur nachmachten, so eine Art Wohngemeinschaft, das war ja damals so eine Zukunftshoffnung, andere Formen des Wohnens und Zusammenlebens . . .

KÖRNER: Schon 1965?

OTTO: Nein! Das war später. Um 1970 fing das an. Wir hatten hier die drei Häuser . . .

KÖRNER: Die du inzwischen mit dem Geld aus den Betrieben gebaut hattest . . .

OTTO: Ja! Die habe ich in dieses alternative Modell eingebracht, wir wollten da zu einer Gruppe zusammenwachsen, so einer Art Großfamilie, wir haben wochenlang Abend für Abend zusammengesessen und die Erfahrungen aufgearbeitet, die das mit sich brachte, wir sind da voll und offen reingegangen, weiß du, damals machte dir jeder Vorwürfe, wenn du Unternehmer warst und ein bißchen Produktivkapital aufgebaut hattest, wir sahen das auch irgendwie ein, aber die konkrete Erfahrung, die Christa stand in der Küche und kochte rund um die Uhr für alle, und ich holte das Geld zum Leben rein, und die anderen, Studenten und andere Intellektuelle, die redeten und redeten bis tief in die Nacht . . .

CHRISTA: Konnten sie auch ganz gut, die schliefen am nächsten Tag bis mittags . . .

OTTO: Ja. Und ich stand früh um sechs auf und war um halb sieben schon wieder im Betrieb, ich habe gearbeitet . . .

KÖRNER: Warum hast du das angefangen? Es ist ja nicht gerade alltäglich, daß ein Unternehmer vom Kommune-Gedanken infiziert wird . . . Suche nach der heilen Familie, die du eigentlich nie hattest?

OTTO: Das hing mit meinen Vorstellungen von der Firma zusammen. Ich wollte meinen Leuten einen Arbeitsplatz geben, ich wollte, daß sie nicht nur im Betrieb arbeiteten und Gehalt bekamen, ich wollte um den Betrieb eine Lebens- und Produktionsgemeinschaft entstehen lassen, mit Eigentum der Arbeiter am Produktionsvermögen, Gewinnbeteiligung, ein utopisches Modell verwirklichen . . .

KÖRNER: Und woran scheiterte das?

OTTO: Eigentlich am Mißtrauen und der Unvernunft der anderen, an den Vorurteilen . . . Die Leute, die hier wohnten und im Betrieb arbeiteten, bekamen mehr Geld als anderswo, sie hatten Gewinnbeteiligung und Mitbestimmung, als anderswo noch nicht die Rede davon war, jedenfalls nicht in Betrieben dieser Größenordnung . . . aber sie hatten immer das Gefühl, ja, ich habe die Bilanzen offengelegt, und da war ein junger, linker Betriebswirt, der hat den

Leuten eingeredet, ich beutete sie noch immer aus und ich sei nur raffinierter als die anderen Unternehmer . . .
KÖRNER: Warst du das?
OTTO: Ich habe wirklich zu neuen Formen finden wollen. Aber wenn du das miterlebt hättest, die wollten diskutieren, im Diskutieren waren sie alle sehr gut, aber wenn es um die Arbeit ging, na ja, vergessen wir das . . .
KÖRNER: Ich bin wirklich über deine Motive noch immer im Zweifel . . .
OTTO: Du, ich weiß nicht! Ob es die Erinnerungen an die HJ-Zeit waren, wo ich dieses Gemeinschaftsgefühl immer ganz gut gefunden hatte, oder die Freude am Abenteuer, mit anderen gemeinsam Neuland zu betreten und was ganz Neues zu versuchen . . . ich konnte da so viel einbringen . . . meine Frau hat das auch voll getragen . . . das war eine große Enttäuschung für mich . . . weißt du, bei den Linken war ich immer der rechte Unternehmer, und bei den Unternehmern war ich der linke Spinner . . . Ich pendelte da immer dazwischen, und als sie mich dann aus der Gruppe ausschließen wollten, mich und meine Frau, ja, die wollten mich ausschließen, die Wohnungen und die Vorteile aber behalten, ja, da war Schluß für mich. Da sind wir ausgestiegen und haben wieder nach der alten Methode gelebt und gewirtschaftet . . . Heute ist mir klar, daß ich für die Gruppe so eine Art nützlicher Idiot war . . . das war wohl das einzige, was sie vom Lenin gelernt hatten. Ich war gegen Ausbeutung, sonst hätte ich das nicht versucht, aber jetzt sah ich mich in der Situation des Ausgebeuteten . . . ich habe für die anderen gearbeitet . . . das war dann auf einmal auf andere Weise unsozial . . . Ich habe mich wieder ganz auf die Firma konzentriert . . . das waren ja schon zwei Betriebe . . . das waren schon mehr als dreißig Leute, und das lief auch wieder wunderbar . . . Als die Gewerkschaft kam und einen Betriebsrat wollte, da hat die Belegschaft gesagt, das brauchten sie nicht, sie hätten so mehr, als ihnen die Gewerkschaft je verschaffen könnte . . . Ich habe fast nur mit jungen Leuten gearbeitet . . .
KÖRNER: Warum?
OTTO: Das war ein völlig neuer Werkstoff, für den es damals überhaupt noch kein Berufsbild gab. Nur junge, unvoreingenommene Leute sind experimentierfreudig genug, da neue Wege zu suchen . . . mit Glasern oder Metallfachleuten konnte ich bei

Plexiglas überhaupt nichts anfangen . . . Ja, ich hatte gelernt, daß es Inseln in einer kapitalistisch verfaßten Gesellschaft kaum geben kann . . . Dazu kam dann die Eigengesetzlichkeit einer Firma, die expandieren muß. Ich bekam langsam Angst vor meiner Firma. Das wurde ein Moloch . . . für meine schlichte Natur hatte ich es auf einmal mit Summen zu tun . . . das wuchs und wuchs . . . alles, was ich verdiente, ging wieder in die Firma, und trotzdem reichte es manchmal nicht aus für die Investitionen . . . Es gibt optimale Betriebsgrößen für eine bestimmte Kapitalausstattung, und diese Größe muß man beim Wachstum irgendwann einmal überschreiten, oder man geht ein . . . da produziert man plötzlich nicht mehr Ware, sondern mehr Außenstände, die müssen finanziert werden, und das Wachstum kostet Zinsen, der Betrieb, also alle drei Betriebe geben heute mehr als hundertfünfzigtausend Mark an Zinsen aus, das heißt, wir machen den Umsatz, und die Bank bekommt die Gewinne. Das machte mir, dieses Wachstum der Firma fraß mich immer mehr auf und machte mir angst . . . ich konnte nicht mehr schlafen und kriegte nachts Herzanfälle . . . und als ich dann 1970 nach einer Meniskusoperation einen Lungeninfarkt kriegte und ein paar Wochen im Krankenhaus lag, da habe ich zum erstenmal Zeit gehabt und habe zum erstenmal über mich nachgedacht . . . da habe ich mich zum erstenmal gefragt, sag mal, willst du das überhaupt, ich trieb da in etwas hinein . . . Ich hatte inzwischen alles mal gemacht, was man so machen will, ich hatte meinen großen Mercedes gefahren und war wieder davon abgekommen, ich fuhr BMW, wie sich das für einen dynamischen Unternehmer gehört, aber mein Selbstverständnis, für so einen großen Betrieb zu leben, das war etwas angeknackst. Hinzu kam, daß unser Sohn langsam groß wurde, und ich hatte zuvor immer als selbstverständlich angenommen, daß er die Firma später mal übernehmen würde, was Erstrebenswerteres als so ein gemachtes Nest konnte ein Kind ja gar nicht haben, aber mein Junge sagte mir, was, diese Firma übernehmen und das Leben führen, das du führst, ich bin doch nicht verrückt . . .

KÖRNER: Was macht dein Sohn heute?

CHRISTA: Das ist interessant! Ottos Vater war nicht gerade erfolgreich . . . Otto hat ungemein viel geleistet, und unser Sohn, der hat das Abitur gemacht und ist sofort danach nach Spanien gegangen. Der arbeitet im Hotelfach, hat sein kleines Häuschen und eine Freundin, ja, der Ralf ist jetzt fünfundzwanzig und lebt mit einer Vierzigjährigen zusammen ...

OTTO: Geld will er schon verdienen, aber in die Mühle geht er nicht so wie ich.

KÖRNER: Das Geld für das Haus deines Sohnes?

CHRISTA: Das hat er sich von uns geliehen. Er hat uns gesagt, er sehe das nicht ein. Wir wären bereit gewesen, ihm ein Studium zu bezahlen, und dieses Leben, das er sich aufbauen würde, das wäre sein Studium, er wolle herausfinden, was er später mal will ...

OTTO: Daß er dieses Leben als Form seiner Ausbildung führen will. Das Geld haben wir ihm dann auch gegeben. Der Ralf hatte alle Karten, die die anderen Jungen in seinem Alter gern gehabt hätten, aber er hat sich da voll rausgezogen. Der wollte sich seinen eigenen Weg bahnen. Und da habe ich mich gefragt, weshalb mache ich das eigentlich ...

CHRISTA: Der Ralf hat eben nicht nur den Betrieb gesehen, sondern auch die negativen Begleiterscheinungen ... daß Otto am Wochenende kaputt war und Kräfte sammelte, damit er am Montag wieder was schaffen konnte, du, ich habe das allmählich richtiggehend gehaßt ...

OTTO: Unternehmer haben viel Arbeit, keine Zeit für sich und meist Frauen, die damit zufrieden sind, wenn sie das Geld ausgeben können ...

KÖRNER: Mir hat mal ein Lama gesagt, der Mensch kann alles erreichen, was er will. Aber er bekommt dann immer nur das, nie das Gegenteil. Wenn einer um jeden Preis einen Betrieb will, dann bekommt er ihn ... Ich finde es ziemlich stark, wenn er dann auch noch ein ruhiges und zufriedenes Leben will ...

OTTO: Ich glaube, die erste Generation bezahlt ein Vermögen mit ihrem Leben. Weißt du, ich wollte nur noch meine Ruhe haben ... ich wollte da rausgehen und habe darüber nachgedacht, aber da bin ich erschrocken, man kann aus so einer Sache nicht raus, ohne die eigene Existenz zu gefährden. Ich mußte immer weitermachen, immer weiter wachsen ... Und ich hatte inzwischen herausbekommen, daß man außerhalb der vier Wochen Urlaub in Spanien leben kann, daß es idiotisch ist, nur für den Urlaub zu leben und zu arbeiten ...

CHRISTA: Wir haben uns in dieser Zeit auch immer mehr entfremdet. Weißt du, wenn mein Mann da mit großen Geschenken ankam, da habe ich danke schön gesagt, aber die Sachen haben mich nicht interessiert ...

OTTO: Ich war völlig verzweifelt in einem Netz, da konnte ich nicht aussteigen. Wer auf dem Tiger reitet, kann schlecht absteigen ... Da sagte mein Sohn, Vater, du bist doch Millionär? – Da habe ich genickt, und er hat gesagt, dann seien Millionäre ganz schön bescheuert. Der hat natürlich den Vermögensmillionär nicht vom Einkommensmillionär unterscheiden können ... Ich kenne Multimillionäre, die sitzen um fünf Uhr früh auf dem Trecker und fahren über ihren Acker ... Alles, was ich verdiente, das habe ich wieder in die Firma gesteckt ... Ich hätte nur dann was von meinen Betrieben, wenn ich sie verkaufen würde, aber jetzt finde doch mal einen Idioten, der so viel Geld hat, daß er sie kaufen kann, und der so blöd ist, in so eine Tretmühle zu gehen. Das ist ein Problem von vielen Unternehmern meiner Größenordnung ... du kannst dir da kein eigenes Management leisten ... ich kenne viele Unternehmer in meiner Größenordnung, die würden den Laden lieber heute als morgen hinschmeißen, und die sagen, wir können nicht, wer kauft uns den Laden denn ab?

KÖRNER: Und wie hast du das gemacht?

OTTO: Das war ein langer Prozeß ... Mein Sohn wollte das nicht später übernehmen, meine Frau wurde krank und mußte zur Kur ins Sanatorium ...

KÖRNER: Was für eine Krankheit?

CHRISTA: Herz, Niere, Kreislauf, alles mögliche. Das war so ernst, daß mir die Ärzte sagten, daß ich nicht mehr lange leben würde. Ich hätte ja einen Mann, der viel Geld hätte, da könnte ich noch ein paar Jahre erwarten. In diesem Sanatorium, da habe ich die Kehrseite gesehen. Das war sehr teuer, da waren dann alle die erfolgreichen Unternehmer mit Rang und Namen, das Sanatorium war fürchterlich teuer, da waren schwerreiche Leute, die da wieder gesund werden wollten, damit sie wieder zurück in ihre Mühle kommen konnten, weiter Geld verdienen ... die holten sich da ihre Frischzellen für den Betrieb ...

OTTO: Und in der Zeit, als sie im Sanatorium war, da war ich hier abends immer allein ... da habe ich über die ganze Scheiße nachgedacht, da habe ich gesagt, ich gehe aus der Firma raus und setze einen Geschäftsführer ein, und wenn die ganze Firma dabei baden geht, das Risiko nehme ich auf mich, ich mache etwas völlig anderes, ich werde Heilpraktiker . . .

KÖRNER: Weshalb gerade das?

OTTO: Weil mich die Medizin interessierte und ich es wieder mit dem einzelnen Menschen zu tun haben wollte. Helfen können, weißt du, wieder mit einzelnen Menschen arbeiten können . . .

KÖRNER: Hattest du vom Köhnlechner gehört?

OTTO: Überhaupt nicht! Aber damals fing das mit den Heilpraktikern an. Das interessierte mich, dazu kamen unsere Erfahrungen mit der Schulmedizin, die Ärzte haben mit Christa alles mögliche angestellt, nur weil wir Geld hatten. Und als ich meine Frau dann abholte aus dem Sanatorium, da sagte ich, Christa, ich habe für mich einen Entschluß gefaßt, ich lebe so nicht mehr weiter. Ich werde Heilpraktiker.

CHRISTA: Und da war ich überhaupt nicht überrascht. Ich hatte im Sanatorium auch Zeit gehabt, über unser Leben nachzudenken. Ich war unabhängig von meinem Mann auf dieselbe Idee gekommen. Medizin hatte mich schon immer interessiert. Wenn ich das Abitur hätte machen können, da hätte ich Medizin studiert. Ich habe mir gesagt, ganz gleich, wie lange du noch zu leben hast, du fängst die Ausbildung zum Heilpraktiker an.

KÖRNER: Wann war das?

OTTO: Vor fünf Jahren! Wir hatten vorher nie an diese Möglichkeit gedacht, und jetzt waren wir beide unabhängig voneinander auf dieselbe Idee gekommen, und da haben wir das eben angepackt . . .

KÖRNER: Wie packt man so was an?

OTTO: Wir haben uns Prospekte kommen lassen und sind herumgefahren und haben uns Schulen angesehen, da gibt es ja Anzeigen und viele Möglichkeiten, das kann man im Fernstudium machen und berufsbegleitend, da gibt es viele Möglichkeiten. Ich wollte mich so langsam aus der Firma rausschleichen und die Firma weitermachen, aber das ging nicht, diese Fernschulen und Schulen, wo du nicht viel Zeit brauchst, die machen nur eins, die trimmen dich darauf, daß du die Heilpraktikerprüfung bestehst, die vermitteln aber nicht das ganze breite Wissen, das man braucht, wenn man in diesem Beruf richtig vernünftig was leisten will. Das war von Anfang an unser Verdacht, und der hat sich voll und ganz bestätigt. Wir haben heute in der Bundesrepublik viertausendfünfhundert zugelassene Heilpraktiker, davon üben nur eintausendfünfhundert Heilpraktiker diesen Beruf voll aus, und nur ganz wenige können davon leben . . .

KÖRNER: Weil die alten Großmütter, die zum Heilpraktiker schleichen, so wenig Geld haben?

OTTO: Du irrst dich! Über siebzig Prozent unserer Patienten sind um die dreißig Jahre alt und sehr gut versichert. Die haben keine Lust mehr, sich den Maschinen der Ärzte auszuliefern und sich mit den Produkten der chemischen Industrie zu vergiften . . . Ja, da haben wir uns entschlossen, eine Volltagesschule zu besuchen, die von morgens bis abends ging, ganz bei dir in der Nähe, im Ruhrgebiet, und das hat zweieinhalb Jahre gedauert, von Montag bis Freitag, und am Wochenende gab es noch Fortbildungsseminare. Das war für uns eine sehr schöne und zugleich schwierige Erfahrung, wir sind da überheblich hingegangen, Heilpraktiker, was ist das schon, ich war Unternehmer und hatte ganz andere Sachen geschafft, da dachte ich, die Firma würde ich locker neben dieser Ausbildung fernsteuern können, aber da machten wir die Erfahrung, daß diese Schule ein Full-time-Job war, wir haben bis tief in die Nacht dagesessen und lernen müssen, und da gab es direkt einen Wettkampf zwischen uns, wer besser ist . . . Da kam es zu einer Krise in unserer Ehe. Bisher war ich immer der große Macher gewesen, ich hatte die Firma aufgebaut, und meine Frau, was hatte die im Haushalt schon gemacht . . . Und jetzt war sie genauso gut wie ich und manchmal besser . . . das hat schon häufig ganz schön gekriselt . . . ich war ja immer eine Führernatur, ich hatte in der Klasse sofort, ja, ich war quasi so eine Art Leitfigur . . . nur meiner Frau hatte ich nichts zu sagen, das ging nachher so weit, daß wir beide in zwei verschiedenen Arbeitsgemeinschaften büffelten . . .

KÖRNER: Wie teuer ist so eine Ausbildung eigentlich?

OTTO: Das Schulgeld beträgt jetzt um siebentausend Mark, und im Prospekt stand damals, ja, für Bücher eintausendfünfhundert Mark, aber damit kommst du bei weitem nicht aus, und dann muß man Fortbildungs- und Spezialseminare belegen, wenn man wirklich möglichst viel lernen will . . . da kommt sehr viel Geld zusammen. Fast alle Leute, die mit einem Darlehen oder so in den Beruf rein wollten, denen ist auf halbem Wege die Luft ausgegangen. Für die war Feierabend . . .

KÖRNER: Was waren denn für Leute in der Klasse?
OTTO: Alle möglichen Leute! Da waren einmal Leute von der Bundeswehr, die kriegten das als anerkannte Fachschulausbildung vom Bund bezahlt, die hatten keine Sorgen, die bekamen das alles bezahlt, dann war da eine ganze Anzahl von Lehrern, die keine Lust mehr hatten, Pädagogik zu machen, viele Techniker ... zum großen Teil Leute, deren Frauen arbeiteten, während sie die Ausbildung machten ...
CHRISTA: Und eben Leute, die in ihren alten Berufen nicht so erfolgreich waren und die das jetzt machen wollten, weil sie sich das leicht vorstellten und weil sie annahmen, da käme man schnell und einfach zu einem Beruf.
OTTO: Von den hundert Leuten, die mit uns angefangen haben, haben fünfzig schon während der Ausbildung aufgegeben, vierzig haben die Prüfung bestanden, und fünf davon studieren jetzt Medizin, um naturheilkundlich orientierte Ärzte zu werden, ja, von den hundert Leuten haben vielleicht dreißig nach der Prüfung eine Praxis aufgemacht, und davon sind vielleicht fünf erfolgreich ...
KÖRNER: Was ist für dich da erfolgreich?
OTTO: Ja, daß sie davon leben können.
KÖRNER: Ihr gehört dazu?
OTTO: Wie man das eben so auffaßt! Es gibt Kollegen, die verbrauchen im Monat dreitausend Spritzen, das weiß ich vom Lieferanten, und wir haben im ganzen Monat Dezember nur eine Spritze gebraucht. Wir behandeln ganz anders. Wir haben uns ein Limit von zehn Patienten pro Tag gesetzt, wir können nicht mehr Menschen vernünftig behandeln.
CHRISTA: Das solltest du unbedingt mit in dein Buch aufnehmen ... diese Ausbildung kostet mit allen Nebenkosten rund zwanzigtausend Mark, und wenn dann jemand damit fertig ist, dann hat er einen Schein und sonst nichts. Dann hört die Ausbildung aber nicht auf, dann muß man noch Sonderausbildungen machen und bei Kollegen praktizieren ... Wir verdienen jetzt damit Geld, aber das ist nur möglich, weil wir sehr viel Zeit in eine sehr gute Ausbildung investieren konnten ...
KÖRNER: Und viel Geld ...
OTTO: Natürlich! Ich kann einem Patienten nicht sagen, tut mir leid, ich kann Ihnen nicht weiterhelfen, die Therapie, mit der Ihnen

geholfen werden könnte, die beherrsche ich nicht, das konnte ich leider aus wirtschaftlichen Gründen nicht mehr lernen. Der Betrieb hat uns die Möglichkeit gegeben, das ohne Schwierigkeiten durchzustehen, wir konnten es uns immer leisten, notwendige Bücher zu kaufen, auch wenn sie siebenhundertfünfzig Mark kosteten, das ist sehr wichtig. Man kann nicht ganzheitlich therapieren wollen ohne Kenntnis des medizinischen Grundwissens. Diese Ausbildung, sowohl die Schule als auch die Entwicklung in meiner Ehe, daß meine Frau da auch etwas völlig eigenständig machen wollte und das auch durchzog, das war für mich eine sehr wichtige Erfahrung. Das hat eigentlich, ja, mein Leben auf eine völlig neue Basis gestellt ... Wenn ich die Firmen weitergemacht hätte, zuerst wäre unsere Ehe gescheitert und danach mein Leben ... ich wußte ja überhaupt nicht mehr, wofür ich lebte ...

KÖRNER: Da standest du jetzt mit einer Genehmigung zur Ausübung des Heilpraktikerberufs ...

OTTO: Und mit drei Firmen, die ziemlich schlecht liefen ...

KÖRNER: Dank der Arbeit des Geschäftsführers ...

OTTO: Nein! So kann man das nicht sehen! Der Mann mußte sich in ein völlig neues Gebiet einarbeiten, da mußte ich mich mit dem Gedanken abfinden, daß ich in die Situation kommen würde, wo ich von der Heilpraktikerpraxis leben mußte. Das war nicht einfach, da waren ja auch Überlegungen, inwieweit ich für die Firmen, die ich geschaffen hatte, Verantwortung trug, das waren ja nicht nur Maschinen, sondern auch Arbeitskräfte, das waren Menschen, aber ich konnte das nicht mehr. Ich habe mich danach noch einmal intensiver um die Firmen gekümmert, doch ich habe dabei festgestellt, daß ich mich in den Jahren der Heilpraktikerausbildung gewandelt hatte, daß ich es immer unsinniger fand, mich mit Geschäften und Angeboten und Steuern und solchen Sachen zu befassen, seit ich einen Beruf hatte, bei dem es erst mal um den Menschen ging und das Geld ja nicht gerade völlig unwichtig war, ich muß ja leben, aber das Geld ist nie das Ziel deiner Arbeit, wenn du so was ernst nimmst und vernünftig machst. In dieser Zeit in der Firma, es war so, nicht, daß ich das nicht mehr wollte, ich konnte das gar nicht mehr, diese Argumentationsweisen und diese Art des Denkens, die waren mir völlig fremd geworden ... Ich geriet regelrecht in schizophrene Situationen, wenn ich Kredite für ein

Wachstum der Firmen aufnehmen mußte, das mich überhaupt nicht mehr interessierte. Ja, wir haben dann drei GmbHs gegründet, alle getrennt und mit getrennter Haftung, ich habe die Geschäftsführer zu Teilhabern gemacht, die haben Geld aufgenommen, und so wollen wir langsam immer mehr aus den Firmen raus. Ich bin schon als Geschäftsführer voll ausgestiegen, und wir werden immer mehr Anteile an die Belegschaft geben, in einigen Jahren werde ich hoffentlich alle Anteile an Mitarbeiter veräußert haben . . .

KÖRNER: Und ihr arbeitet jetzt nur noch in der Praxis . . .

OTTO: Ich habe im Mai, also, nachdem wir die Prüfung gemacht hatten, haben wir uns in Assistenzzeiten auf die Praxis vorbereitet. Die Christa hat ein enormes Gespür für die Feinheiten der Homöopathie, das liegt mir weniger. Ja, im November 1979 haben wir mit der Praxis angefangen, die Christa hat den Schwerpunkt Homöopathie, und ich mache, neben anderem natürlich, Chiropraktik, ja, und so lief das langsam an. Wir wollen unsere Praxis ganz klein halten. Mehr als zehn Patienten kann man am Tag nicht behandeln, wenn man seine Aufgabe ernst nimmt. Und ich will natürlich weiter lernen. Ich wäre froh, wenn der Tag vierzig Stunden hätte. Es gibt so viel, was ich noch lernen möchte, man kann das alles kaum schaffen. Wir haben so viele Patienten, wir müssen sagen, wir wollen keine weiteren Patienten mehr annehmen. Wenn der Neubau fertig ist, sieht das vielleicht anders aus, aber mehr als zehn Patienten für jeden von uns, das wollen wir nicht, weißt du, ich bin jetzt erfüllt von einer Aufgabe, die meinem Leben einen Sinn gibt . . .

KÖRNER: Würdest du sagen, du bist jetzt glücklich?

OTTO: Mein Leben hat einen Sinn. Aber das ist wirklich etwas anderes, als ein Zustand permanenten Glücks. Wenn ich jetzt einen Fehler mache, wenn ich eine falsche Handbewegung mache, kann das jetzt zur Querschnittlähmung eines Patienten führen. Das sind Risiken, dagegen sind die Risiken eines Unternehmers, ja, eigentlich fast so was wie ein Witz . . .

KÖRNER: Wenn du noch mal vor dieser Entscheidung ständest, würdest du es noch mal so machen?

OTTO: Ganz klar ja! Unbedingt und sehr viel früher. Ich habe noch so viel zu lernen, vierzig Stunden brauchte ich . . .

KÖRNER: Ist das nicht dasselbe wie früher, nur daß es jetzt kein Kunstglas mehr ist, sondern die Heilpraktikerkunst?
OTTO: Nein, das ist etwas völlig anderes! Damals war das Erfolg als Selbstzweck, aber heute, ich will mehr wissen, um mehr helfen zu können. Ich habe ein völlig anderes Selbstverständnis. Ich habe viele Zweifel an mir, und ich möchte da, ja, vielleicht sind früher die Firmen gewachsen, und jetzt will ich wachsen . . .

5

Bad Reichenhall im Februar: Korrektur eines Feindbildes

Es fällt mir schwer, mich diesem Unternehmer zu nähern. Schon während des Gesprächs fiel es mir schwer, diesem Mann und seiner nachdenklichen Frau gegenüberzusitzen, zuzuhören, während sie ihre Geschichte erzählten, die so gar nicht mit dem Bild zusammenpaßte, das ich von einem Unternehmer hatte.
Wer denn war dafür verantwortlich, daß meine Autos regelmäßig nach einem Jahr zu rosten anfingen, wenn nicht ein Unternehmer? Wer, wenn nicht ein profitgieriger Unternehmer, war der Urheber der ständigen Verschlechterung von Waren, für die ich mit meinem Geld bezahle, das ich durch eine Arbeit verdiene, deren Qualität ich nicht ständig verschlechtern kann, um meinen Gewinn zu steigern.
Hier in Bad Reichenhall war ich gestern im Kino, und das Kino erinnerte mich daran, was ein Film sein kann, ein Film einmal war, bevor man ihn auf die das Bild meist verzerrenden Mini-Leinwände in den sechs schuhkartongroßen Mini-Kinos projizierte, die man in den großen Städten aus Kinos gemacht hat, die zuvor eindeutig besser waren.
Wer hat mir das Erleben eines Spielfilms auf einer großen Leinwand denn unmöglich gemacht, wenn nicht Unternehmer? Und sie haben wirklich nicht nur die Qualität des Kinos verschlechtert, sondern nahezu alles, vom Blech der Autokarosserie bis zur chemisch behandelten Nahrung, von offensichtlich für Zwerge geplanten Sozialwohnungen bis zu Parkanlagen, die man im Ruhrgebiet abholzt, betoniert, zur Gewerbefläche für Vergnügungsbetriebe von der Eisbahn bis zur Würstchenbude entwickelt, einzäunt, zu »Revierparks« erklärt, die man auch noch stolz als Kulturleistung vorzuführen wagt. Ist es nur die Sehnsucht nach einer noch halbwegs natürlichen Landschaft gewesen, die mich an den Rand der Bundesrepublik getrieben hat, wo die Ausmaße der Kinoleinwand gottseidank noch von gestern sind – und die Auswahl der Filme leider von gestern ist? Bedingt das eine das andere? Ist ein Rückzug zur Qualität von gestern unmöglich? Otto C.

scheint es doch geschafft zu haben, Abschied zu nehmen von einer Art zu leben, die ihn zu zerstören drohte. Ein nahezu klassischer Umsteiger mit einer Geschichte, wie sie die Illustrierten gern erzählen, wobei dann die Schlagzeile »Ein Unternehmer entscheidet sich für den Dienst am kranken Menschen« lauten könnte, eine Schlagzeile, die mir vordergründig, wenn nicht verlogen vorkommt. So altruistisch sind Unternehmer ja doch wohl nicht, und wenn sie es wären – weshalb verwirklichten sie ihren Dienst am Menschen nicht in ihrem Unternehmen?
Mein altes Feindbild behauptet sich auch angesichts dieses Glas und Kunstglas verarbeitenden Kleinkapitalisten, obwohl mir dieses Ehepaar so sympathisch ist mit seinen Zweifeln und seiner Redlichkeit, die aus jedem Satz seiner Geschichte spricht.
Sind auch Unternehmer Opfer von Sachzwängen, denen sie zu entfliehen suchen? Frißt nicht nur die Revolution, sondern auch der Kapitalismus seine Kinder?
Mit fünfzig Tonbandkassetten sitze ich hier und habe bisher nur herausgefunden, daß ich in Bad Reichenhall auf vierzig Quadratmetern Wohnfläche gut leben kann. Was ist los mit diesem Unternehmer, der eines Tages seine Betriebe nicht mehr sehen wollte? Und was bringt ihn dazu, entgegen der Regel (oder gegen mein Vorurteil?) nicht immer mehr zu wollen und nach dem dritten und vierten Betrieb noch einen fünften zu gründen? Etwas muß schief gelaufen sein bei der Entwicklung dieses Menschen zum Unternehmer.
Vom Waisenkind zum Millionär, das ist eine schöne Geschichte. Nur ist dieser Millionär mit seinem Vermögen nicht so recht glücklich, obwohl es ihm die Verwirklichung seines Veränderungswunsches überhaupt erst ermöglicht:
»Wir verdienen jetzt damit Geld«, sagt Christa, »aber das ist nur möglich, weil wir sehr viel Zeit in eine sehr gute Ausbildung investieren konnten ...«
Ist Freiheit, auch die Freiheit, sein Leben zu verändern, eine Geldfrage?
»Was ist Glück?«, fragt Otto. »Mein Vater ist nach einem Verkehrsunfall gestorben, als ich sieben Jahre alt war, und ein Jahr später starb meine Mutter an einer verschleppten Grippe.« Erst später erzählt Otto von der mir nahezu total erscheinenden Zuwendung seines Vaters, der mit dem Sohn ein Leben auf Wiesen

und am Lagerfeuer führte, sich um das Kind in ungewöhnlicher Weise kümmern konnte, bis er sehr früh verstarb. (Mein Vater ist nicht gestorben, als ich noch im Kindesalter war, aber für Wiesen und Lagerfeuer hatte er keine Zeit, weil er das Geld für den Lebensunterhalt seiner Familie verdiente, bis ihm Deutschland befahl, Panzersperren zu bauen, die den Ausgang des Zweiten Weltkriegs nicht wesentlich beeinflussen konnten.)
Werden die Grundlagen für spätere Unternehmereigenschaften schon im Kindesalter gelegt?
Otto jedenfalls erhält sieben Jahre lang ein überdurchschnittliches Maß an Zuwendung von seinen Eltern, danach sterben sie und überlassen Verwandten, der Hitlerjugend und dem Krieg die Sozialisation.
Will da einer überleben und erlernt diese Kunst so gründlich, daß er zum Unternehmer aufsteigt (oder absteigt?) und sich IN DER LEBENSMITTE plötzlich daran erinnert, daß da doch irgendwo in den fernen Tagen seiner Kindheit ein anderes Glück gewesen war, das man sich nicht kaufen kann? – Die Sozialisation gelingt hier, und da ist ein unerbittlicher Drang nach oben, verbunden mit einem in den Nachkriegswirren erworbenen Organisationstalent, das es schafft, aus Schokolade (welch Bestätigung S. Freuds!) Geld zu machen – bis nach der Währungsreform die Wirtschaft der Bundesrepublik wieder aufblühte und Otto sein Selbstwertgefühl weniger aus der Berufsausbildung als aus seinen sportlichen Erfolgen herleitete.
In den USA schaffen gelegentlich Farbige den Weg aus dem Ghetto durch das Boxen. Der Fußball im Ruhrgebiet ist seit eh und je eine Aufstiegsmöglichkeit für junge Bergarbeiter, die nicht an Silikose ersticken wollen. – Fördert es den Weg eines Kindes zum Unternehmer, wenn die Eltern sieben Jahre lang ein Übermaß an Liebe und Zuwendung liefern, sich dann aber, wenn die Schulzeit beginnt, nicht mehr leistungsfordernd und strafend in die Entwicklung des Kindes einmischen können? Schon als er erst ein paar Tage Angestellter war, wußte Otto, daß er niemals so wie die anderen Angestellten werden würde.
»Was ich anfaßte, das mußte einfach gelingen . . .«, sagte Otto, und es ist ihm gelungen. Da heiratet ein junger Habenichts die Tochter aus wohlhabender Familie, nimmt aber von deren Eltern kein Geld und holt einen völlig heruntergewirtschafteten Betrieb

aus den roten Zahlen, baut ihn aus und strukturiert um, kümmert sich um Zweigbetriebe, experimentiert am häuslichen Herd mit Kunstgläsern und verjüngt sich eine Weile an einer Variante des Owensschen Projekts einer Produktionskommune – eine Unternehmerkarriere wie in ›Readers Digest‹, bis er merkt, daß da etwas nicht stimmt. Was stimmt da nicht?

Als Otto an der Schwelle zum fünften Lebensjahrzehnt steht, ist sein Sohn (der weniger väterliche Zuwendung empfing und dessen Eltern nicht starben) mit seinen Eltern so weit fertig, daß er ein bißchen Geld verlangt und nach Spanien flüchtet: »Geld will er schon verdienen«, berichtet Otto, »aber in die Mühle geht er nicht so wie ich.«

Zweifellos ist Otto auch nicht mehr in der alten Mühle: Ein Geschäftsführer nimmt Ottos Interessen in seinen Betrieben wahr. In einigen Jahren wird er, so hofft er, alle Anteile am Betriebsvermögen an Mitarbeiter veräußert haben. Was geschieht mit dem Verkaufserlös?

Läßt ein Mann wie Otto Kapital auf Sparbüchern? Oder wird er Aktien erwerben und bleiben, was er ist – ein Kapitaleigner, der erkannt hat, daß Betriebe in einer bestimmten Größenordnung meist chronisch unterkapitalisiert sind und die Bankzinsen die Gewinne auffressen? Haben sich hier Grundwerte geändert, oder hat sich nur die Situation von Betrieben einer gewissen Größe derart verschlechtert, daß ein weitblickender Unternehmer, der die Zeichen der Zeit richtig deutet, längst erkannt hat, was auch mir wahrscheinlich vorkommt:

DIE TAGE DER INDUSTRIELLEN LEISTUNGSGESELLSCHAFT IN IHRER HEUTIGEN FORM SIND GEZÄHLT.

6

Das Paradies ist anderswo:

**Gesprächsprotokoll Paul G., 48 Jahre,
früher Autoschlosser – jetzt Quartalsarbeitnehmer**

Gesprächsprotokoll Paul G.:

»Ich bereue überhaupt nichts. Wenn nur das Alter nicht wäre. Mein Alter wird mal fürchterlich sein . . .«
(Paul G., 48 Jahre alt, früher Autoschlosser, jetzt Quartalsarbeitnehmer)

Das Gespräch fand Anfang Dezember 1980 in der Einraumwohnung in S. statt, wo Paul G. seit sechs Monaten lebt. Der Raum von etwa fündundzwanzig Quadratmetern war mit einem Bett, einem Tisch und zwei Stühlen, einem Kleiderschrank, einer zweiflammigen Elektro-Kochplatte und einem zwölf Jahre alten Elektro-Kühlschrank ausgestattet. An eine Wand des im vierten Stockwerk eines Altbaus gelegenen Zimmers hatte G. mit Stecknadeln zwei Reiseberichte geheftet, die vor zwei Jahren in einer Touristikzeitschrift veröffentlicht wurden. Das von grauen Strähnen durchzogene Haar und der wild im Gesicht wuchernde Vollbart erinnerten mich an den Sänger Georges Moustaki, aber der Eindruck einer verblüffenden Ähnlichkeit des Deutschen und des in Frankreich lebenden Griechen, die mich anfangs irritierte, verlor sich im Laufe unseres Gesprächs.

PAUL: Ich blicke da noch gar nicht richtig durch, und ich weiß auch nicht, ob ich überhaupt der Mann bin, den Sie suchen!
KÖRNER: Ich suche keine bestimmten Mann, sondern ich suche Geschichten!
PAUL: *(lacht asthmatisch)* Also, Geschichten könnte ich ein Jahr lang erzählen. Geschichten . . . Afrika, Spanien, Brasilien . . . ich bin ganz schön in der Welt herumgekommen. Dieses Sauwetter hier in Deutschland . . . Ich möchte wissen, was die den Leuten in den Kaffee tun, daß die bei diesem Wetter hier bleiben und arbeiten. Fünf Uhr und schon dunkel wie mitten in der Nacht . . . der Winter in Europa ist fürchterlich . . .
KÖRNER: Weshalb sind Sie dann hier? Sie können es sich doch

aussuchen! Vom Aussehen her könnte ich mir Kreta ganz gut für Sie vorstellen!

PAUL: *(lacht wieder)* Klar! Kreta, Marokko ... weshalb nicht San Franzisko? Mann, ich sage Ihnen, überall auf der Welt ist es besser als in diesem beschissenen Deutschland. Aber wenn das Geld verbraucht ist, was bleibt einem da übrig! Ich zähle schon die Tage. Bis April habe ich noch die ABM-Stelle, dann werden die den Vertrag nicht verlängern, und im Mai habe ich wieder Geld zusammen und kann mich verdrücken ...

KÖRNER: Wohin?

PAUL: Weiß ich noch nicht! Irgendwohin, wo der Himmel noch blau ist und wo es warm ist. Hier in Deutschland, wenn ich so durch S. gehe, die Leute sind doch alle schon tot und haben es nur noch nicht gemerkt!

KÖRNER: Aber Sie sind nicht tot ...

PAUL: Nein! Ich bin noch nicht tot! Ich bin unheimlich widerstandsfähig! Ich habe gesoffen und gequalmt wie ein Schlot, und ich müßte eigentlich Kinder machen! Meinen Samen wild in die Gegend spritzen und Hunderte von Kindern machen, die Widerstandsfähigkeit müßte sich doch vererben! Was man alles an Gift zu sich nimmt, die nächste Generation muß dagegen doch praktisch immun sein. Im Wasser, in der Luft, im Fleisch, es gibt doch kaum noch etwas ohne Gift ...

KÖRNER: Und gegen Kernkraftwerke und Autos sind wir auch. Geschenkt ...

PAUL: Das ist mein Ernst! Vor einem Jahr auf den Kanarischen Inseln, ich habe mir Gemüse besorgt für einen Salat, und am nächsten Tag ... die Tomaten und der Salat ... ich habe das Zeug vergessen, und am nächsten Tag war es verwelkt! Verstehen Sie, richtig verwelkt ...

KÖRNER: Und das bedeutet??

PAUL: Verstehen Sie nicht? Das Gemüse verwelkt und verfault! In Deutschland können Sie einen Salatkopf tagelang herumliegen lassen, das Zeug bleibt frisch! Alles wie Plastik! Da gehen die Bakterien nicht mal mehr ran ...

KÖRNER: Ja? Ich muß das mal ausprobieren! – Aber Sie springen beim Erzählen in der Welt herum ... Wann sind Sie eigentlich ausgestiegen?

PAUL: Was heißt ausgestiegen? Hundertmal, tausendmal, immer

wieder bin ich ausgestiegen ... Aussteigen, das ist ein ziemlich blödes Wort ...

KÖRNER: Ich meine aus der geregelten Arbeit ausgestiegen ...

PAUL: Ich habe immer gearbeitet! Wenn man wie ich zum Malocher geboren ist, wenn man kein Geld hat, dann muß man arbeiten. Ein Leben lang. Und wenn man nicht mehr arbeiten kann, dann sorgen die schon dafür, daß man bald darauf abkratzt! Ich kenne keinen, der länger als drei Jahre Rente gekriegt hat! Alles Beschiß! Da soll der Mensch arbeiten und arbeiten, damit er seine Karten voll kriegt, und dann ... Leben nennen die das? – Karten vollkleben, das wäre richtiger!

KÖRNER: Was für Karten?

PAUL: Versicherungskarten! Für die Rentenversicherung! Die machen das doch alle für das Auto und für die Rentenversicherung ... Die haben vielleicht geguckt, als ich den Rentenantrag gestellt habe! Von den Jahren, die ich gezahlt habe, waren sie nicht gerade begeistert. Aber Karten, der Paul hatte jede Menge Karten! Jede Menge Karten und jede Menge Arbeitgeber!

KÖRNER: Und mit der Rente hat es nicht geklappt?

PAUL: Ach was! Ich habe Kreislaufstörungen und Durchblutungsstörungen und der Magen tut's auch nicht richtig, aber das langt alles nicht. Da muß man halb tot sein, bevor man die Rente kriegt. Viel wird es sowieso nicht. Aber ich sag' Ihnen, noch bis Mai, dann ist der Paul wieder weg.

KÖRNER: Egal wohin, nur weg! – Haben Sie das immer so gemacht?

PAUL: Ich habe mich auch schon gefragt, woran das liegt. Meine Mutter sagt immer, ich wär' vor irgendwas auf der Flucht. Aber das stimmt nicht. Ich selbst bin doch überall immer mit mir zusammen, ich meine, vor sich selber weglaufen, das ist doch unmöglich ... Ich weiß auch nicht ...

KÖRNER: Sie arbeiten eine Weile, und wenn Sie genug Geld zusammen haben, hauen Sie ab! Ich weiß nicht ... ist das das Leben?

PAUL: Ist es vielleicht das Leben, von der Geburt bis zum Tod in einer einzigen Stadt zu sein und für dieses Leben zu arbeiten – und sonst passiert nichts? Die meisten warten doch nur auf den Tod ...

KÖRNER: Meinen Sie? – Ich habe den Eindruck, der Tod wird von den meisten ständig aus dem Bewußtsein verdrängt. Denken Sie oft an den Tod?

PAUL: Ja! Ich stelle mir das nicht schlimm vor. Wie eine Lampe, die wird einfach ausgeknipst, und es ist vorbei. Nur die Zeit vor dem Tod, wenn ich wirklich alt werden sollte und wenn man in einem Altenheim wohnt oder so was, das stelle ich mir schrecklich vor. Wenn ich mal nicht mehr für mich sorgen kann, ja, das muß man nicht unbedingt erleben. Ich habe ja einen Sohn aus erster Ehe, aber da besteht kein Kontakt. Ich weiß nicht einmal, ob er noch lebt und was für einen Beruf er hat . . .

KÖRNER: Wie war das denn mit Ihrer ersten Ehe?

PAUL: Wie bei den meisten! Mein Leben war am Anfang überhaupt wie bei den meisten! Ich habe einen Beruf erlernt und dann geheiratet . . .

KÖRNER: Welchen Beruf?

PAUL: Schlosser! Ich habe die Gesellenprüfung als Schlosser! Das ist ja das Blöde, wenn man mal Arbeitslosenunterstützung beziehen will, ist nicht. Die können einen Schlosser meist sofort vermitteln! Als ich in Brasilien war . . . ich habe für die Überfahrt gearbeitet. Die ersten Tage war das sehr gut. Da konnte sich Paul auf Deck nützlich machen. Aber dann, da hab' ich mich mal verquatscht, und als sie raus hatten, daß ich Schlosser gelernt hab', ab ging's runter in den Maschinenraum! Wenn du Schlosser gelernt hast, das verfolgt dich ein Leben lang! Das wirst du nicht los!

KÖRNER: Haßt du diesen Beruf?

PAUL: Andere Berufe sind auch nicht besser! Augenblicklich arbeite ich bei der Kreisverwaltung als Aufseher . . .

KÖRNER: Ich denke, sie können Schlosser sofort vermitteln!

PAUL: Mich nicht mehr! Ich hab wenigstens die Berufsunfähigkeit als Schlosser mit 30 Prozent durch. Ich bin jetzt Aufseher!

KÖRNER: Und was beaufsichtigst du?

PAUL: Ich passe in der Kreisbibliothek auf, daß keine Bücher geklaut werden! Und jede Menge Bücherpflege!

KÖRNER: Was ist denn das?

PAUL: Wenn geliehene Bücher zurückgebracht sind, werden die durchgesehen. Und wenn da einer was reingeschmiert hat, gehst du mit dem Radiergummi ran . . .

KÖRNER: Ganz schön beknackt, was?

PAUL: Jeder Beruf ist irgendwo beknackt! – Macht dir das Spaß, hier mit mir zu reden und das alles aufzunehmen? Na ja, vielleicht, da passiert ja immer was Neues, aber bei einem Malocher, du, die meisten könnten mit fünfundvierzig abkratzen und würden nicht viel verpassen.

KÖRNER: Wie war das mit deiner Ehe? Wie alt warst du, als du geheiratet hast?

PAUL: Das erste Mal? Wart' mal . . . da war ich gerade zwanzig . . . ich habe einen Monat vor meinem einundzwanzigsten Geburtstag geheiratet. Ich habe mich vorzeitig für volljährig erklären lassen. Damals mußte man ja eigentlich einundzwanzig sein, um heiraten zu können . . .

KÖRNER: Und deine Frau?

PAUL: Die war ein Jahr jünger als ich . . .

KÖRNER: Was hat sie beruflich gemacht?

PAUL: Die war Industriekaufmann! – Und nach drei Monaten, als das Kind da war, da konnte sie natürlich nicht mehr arbeiten. Da hatte ich gerade den Gesellenbrief und mußte ans Fließband. Da konnte Paul den Schotter ranschaffen . . .

KÖRNER: Wo warst du am Fließband?

PAUL: Bei Borgward. Ich habe als Schweißer gearbeitet. Meine Frau war ja was Besseres. Die stammte aus einer Handwerkerfamilie, die wollte, daß alles so lief, wie bei ihren Eltern . . .

KÖRNER: Und wie lief es da?

PAUL: Eine schöne Wohnung, und die Frau kocht dem Mann und dem Kind das Essen, und am Sonntag kommen die Eltern zum Kaffee. Wie es eben überall läuft.

KÖRNER: Und das wolltest du nicht?

PAUL: Das hab' ich damals noch gewollt. Meine Frau wollte mehr. Die glaubte immer, sie würde was verpassen. Die hat sich ein gutes Leben gemacht, während ich auf der Arbeit war.

KÖRNER: Was meinst du damit? Kann man sich mit einem Kleinkind ein besonders gutes Leben machen?

PAUL: Meine Frau konnte das! Ich bin mit dem Fahrrad jedesmal dreißig Kilometer zur Arbeit gefahren und danach wieder zurück. Ich hatte Spitzenlohn. Das hätte alles ganz gut gehen können. Aber meine Frau wollte nicht . . .

KÖRNER: Du sagtest doch vorhin, sie wollte, daß alles so lief wie bei den Eltern . . .

PAUL: Ich glaube, die wußte überhaupt nicht, was sie wollte. Wenn man noch so jung ist und ein Kind unterwegs, da kannst du doch überhaupt nicht von Willen reden. Wir wollten überhaupt nicht heiraten. Wir mußten heiraten. Von wegen Liebe und so, ich sag' dir, den meisten Jungens ging es damals so wie mir. Da hatte man irgendwann den Kopf voll Bier oder eine Alte hat geklammert, da war ein Kind unterwegs, und dann setzten einem die Eltern und die Schwiegereltern so lange zu, bis man zum Standesamt ging. Und dann hieß es für einen Malocher: arbeiten, bis er verreckt!

KÖRNER: Das wolltest du nicht?

PAUL: Das habe ich damals gebracht. Aber meine Frau, weißt du, ich hatte immer viele Freunde, und die haben meiner Frau dann die Zeit vertrieben, während ich auf der Arbeit war. Ich habe das lange mitgemacht. Aber dann ist mir mal der Faden gerissen, und ich habe ihr eine geklebt. Da war das Theater dann riesig. Ich hatte mir auf den Daumen geklopft, bei der Arbeit, und konnte nicht mehr schweißen, und da haben sie mich nach Hause geschickt. Du, ich habe mich riesig drüber gefreut. Ich hatte zwar den Daumen verbunden, aber ich dachte, da kommst du schon mal am Nachmittag nach Hause und kannst schön mit Frau und Kind in den Stadtpark. Da saßen zwei Freunde von uns in der Wohnung und tranken gemütlich mit meiner Frau einen Asbach. Ich hatte den Eindruck, daß denen gar nicht recht war, daß ich schon so früh kam, und da habe ich sie rausgeschmissen, und meine Frau hat getobt, daß ich ihr die letzte Freude im Leben nehme. Da ist mir die Hand ausgerutscht . . .

KÖRNER: Wie lang warst du da verheiratet?

PAUL: Vier Jahre oder so was. – Ja. Mir ist die Hand ausgerutscht, sie ist mit dem Kartoffelschäler auf mich los, und da habe ich ihr noch eine getunkt, und da ist sie zu ihren Eltern und hat ihnen alles erzählt, und da haben die Eltern auf Scheidung gedrängt. Du wirst es nicht glauben, aber ich habe dieser Scheidungsklage überhaupt nichts entgegengesetzt. Die haben wahrscheinlich erwartet, daß ich mich verteidige und alles mögliche verspreche, aber mir war diese Ehe völlig egal, weil ich ja nur wegen dem Kind geheiratet hatte.

KÖRNER: Da warst du wieder Junggeselle . . .

PAUL: Ja, da war Paul wieder Junggeselle. Und ich mußte für Frau und Kind Unterhalt zahlen. Die haben sich mächtig angestrengt, daß sie das Sorgerecht bekamen . . .

KÖRNER: Und die Arbeit macht keinen Spaß mehr . . .
PAUL: Was? Die Arbeit macht nie Spaß. Trotzdem hätte ich das noch länger durchgehalten, wenn die Straßenbahn nicht gewesen wäre . . .
KÖRNER: Was??
PAUL: Die Straßenbahn fuhr direkt an unserer Wohnung vorbei, und wir wohnten im Erdgeschoß. Wenn ich tagsüber arbeitete, ging das ja noch mit dem Schlafen, weil die Straßenbahn nachts selten fuhr. Aber kurz nach der Scheidung haben sie mich in die Nachtschicht getan, und da bin ich fast wahnsinnig geworden. Nachts am Fließband, und am Tag rasselte alle zwanzig Minuten die Straßenbahn durch meinen Kopf. Ich wäre fast wahnsinnig geworden. Da bin ich durchgedreht. Meine Frau lebte seit der Scheidung ja wieder bei ihren Eltern, da habe ich die Arbeit hingeschmissen. Ich hielt das mit der Nachtschicht nicht mehr aus. Wenn ich das weitergemacht hätte, wäre ich verrückt geworden . . .
KÖRNER: Die meisten hätten weitergemacht.
PAUL: Und werden dabei verrückt! – Ja, ich habe das hingeschmissen und erst einmal eine Weile Gelegenheitsarbeiten gemacht . . .
KÖRNER: Du, ich möchte noch mal was zum Hinschmeißen der Arbeit fragen. Wie erklärst du dir das, ich habe mich immer darüber gewundert, was die Arbeiter mit sich machen lassen. Wie erklärst du dir das, und wieso hast du das anders gemacht?
PAUL: Das habe ich mich auch schon oft gefragt. Wahrscheinlich kommt da vieles zusammen. Da war zuerst mal mein Elternhaus. Mein Vater war kein Arbeiter, sondern Kaufmann, und wir sind gleich kurz nach Kriegsende in den Westen rüber . . .
KÖRNER: Aus der heutigen DDR?
PAUL: Nein! Aus Schlesien. Und ich habe erst alle möglichen Jobs gemacht, bis ich die Schlosserlehre anfing. Deshalb war ich auch erst so spät fertig. Und wenn einer nicht aus 'ner Malocherfamilie kommt, dann ist das schon mal sehr schwer für die Betriebe, weil der dann doch andere Vorstellungen hat, ich meine, der weiß dann, daß es auch noch was anderes gibt als Arbeit und Schlaf . . . Und dann natürlich Bücher. Ich habe immer gern gelesen, Karl May als Junge und später alles, was ich erwischen konnte, weißt du, ich stand zwar am Fließband, aber ich war vielleicht nicht so abge-

stumpft wie die anderen. Ich habe mir regelmäßig einen Krankenschein geholt, auch als ich noch verheiratet war. Aber als die mich dann auf Nachtschicht setzen wollten, habe ich das ganz hingeschmissen ...

KÖRNER: ... und erstmal eine Weile Gelegenheitsarbeiten gemacht. Und wie ging es dann weiter?

PAUL: Dann bin ich in einen anderen Beruf umgestiegen und habe mich zum Schwimmeister ausbilden lassen. Ich war schon mit vierzehn begeisterter Wassersportler gewesen, da lag das nahe. Die Kumpel im Sportverein haben mich drauf gebracht, da den Beruf draus zu machen.

KÖRNER: Als Schwimmeister arbeitet man in Hallenbädern?

PAUL: Leider! Im Winter muß man ins Hallenbad, wenn man bei einer Stadt arbeitet, die meisten Bäder werden ja von der Stadt unterhalten, das ist eben das Problem. Der Sommer dauert in Deutschland vielleicht fünf, sechs Monate, die kann man als Schwimmeister im Freibad sein. Die andere Zeit mußt du ins Hallenbad, und das ist öde. Im Winter bin ich auch das erste Mal richtig weggegangen ...

KÖRNER: Was meinst du mit richtig weggehen?

PAUL: Ja, eben alles hinter sich abbrechen. Ich habe die Wohnung gekündigt, die Sachen zum Sperrmüll gefahren und mir einen alten VW-Bus gekauft und bin nach Spanien. Das hat mir ungeheuer gutgetan. Zu Hause fiel der Novemberregen und im Schwimmbad den ganzen Tag der Radau der Schulkinder, ich hab' das alles nicht mehr ertragen. Und als ich dann in Spanien in die Sonne kam, der blaue Himmel und das Meer, das war, als würde ich neu geboren. Da habe ich zum erstenmal in meinem Leben richtig ausgespannt. Mann, da haben wir vielleicht gelebt ...

KÖRNER: Wer ist wir, und was meinst du mit gelebt?

PAUL: Wir, das sind die anderen. Wenn du mit dem Bus unterwegs bist, lernst du unheimlich viele Leute kennen. Auf Campingplätzen und so, das ist kein Problem. Da hat sich der Paul hingesetzt und ein bißchen auf der Gitarre geklimpert, da kriegt man sofort Kontakt ...

KÖRNER: Mit Frauen?

PAUL: Das auch. Wenn ich unterwegs war, habe ich immer Frauen gekriegt, da wäre ich zu Hause nicht rangekommen. Die checken doch immer zuerst ab, was einer für einen Beruf hat, und wenn du nichts bist, dann läuft nichts. Im Ausland ist das völlig anders. Da kommt es darauf an, wie du aussiehst und was du für ein Mensch bist. Da macht man sich ein paar gute Tage, und dann fährt die Frau zurück oder du fährst weiter . . .

KÖRNER: Unverbindlicher . . .

PAUL: Unverbindlicher und irgendwie ehrlicher. Ich habe da in Nerja eine Kanadierin kennengelernt, du, wir sind mit dem Bus durch ganz Spanien bis Algeciras, und als es dann kälter wurde, rüber nach Marokko. Ich habe ganz wenig Geld gebraucht, und wenn ich heute an diese Zeit denke, das nimmt einem keiner. Das war das erste Mal, daß ich, glücklich ist vielleicht das falsche Wort, aber ich fühlte mich als Mensch . . .

KÖRNER: Hast du dich vorher nicht als Mensch gefühlt?

PAUL: Machst du Witze? Hast du schon mal am Band gestanden? Und wenn du mal pissen mußt, gucken sie auf die Uhr? Als mein Junge geboren wurde, du, das Krankenhaus hat bei Borgward angerufen, und die haben mich vom Band ans Telefon geholt, und die zehn Minuten, die ich mit meiner Frau gesprochen habe, du wirst lachen, die haben sie mir vom Lohn abgezogen. Wenn man so leben muß, dann kannst du das nicht menschlich nennen!

KÖRNER: Du magst Arbeit nicht besonders, was?

PAUL: Ich habe nichts gegen Arbeit, aber ich habe was gegen eine Arbeit, bei der man seine Würde verliert. Das hat nichts damit zu tun, wie schwer eine Arbeit ist. Ich habe mal in Saudi-Arabien als Stahlbauschlosser gearbeitet, im Hochhausbau, das war ein mörderisches Klima, aber die italienischen Bauführer, die haben dir deine Würde gelassen. Wenn sich da einer wie ein Schwein benommen hätte, der wäre vom Dach gefallen . . .

KÖRNER: Und warum hast du das nicht länger gemacht?

PAUL: Wegen dem Klima, ich habe das kreislaufmäßig nicht verkraftet.

KÖRNER: Da war es dir zur Abwechslung mal zu heiß. In Deutschland ist es dir wiederum zu kalt. Sag mal, ganz ehrlich: Bist du auf der Suche nach dem Paradies?

PAUL: Du, ich brauch' nicht viel. Ich brauche praktisch nichts. Ich will eine warme Mahlzeit am Tag und eine Jeans und nachts ein Dach über dem Kopf, wenn es kalt wird. Wenn es warm ist, brauche ich nicht mal ein Dach. Aber die lassen dich nirgends in Ruhe. Auf den Kanarischen Inseln, du, das kostet niemanden was und du nimmst niemandem was weg, aber da gehen jetzt nachts Polizeistreifen am Strand entlang und kontrollieren, ob da nicht zufällig einer pennt ...

KÖRNER: Weshalb machen sie das?

PAUL: Weiß der Geier! Ruhe und Ordnung oder so! Die wollen eben, daß die Leute Geld ins Hotel bringen oder wenigstens auf den Campingplatz. Am liebsten würden sie dir doch die Luft verkaufen, die du zum Atmen brauchst! Umsatz, Umsatz! Daß die Menschen dabei vor die Hunde gehen, ist doch egal. Das kalkulieren sie sozusagen ein ...

KÖRNER: Gehörst du einer Partei an, oder hast du dich mal politisch engagiert?

PAUL: Niemals! Die sind alle gleich. Die wollen dich für ihre Zwecke einspannen ... die Studenten, damals, als sie Krawall machten, so um 1970, ich habe mal mit so einem geredet, der in einer Parka Zeitungen verkaufte. Von wegen Ausbeutung! Ich war mal in Rumänien und habe die Augen aufgemacht. Wie da die Leute ausgebeutet werden, da können sie im Westen was von lernen.

KÖRNER: Ich weiß nicht! Die wollen den gleichen Standard erreichen ...

PAUL: Genau! Und das ist der Fehler! Ich habe das in Brasilien gesehen. Die wollen denselben Mist, den wir hier haben. Dafür tun sie alles. Für die sind wir das große Vorbild. Die sehen nur, wieviel Autos und Fernseher wir haben, aber daß die Menschen dafür kaputtgemacht werden, das sieht man ja nicht von außen.

KÖRNER: Wundert mich, daß du gerade Brasilien anführst! Ich habe dort fast noch mehr Elend gesehen als in Indien!

PAUL: Das stimmt! Aber das liegt an der Ausbeutung durch die Reichen. Du hilfst den Menschen nicht wirklich, wenn du ihnen Autos und Fernseher gibst. In diesen modernen Elendsvierteln leben sie schlimmer als zuvor in den Wellblechhütten ...

KÖRNER: Und wenn die Brasilianer das anders sehen?

PAUL: Natürlich träumen sie von Autos und solchen Sachen, aber wenn sie wüßten, was hier ein Malocher dafür tun muß, ich glaub' nicht, daß die dann noch scharf drauf wären.

KÖRNER: Jetzt mal wieder zurück zu deinem Leben! – Du hast deine Arbeit im Schwimmbad an den Nagel gehängt und bist ab nach Spanien und dann nach Marokko. Und danach?

PAUL: Im März ging das Geld zu Ende, und ich bin wieder zurück nach Deutschland. Erst hab' ich zwei Monate bei meiner alten Mutter gewohnt, dann habe ich einen Job auf einem Campingplatz angenommen. Als Platzwart. Da habe ich meinen Bus auf den Campingplatz gestellt, und im Herbst bin ich dann wieder nach Spanien und von da aus rüber auf die Kanarischen Inseln ...

KÖRNER: Wie machst du das eigentlich mit dem Geld?

PAUL: Du, das ist einfach. Guck dich hier um. Für das Zimmer zahle ich hundertachtzig Mark. Das Essen koch' ich mir alleine. Und zum Anziehen brauch' ich nur mal gelegentlich eine Jeans. Ich lege jede Mark zurück, im Frühjahr, im Mai, da will ich wieder weg. Irgendwo anders leben ...

KÖRNER: Du hast also als Platzwart auf einem Campingplatz gearbeitet. Wo war das eigentlich?

PAUL: In Aachen. Und da hat es mich dann zum zweitenmal erwischt. Da hat sich der Paul richtig in eine Frau verliebt, und die hat er dann auch geheiratet, wie sich das für einen ordentlichen Menschen gehört. Da versuchte es Paul mal wieder, auf die ganz geregelte Art zu leben. Aber das ist nichts für mich, ich muß da einen Webfehler ...

KÖRNER: Moment mal, jetzt sagst du, du hättest einen Webfehler, und am Anfang sagtest du mal, so wie die meisten anderen leben, das könne man nicht menschlich nennen. Was denn nun?

PAUL: Wieso, ist doch klar. Ich hab' einen Webfehler, weil ich das nicht kann, wie die anderen. Ich meine, daß ich nicht so einfach ein Leben lang an derselben Stelle arbeiten kann, bis ich tot bin. Das bringe ich nicht.

KÖRNER: Aber du hast es wieder versucht. Aus Liebe? – Was war das für eine Frau, ich meine, deine zweite Ehefrau?

PAUL: Ach ja, was war das für eine Frau? – Die Christa war Sekretärin bei der Universität ...

KÖRNER: In Aachen?

PAUL: Nein, in Hannover! Gibt es da eine Technische Hochschule? Ich glaube, da hat sie gearbeitet. Die machte mit einer Freundin Campingurlaub und kam zu mir auf den Platz. Eigentlich wollten sie ja weiter nach Frankreich, aber die Christa ist dann dageblieben, und ihre Freundin ist wütend allein weitergefahren. Die Christa hatte sich auch in mich verliebt. Auf Campingplätzen und unter blauem Himmel ist Paul unschlagbar!

KÖRNER: Hast du eine Ahnung, woran das liegen könnte?

PAUL: Vielleicht, weil das eigentlich meine Welt ist. Jeder ist in seiner Welt am stärksten. Aber ich habe es noch mal versucht. Sie blieb drei Wochen auf meinem Platz, und als die Ferien zu Ende waren, da ist sie abgefahren und ich bin eine Woche später hinterher. Du, ich konnte es einfach nicht mehr ohne sie aushalten . . .

KÖRNER: Weil du im Bett besonders gut mit ihr klarkamst?

PAUL: Auch, aber das war es nicht allein. Mit ihr konnte man gut reden, und sie wollte auch irgendwann für immer in den Süden gehen. Hat sie jedenfalls gesagt. Da ist der Paul nach Hannover gegangen und wollte erst dort wieder auf dem Campingplatz oder im Schwimmbad arbeiten, aber da war gerade nichts frei, und da bin ich halt wieder in eine Werkstatt gegangen.

KÖRNER: Als Schlosser?

PAUL: Klar! Als Schlosser, hab' ich doch gesagt, als Schlosser findest du immer was. Und ein Vierteljahr später haben wir geheiratet.

KÖRNER: Wie alt warst du da?

PAUL: Wart' mal, bei meiner zweiten Ehe, also da war der Paul dreiunddreißig. In dem Alter war Christus schon tot, und der Paul hat sich noch mal zum Standesamt schleppen lassen.

KÖRNER: Wieso schleppen lassen? – Du wolltest doch auch!

PAUL: Ich bin auf die Werbung für die Frau hereingefallen.

KÖRNER: Was??

PAUL: Ja hör mal, merkst du das überhaupt nicht? – Kino, Illustrierte, Fernsehen, wo du hinguckst, alles Werbung für die Frau. Die Frau und alles, was damit zusammenhängt, soll einem unheimlich wichtig erscheinen. Begehrenswert sozusagen. Das wird, wie soll ich sagen, das wird so irgendwie wichtig gemacht, damit wir Männer die Frau wollen. Damit es neue Malocher gibt, die wieder für die Rente Marken kleben. Die Frauen sehen das viel kälter. Die lachen sich wahrscheinlich kaputt, weil wir so scharf auf sie sind.

KÖRNER: Meinst du, Frauen brauchen den Mann nicht?

PAUL: Nicht so, wie wir sie brauchen. Natürlich wollen sie einen Mann, aber das ist hauptsächlich, weil die anderen einen haben und weil es eben dazu gehört. Im Bett, da können sie ganz gut ohne auskommen.

KÖRNER: Meinst du? Und weshalb lassen sie sich dann scheiden, wenn ein Mann nichts mehr von ihnen wissen will?

PAUL: Habe ich mich auch oft gefragt. Das hängt mit der Macht zusammen. Wenn der Mann nicht auf die Frau scharf ist, da hängt doch alles dran. Da kommt ihre Macht her. Deswegen malochen Männer doch, bis zum Umfallen. Die tun das nicht zum Spaß.

KÖRNER: Du bist ziemlich verbittert! Hast du jetzt eine Beziehung, eine Freundschaft oder so was?

PAUL: Da läuft augenblicklich nichts. Man lernt schon mal eine Frau kennen, aber wenn sie hier meine Bude sehen, da ist gleich wieder Schluß. Die riechen, daß ich mich nicht für eine Alte flach legen will und für sie malochen und für den ganzen Kram, den sie brauchen.

KÖRNER: Ich kenne viele Frauen, die im Beruf ganz schön tüchtig sind und keinen Mann suchen, der sie ernährt.

PAUL: Die wollen dann meistens überhaupt keinen Mann. Und als Malocher kommst du an solche Frauen nicht ran. Im Süden ist das was anderes. Was meinst du, wie geil da die Frauen sind. Die spielen das ganze Jahr die brave Ehefrau und Mutter, und im Urlaub, da wollen sie alles nachholen. Im Süden habe ich immer jede Menge Frauen. Aber hier läuft überhaupt nichts. Da ist der Paul Weltmeister im Wichsen . . .

KÖRNER: Zu deiner zweiten Ehe, wie war das denn, woran ist die wieder kaputtgegangen? Hast du da auch Kinder? Wie alt war deine Frau?

PAUL: Die Christa war dreißig, und Kinder waren bei ihr nicht drin. Totaloperation, verstehst du! Ja, wie war das. Also, der Paul hat wieder versucht, auf die Geregelte zu leben. Erst in Hannover in einer Kfz-Werkstatt und dann in Tübingen. Da hat der Typ, für den Christa arbeitete, eine bessere Stelle bekommen, und da ist sie mit nach Tübingen gegangen und ich natürlich auch. Da haben wir eine Dreizimmerwohnung gehabt, und der Paul hat immer nur vier Wochen mit ihr zusammen Urlaub gemacht.

KÖRNER: Und warum ging das wieder kaputt?

PAUL: Weiß nicht. Wohl, weil ihr der Paul nicht mehr gut genug war. Sekretärin an der Uni und dann den Blaumann waschen . . .

KÖRNER: Dein Arbeitszeug?

PAUL: Mein Arbeitszeug und überhaupt, da kam sie drei Nächte nicht nach Hause, und da hat sich der Paul auf die Lauer gelegt, und da ist sie mit ihrem Professor in den Wagen gestiegen. Ich hab' da so in der Universität meine Ohren aufgemacht, und da wußte ich, meine zweite Ehe war auch im Arsch. Dem Professor war die Frau gestorben, und ein Jahr nach unserer Scheidung hat er die Christa geheiratet. Die hatten wahrscheinlich schon die ganze Zeit was miteinander, und mich hat sie nur geheiratet, weil ihr Boß verheiratet war und sich nicht scheiden lassen wollte. Als die Alte von ihm tot war, da hat sie sich ihn schnappen können, und ich war abgemeldet. Nach der zweiten Scheidung, da hat sich der Paul geschworen, also zum drittenmal gehe ich nicht zum Standesamt. Nach der Scheidung habe ich mich in den Wagen gesetzt und bin ab nach Spanien.

KÖRNER: Mit dem VW-Bus?

PAUL: Ach was, der war längst zu Schrott gefahren! Mit einem alten Ford-Transit. Den habe ich sechs Wochen lang zum Wohnmobil umgebaut. Da hatte ich ein Bett drin und elektrisches Licht und Radio, da hatte ich alles, was man braucht.

KÖRNER: Und da bist du wieder abgehauen! Was machst du eigentlich so, wenn du unterwegs bist?

PAUL: Leben! Ich lasse mich treiben, wie es gerade kommt. Wenn es gut ist, dann bleibe ich, und wenn es nicht mehr so gut ist, dann fahre ich wieder weiter. Hin und wieder arbeite ich auch mal. Zweimal habe ich sogar für die TUI gearbeitet, als Animateur auf Mallorca und dann auf Gran Canaria.

KÖRNER: Was macht ein Animateur?

PAUL: So eine Art Schwimmeister und Freizeitgestalter. Wenn die in Urlaub in den Süden kommen, du, die sind so kaputt, die können sich nicht einmal mehr alleine beschäftigen. Die sitzen im Hotel rum und wissen nichts mit sich anzufangen, und da zeigt ihnen der Animateur, wie man Ball spielt und wie man aufs Meer rausfährt, um zu fischen, und veranstaltet Spiele.

KÖRNER: So eine Art Sackhüpfen für Erwachsene!

PAUL: Ja. Die sind so kaputt, das einzige, was sie noch können, ist Geld verdienen. Die wissen mit sich überhaupt nichts mehr anzufangen. Wenn die Männer nachts besoffen im Bett liegen, kriechen die Weiber in den Keller runter oder unters Dach und wollen die Muskeln vom Paul anfassen!

KÖRNER: Wieso in den Keller und unters Dach?

PAUL: Da wohnt das Personal und der Animateur auch. Als Animateur bist du am Strand und am Swimmingpool der King und sonst der letzte Dreck. Für das Hotel kommst du noch nach dem Kellner. Kriegst das mieseste Zimmer und die Reste aus der Küche.
KÖRNER: Wie lange hast du das gemacht?
PAUL: Zweimal für drei Monate. Dann haben sie mich nicht mehr genommen. Mein Webfehler eben. Ich kann mich nicht unterordnen und etwas mit dem Strahlemann im Gesicht machen, bloß weil es ein bißchen Geld dafür gibt. Ich habe eigentlich überall Krach bekommen. Bei jeder Arbeitsstelle, mit jedem Chef. Irgendwie kann sich der Paul nicht einfügen. Und das mußt du eben als Malocher. Wenn du dich da nicht einfügst, dann suchen sie sich einen, der sich einfügt. Der ist eben bequemer für sie. Das ist bei der Arbeit so und bei den Frauen im Grunde auch.
KÖRNER: Und weshalb fügst du dich da nicht ein?
PAUL: Ich habe es ja versucht, aber ich bringe es nicht. Da gehst du bei kaputt, wenn du dich einfügst.
KÖRNER: Und davor läufst du weg.
PAUL: Habe ich auch schon gedacht, daß ich vor irgendwas auf der Flucht bin. Vor dem Sauwetter in Deutschland vielleicht, vor dem Regen und der Kälte. Aber eigentlich bin ich nicht auf der Flucht, sondern eher sozusagen auf der Suche.
KÖRNER: Nach was? Nach dem Paradies?
PAUL: Das Paradies gibt's für einen wie mich nicht. Ich weiß auch nicht. Irgendeinen Platz, wo es warm ist und wo man bleiben kann.
KÖRNER: Ohne zu arbeiten?
PAUL: Meinst du, ich bin faul? Ich arbeite eigentlich gern. Ich habe oft bei der Arbeit Krach gekriegt, weil ich so gearbeitet habe, wie ich es gelernt habe auf der Berufsschule!
KÖRNER: Wie denn?
PAUL: Ja, ordentlich eben. Daß eine Sache hält, wenn ich sie gemacht habe. Bei einer Autoreparatur zum Beispiel. Daß man die Arbeit vernünftig macht. Aber das ist nicht gefragt. Was gefragt ist, ist Pfusch. Wenn du ein Auto reparierst, das mußt du so machen, daß der Kunde damit gerade vom Hof und um die nächste Ecke kommt. Wenn du das gründlich machst und dir Zeit läßt, bist du ein schlechter Schlosser, da machst du zu wenig, und das bringt keinen Schotter in die Kasse.

KÖRNER: Und da lebst du so mal hier und mal dort . . .

PAUL: Ja. Mal hier und mal dort, weißt du, am liebsten würde ich ganz wegbleiben, für immer. Gar nicht mehr zurück in dieses kalte Deutschland. Aber es geht eben immer nur, wenn du Geld hast. Spanien ist in den letzten Jahren auch schwer teuer geworden. Und wenn du anderswo hin willst, mit dem Schiff ist es am billigsten und wenn man den Wagen mitnimmt. Wird alles immer enger. Spanien, Marokko, wird alles teurer. Wo der Tourismus hinkommt, wird alles teuer, und die machen einem das Leben schwer. Du kommst mit immer mehr Geld immer kürzere Zeit aus. Diesmal habe ich mich total verrechnet, deswegen bin ich im Winter hier.

KÖRNER: Anderswo arbeiten geht nicht?

PAUL: Ist schwer. Malocher haben sie überall genug, und ob du in Spanien in die Fabrik gehst, ach, die würden einen wahrscheinlich gar nicht nehmen bei der Arbeitslosigkeit dort. Da drüben an der Wand, ich habe mal versucht, mit Reiseberichten ein bißchen Geld zu verdienen. Meine Fotos haben sie auch gedruckt, aber was ich geschrieben habe, alles geändert. Die haben da Werbung für das Hotel draus gemacht, wo ich Animateur war.

KÖRNER: Was haben sie dir dafür bezahlt?

PAUL: Jedesmal zweihundertfünfzig Mark. Wenn ich das dreimal im Monat machen könnte, ich könnte davon leben. Aber die haben schon den dritten Bericht nicht mehr genommen. Und Fotos sollte ich ihnen unverbindlich schicken, aber mit einer anderen Kamera aufgenommen. Ich habe das dann aufgegeben . . .

KÖRNER: Du fotografierst nicht mehr?

PAUL: Mit der Kamera fotografieren ist zu teuer. Der Paul fotografiert jetzt nur noch mit dem Kopf.

KÖRNER: Und wie wird es weitergehen?

PAUL: Im Mai bin ich hier wieder weg. Und wenn das Geld zu Ende ist, ich weiß nicht. Dann werde ich wieder nach Deutschland müssen und sehen, daß ich irgendwie zu Geld komme. Vielleicht kriege ich was als Animateur und kann wieder weg.

KÖRNER: Dein Sohn aus erster Ehe müßte jetzt bald dreißig sein!

PAUL: So? – Weiß ich nicht und interessiert mich auch nicht. Wer weiß, wieviel Söhne ich habe. Überall in der Welt. In Marokko und Brasilien, du, ich habe es sogar geschafft, in Saudi-Arabien mit einer Frau . . .

KÖRNER: Pauls Märchenstunde?

PAUL: *(lacht)* Na gut, es war eine Stewardeß von der PanAm!

KÖRNER: Und du findest das alles gut?

PAUL: Was soll ich sonst machen? Mich in eine Werkstatt oder ans Fließband stellen und Versicherungskarten vollkleben, damit Paul mal zwei Jahre Rente kriegt? – Manchmal denke ich ja auch, ich habe mein Leben vertan. Aber was hast du denn als Malocher für Möglichkeiten außer der Maloche? Ich bin verdammt stolz drauf, du, die haben mich immer wieder gekriegt, aber nie auf Dauer und ganz und gar. Wenn ich nicht mehr anders konnte, okay, aber ich habe das niemals hingenommen. Die haben alle zerbrochen, aber den Paul haben sie nicht zerbrochen . . .

KÖRNER: Die Freiheit und das große Abenteuer, die Welt der Marlboro?

PAUL: Besser als in einer Werkstatt oder mit einem Radiergummi hinter einem vergammelten Tisch! Dabei verreckst du und merkst es nicht einmal. Nein, ich hab schon das Beste draus gemacht. Ich bereue überhaupt nichts. Wenn nur das Alter nicht wäre. Mein Alter wird mal fürchterlich sein . . .

KÖRNER: Die Einsamkeit?

PAUL: Einsam bist du auch vorher! – Nein, wenn man nicht mehr kriechen kann und nicht mehr weg kann. Wenn du Pflege brauchst. Ich bin ja unheimlich widerstandsfähig, aber wenn man mal sechzig ist, na ja, wer weiß, was in zwölf Jahren ist. Vielleicht sind dann längst die Atombomben gefallen, und der Paul braucht seine Rente gar nicht mehr.

KÖRNER: Bist du glücklich?

PAUL: Wie kommst du denn auf die Frage? Wenn du kein Geld hast, wenn einer mit Knochenarbeit sein Geld verdienen muß, da kannst du nicht von Glück reden.

KÖRNER: Hast du eine Vorstellung davon, was Glück für dich sein könnte?

PAUL: Irgendwo, wo es warm ist, in der Sonne sitzen und auf einer Gitarre klimpern.

KÖRNER: Allein oder mit anderen?

PAUL: Wenn ich mich mit anderen gut verstehe, ist das besser als allein. Am besten wäre es mit einer Frau, mit der ich mich gut verstehe.

KÖRNER: Würdest du noch mal heiraten?

PAUL: Das würde der Paul wahrscheinlich nicht mehr.

KÖRNER: Und wenn du morgen von jemandem eine Million bekommen würdest, was würdest du dann tun?

PAUL: Eine Million? Sag mal, spinnst du? Darauf wäre ich nicht vorbereitet. Da wüßte ich überhaupt nicht . . . Eine Million? Ohne krummes Ding? Ich weiß nicht. Wahrscheinlich ein Flugticket kaufen, irgendwohin in die Sonne und erst einmal nachdenken.

7

Bad Reichenhall im Februar: Urlaub und andere Freiheit an der Nabelschnur

»Eine Million? Sag mal, spinnst du? Darauf wäre ich nicht vorbereitet. Da wüßte ich überhaupt nicht . . . Eine Million? Ohne krummes Ding? Ich weiß nicht. Wahrscheinlich ein Flugticket kaufen, irgendwohin in die Sonne und erst einmal nachdenken.«
Irgendwohin fahren und erst mal nachdenken. Zum Beispiel nach Bad Reichenhall fahren und nachdenken. Oder vordenken. Vorhandene Lebensverhältnisse überprüfen, bewerten, sich andere Lebensverhältnisse vorstellen, sie in der Phantasie entwerfen, auf die Wirklichkeit projizieren und sie vorsichtig in die Wirklichkeit zu transformieren versuchen, so und nur so kann eine Veränderung meines Lebens stattfinden, nur so kann ich verändern, der kühne Sprung ins Ungewisse kommt mir unvernünftig vor. Ich springe ja auch nicht ins Schwimmbecken, ohne zuvor geprüft zu haben, ob sich auch Wasser darin befindet. Im Slapstick springen Laurel oder Hardy vom Zehnmeterbrett, vertrauen darauf, daß sich Wasser im Becken befindet. Wenn sie sich geirrt haben, reiben sie sich sekundenlang die vom Aufprall auf Beton schmerzenden Glieder – und feiern ihr Leben weiter wie ein Fest. In der Wirklichkeit endete der Sprung vom Zehnmeterbrett ins trockene Betonbecken im günstigen Falle tödlich und im ungünstigen Falle in der Querschnittslähmung. Da gefällt mir der vorsichtig prüfende Harry Langdon schon besser – obgleich, wenn es darum geht, das eigene Leben zu verändern, eine neue Lebenswirklichkeit zu entwerfen und zu realisieren, erscheint mir Buster Keaton, der mit unbeweglichem Gesicht die disparaten und feindlichen Elemente seiner Umwelt mit Phantasie und handwerklichem Können, oft auch durch Einsatz seines Körpers als Teil der Maschine, zu einer neuen, seinen Wünschen entsprechenderen Wirklichkeit ordnet, als ein verläßlicherer Cicerone bei meiner Suche nach Veränderungsmöglichkeiten.
Unzufriedenheit mit meinen Lebensverhältnissen verdichtet sich zuerst zu einer verschwommenen Sehnsucht nach Veränderung.

Bin ich zuerst durch Deutschland gereist und schließlich nach Asien geflogen, weil ich in einen Käfig geraten bin und wie jede Maus, die in eine Falle geraten ist, hin und her renne und einen Ausweg suche?
Wenn es anderen Menschen gelingt, ihre Lebensverhältnisse zu verändern, sollte diese Veränderung auch mir möglich sein. Oder ist für einen in der industriellen Leistungsgesellschaft für diese Gesellschaft sozialisierten, ihren Bedürfnissen angepaßten Menschen jede Veränderung nur *bricolage*[1] mit begrenzten Mitteln, die mit dem, was zufällig zur Hand ist, auskommt? Leben wir bereits im *posthistoire*[2], in dem die Welt kein Überraschungsfeld mehr ist, sondern ein Gefüge, in dem alles miteinander verflochten ist, Abenteuer unmöglich sind und es bestenfalls nur noch kalkulierte Risiken gibt?
Wenn ich durch den Kurort Bad Reichenhall gehe, werben in den Schaufenstern die Waren um Liebe. Auf einer großen Plakatanschlagtafel läuft ein glücklich lachendes junges Paar durch die Brandung eines blauen Meeres unter Palmen und einem blauen Himmel zu einem sauberen menschenleeren Strand. Urlaubsversprechen eines Reiseveranstalters *für die schönsten Wochen des Jahres.* Optische Signale, die hier in der seit heute morgen wieder unter Schnee liegenden Landschaft anders auf mich wirken als in Dortmund, wo die Werbeflächen gerade in den schmutzigsten und häßlichsten Arbeiterwohnvierteln bevorzugt mit Ansichten von Traumstränden bepflastert werden: In Dortmund möchte ich immer die Koffer packen, hier aber gefällt es mir.
»Dieses Sauwetter hier in Deutschland«, sagte Paul am Anfang unseres Gesprächs, »ich möchte wissen, was die den Leuten in den Kaffee tun, daß die bei diesem Wetter hierbleiben und arbeiten . . .«
Ja, was läßt die Menschen Verhältnisse ertragen, für die *das Wetter* meist nur als Anlaß herhalten muß, weil es so schön naheliegt und weil sich das Wetter, wenigstens innerhalb bestimmter natürlicher (und im Ruhrgebiet dank der Dunstglocke über den Städten auch künstlicher) Grenzen, ohne unser Zutun ändert, während wir bei unseren Lebensverhältnissen schon selber kräftig verän-

1 C. Lévi-Strauss, ›Das wilde Denken‹, Frankfurt/Main 1968
2 J. Ellul, ›Metamorphose du Bourgeois‹, Paris 1967

dern müssen, wenn sie sich zum für uns Besseren verändern sollen.
Ist es denn nur die Wärme der südlichen Sonne, die Paul nach Afrika, Spanien, Brasilien, Marokko zieht, oder ist es seine Suche nach einem arbeitsfreien Raum, in dem er ungestört sein Verlangen nach ganz persönlichem Glück verwirklichen kann, das Verlangen, irgendwo an einem Strand, möglichst mit einer Frau, Gitarre spielen zu können, tagsüber und nachts mit dieser Frau zusammen sein zu können, ohne daß sich soziale Zwänge in seine Wünsche mischen?
Von Widerstandsfähigkeit redet Paul. Ich beneide ihn.
Da hat es ein Arbeiter geschafft – ohne Theorie, ganz einfach durch seine Sinne –, seine Situation zu erkennen und sich aus dem vorhandenen, ihm nicht verschlossenen Angebot an Möglichkeiten seine ganz persönliche, ihm zusagende Lebenscollage zusammenzubasteln.
Auch diesmal scheint der Sozialisationsprozeß gelungen. Paul wird Schlosser, zeugt ein Kind und heiratet. Das häusliche Familienleben hält nicht, was man Paul davon versprochen hat, er trennt sich von Frau und Kind, bald auch von der Arbeit am Fließband und verändert seine Arbeitswelt durch Berufswechsel, durch seine Ausbildung zum Schwimmeister. Fünf Monate dauert der Sommer in Deutschland, sagt Paul, da kann er in Freibädern arbeiten, danach kommt der Winter und die Arbeit im Hallenbad. Im Winter fährt er auch seine Möbel zum Müll, kauft sich einen VW-Bus und fährt zum erstenmal in die Sonne. In Spanien auf dem Campingplatz ist das Leben für ihn kein Problem. Da bekommt er Frauen, an die er zu Hause nicht rankommt, da kann Paul gut mithalten bei der Konkurrenz um die Partnerin für einige Nächte. Unter südlicher Sonne geht es um andere Qualitäten als im Alltag, wo der Brustumfang eines Mannes beim Werben um das Weib nur noch eine sehr geringe Bedeutung hat und noch der bläßlichste Bürokaufmann mit sauberen Fingernägeln einem wie Paul jederzeit die Frau ausspannt.
»Ich habe nichts gegen Arbeit«, sagt Paul, »aber ich habe etwas gegen eine Arbeit, bei der man seine Würde verliert.« Und von einem Webfehler spricht er, der sich durch sein Leben zieht.
Liegt der Webfehler in seiner Kindheit? Ist seine Verweigerung der normalen Eingliederung in den Arbeitsprozeß das Ergebnis

eines Elternhauses, in dem das Kind andere Formen von Arbeit kennenlernte?
Einmal ist offensichtlich keinmal, Paul wiederholt seinen Versuch, eine Familie zu gründen, scheitert abermals in seiner Ehe (wieder gerät der Arbeiter an eine Frau aus dem Kleinbürgertum), und was er über das Funktionieren der Sexualität in unserer Gesellschaft herausgefunden hat, ist proletarische Lebensphilosophie.
Mir imponiert das, was dieser Arbeiter versucht: Reduzierung der materiellen Bedürfnisse. Was sich Paul an Verbrauch von Gütern leistet, ist kaum mehr, als eine auf Fortbestand biologischer Funktionen beharrende Gesellschaft selbst einem Gefängnisinsassen spendiert. Grundnahrungsmittel, ein Dach über dem Kopf, eine Hose über dem Gesäß. Und Paul arbeitet, immer dann, wenn er kein Geld mehr hat. Und wenn er Geld hat, spart er eisern, setzt das Geld nicht in Waren um, sondern in Freiheit von Arbeit. In das ganze Paket des Freizeitangebots der Touristik-Industrie, das er sich selbst bastelt. Mit dem eigenen alten Auto und auf Campingplätzen läßt sich jedenfalls eine DM ganz schön klug verwenden, und folgerichtig ist die Entwicklung *industriell* unterentwickelter Länder zur industriellen Leistungsgesellschaft für Menschen wie Paul, die ihre Lebensmühle vom wirtschaftlichen Gefälle zwischen Nord und Süd Energie beziehen lassen, eine Katastrophe. Schon gehen Law and Order auch auf abgelegenen spanischen Stränden Patrouille, schon werden selbst Hippies auf Gomera nach ihren Devisen gefragt. Die Welt wird kleiner, die Gesellschaften gleichen sich im Arbeits-, Konsum- und Freizeitverhalten an. Aber Pauls Entscheidung ist immer noch eine Möglichkeit. Mir erscheint sein Leben als Tramp kaum wünschenswert, weil ich mich nach vierzehn Tagen in den Paradiesen der Freizeitindustrie regelmäßig zu langweilen beginne. Weil ich am Montag den ›Spiegel‹ lesen möchte und gern eine gute Bibliothek in der Nähe weiß. Ja, da ist sie wieder, die Vernetzung der Lebensstrukturen, meine Verwandten und Freunde natürlich, und da ist der deutsche Schriftsteller Max Tau, der mir kurz vor seinem Tode in Oslo den Rat gab, niemals ins Ausland zu emigrieren, ich sehe ihn noch vor mir, klein und zierlich, alt geworden und zerbrechlich: »Geh niemals ins Ausland, ich habe Glück gehabt, denn ich hatte Freunde in Skandinavien, aber dennoch, geh niemals ins Ausland, ich sag' dir, es ist schrecklich . . .«

Rudis Karthäuser-Katze und die Veränderung: Wie man sich immer wieder dabei ertappt, vor dem Neuen, selbst dem ungewohnten Gedanken, zurückzuschrecken! Zwingen muß ich mich dazu, Pauls Erfahrungen auf mein Leben zu projizieren, sie zu variieren, denn schematisch läßt sich fremde Erfahrung nie auf ein anderes Leben übertragen. Das Gefälle vom entwickelten zum unterentwickelten Land funktionierte für mein Leben noch vorzüglicher, als es für Paul funktioniert. Von dem Honorar für ein Hörspiel oder ein Fernsehdrehbuch läßt sich in Asien, wenn man die Verhältnisse kennt, ein Jahr lang leben. (Auch die übereifrigen Politessen, die mir zu Hause tagtäglich Strafzettel an die Autoscheibenwischer kleben, sind in manchen Ländern noch nicht erfunden, es gibt schon noch Unterschiede zwischen Kulturen.)
UND ICH HABE DEN EINDRUCK, DASS ES IN DEUTSCHLAND TAGTÄGLICH ENGER WIRD UND DER FREIHEITSSPIELRAUM GERINGER. (Personenkennziffer, Computer-Verbund, Kernkraftwerke = der Ausbau der Bundesrepublik zum Atomstaat[3], die zunehmende Gefährdung durch Umweltgifte: Das macht mir angst, wie es vielen Menschen angst macht.)
Ist der Ausstieg Pauls aus dem engen Uterus unserer Wohlstandsgesellschaft (mit deren Plazenta er klugerweise durch die Nabelschnur Deutsche Mark verbunden bleibt und in die er bei Bedarf zurückkehrt) ein Modell für eine Veränderung meines Lebens?
Ich denke immer häufiger an einen Deutschen in Asien, der in diesem Buch noch von seinem Leben erzählen wird. Es liegt mir näher als die vom Überfluß zehrende und auf das Netz der *sozialen Sicherheit* (Arbeitslosenunterstützung, Arbeitsbeschaffungsmaßnahme, Mindestrente, Sozialhilfe) gründende Existenz Pauls, der es (immerhin!) schafft, durch Konsumverzicht seine Arbeitszeit auf wenige Monate zusammenzudrängen und sein Leben dem Ideal des totalen, immerwährenden Urlaubs anzunähern. Kann ich von Paul lernen?
Durch konsequenten Konsumverzicht lassen sich aus dem Geflecht von Arbeitswelt und sozialer Sicherheit schöne Funken schlagen, aus denen erhebliche Freiheiten auflodern können – wenn man Freiheit und Lebensqualität so definiert wie Paul.

3 R. Jungk, ›Der Atomstaat‹, München 1977

An den Rändern der Leistungsgesellschaft läßt sich (noch?) bei Verringerung des Warenkonsums ein Leben mit viel arbeitsfreier Zeit führen. Die ganze Alternativszene spielt in zahlreichen Varianten dieses Spiel.

Nachtrag:
Ich zog mir einen anderen Anzug an und ging in die Innenstadt hinunter. Das Appartementhaus, in dem ich wohne, liegt außerhalb der Stadt in einem Gebiet, in dem eigentlich die Bauordnung keine Bebauung gestattet. Das Haus ist eine Ausnahme von der Regel. Ich ging ins Café Meran, das größte Tanzlokal in Bad Reichenhall. Ich kenne den Eigentümer des Tanzlokals, er ist freundlich, und ich frage mich, wie es um diese Freundlichkeit bestellt ist. Wäre er ebenso freundlich, wenn ich nicht nur gelegentlich hier auftauchte? Aber da verläßt mich die Vorstellungskraft, es gibt Situationen, in denen sie mich im Stich läßt, weil ich die Folgen mancher Handlungen nur erfahre, wenn ich handle. Sollte es so sein, daß meine Vorsicht in Wirklichkeit genau das ist, was mich daran hindert, mich voll und ganz auf das Leben einzulassen? Betrüge ich mich durch dieses Verhalten um *mein* eigenes, unverwechselbares Leben?
Vor vier Stunden habe ich im Café Meran ein Mädchen zum Tanzen aufgefordert (das macht man hier noch so wie zu meiner Tanzstundenzeit), ich habe mit ihr beim Tanzen geredet (das macht man wohl auch hier nicht mehr), sie war erstaunt und fing dann an, von sich zu erzählen. Neunzehn Jahre ist sie alt, vor einem halben Jahr hat sie nach einem Streit mit ihren Eltern das Nötigste an Kleidung in einen Koffer gepackt, ist einfach abgehauen, in Bad Reichenhall gelandet, weil das Fahrgeld gerade bis zu dieser Stadt reichte. Ist das jugendlicher Leichtsinn oder die einzige Methode, mit der sich Lebensverhältnisse verändern lassen? Anke hat mit dieser Konsequenz zweierlei bewirkt: Sie hat mit ihrer streitsüchtigen Mutter und ihrem trunksüchtigen Vater tatsächlich nichts mehr zu tun. Und sie hat ihre Lehrstelle in Klagenfurt gegen eine Stelle als Zimmermädchen eingetauscht. Wäre sie in Klagenfurt geblieben, würde sie in einem halben Jahr mehr Geld verdienen können, als sie jetzt verdient. Sie war in der Ausbildung als Vermessungstechnikerin – jetzt arbeitet sie als Zimmermädchen in einem Hotel.

Verändert man nur so sein Leben? Läßt man das Vertraute immer nur dann zurück, wenn die Lebensverhältnisse unerträglich werden?

»Ich lebe im Ruhrgebiet in einer Großstadt, die mir zum Halse heraushängt! Ich bin eigentlich nur noch dort, weil ich da Verwandte habe und ein paar Menschen, die ich mag! Am liebsten würde ich dort abhauen, wie du abgehauen bist«, sagte ich zu Anke.

»Dann mach das doch einfach!« sagte sie.

8

Von der Schwierigkeit, in der Bundeswehr Soldat zu werden:

Gesprächsprotokoll Reinhard K., 33 Jahre, früher Berufsoffizier – jetzt Pädagogischer Mitarbeiter

Gesprächsprotokoll Reinhard K.:

»Ich weiß nicht! Ich habe keine großen Zukunftspläne! Seine Sachen ordentlich machen, zu sich und anderen ehrlich sein, wenn ich das dort mal nicht mehr könnte, dann würde ich wohl wieder gehen und was anderes machen . . .«
(Reinhard K., 33 Jahre alt, früher Berufsoffizier, jetzt Pädagogischer Mitarbeiter)

Das Gespräch fand Mitte November 1980 in der Dreiraumwohnung in G. statt, in der Reinhard K. lebt, seitdem er bei der Stadt G. als Pädagogischer Mitarbeiter in der Volkshochschule tätig ist. Die Wohnung war mit Möbeln der verschiedensten Stile eingerichtet, wobei das Augenmerk bei der Einrichtung auf Zweckmäßigkeit, nicht auf Ästhetik des Wohnens gezielt haben muß. Die Wohnung wirkte auf mich zerrissen, dabei aber ordentlich, obwohl K. alleinstehend ist und keine Putzfrau beschäftigt. Mehrere Fotos einer jungen Frau im Wohnraum und im Arbeitszimmer deuteten darauf hin, daß K. in einer Zweierbeziehung lebt. Als ich mich nach dem Gespräch von ihm verabschiedete, sagte er, es handele sich bei der Frau um eine gute Bekannte, er wisse aber noch nicht, was sich aus dieser Bekanntschaft entwickeln würde.

KÖRNER: Das ist ja nicht gerade der normale Lebensweg eines Pädagogischen Mitarbeiters einer Volkshochschule, daß er sich bei der Bundeswehr ausbilden läßt. Liegt doch ziemlich weit auseinander . . .
REINHARD: In meinem Leben ist vieles weit auseinander und durcheinander . . . Oder im Leben laufen die Dinge von außen her durcheinander. Wer weiß, wenn ich bei der Bundeswehr hätte Soldat werden können, dann wäre ich bestimmt noch dort und dann wäre alles ganz anders gelaufen. Die wollten mich ja nicht, das heißt, die wollten mich schon, aber nicht so, wie ich das wollte . . .

KÖRNER: Du hast Soziologie studiert?
REINHARD: Ja! Bis zum M. A. und vorher Ingenieurwissenschaften. Das erste Studium hat der Bund bezahlt, das zweite ich.
KÖRNER: Wie bist du denn zur Bundeswehr gekommen?
REINHARD: Sofort nach dem Abitur! Das hing mit meiner Familie zusammen.
KÖRNER: Und was war das für eine Familie?
REINHARD: Du, heute nach dem Soziologie-Studium würde ich sagen, eine völlig kaputte Familie. Die war zerfressen durch und durch. Kein Wunder, daß meine Mutter Krebs bekommen hat und daran gestorben ist. Jemand, der gleich nach dem Abitur zur Bundeswehr geht und dann auch noch von Anfang an mit dem festen Willen, Berufsoffizier zu werden, der muß, ja, aus meiner jetzigen Sicht sage ich das, der muß einen leichten Schlag weg haben, und den habe ich auch weg. Das fing ganz früh an ...
KÖRNER: Hast du Geschwister?
REINHARD: Wir waren vier Jungen und ein Mädchen. Mein Vater war ein echter Nazi. Der hat sich während des Dritten Reiches sehr wohl gefühlt. Der hatte noch lange Jahre nach dem Kriege riesige Europakarten in seinem Zimmer hängen, da hatte er überall mit Nadeln gekennzeichnet, wo er während des Krieges gewesen war. Der war Kriegsberichterstatter bei der O. T. ...
KÖRNER: Da war mein Vater auch, aber als Zwangsarbeiter. Der hat Panzergräben ausheben müssen, weil er wehrunwürdig war. Darauf bin ich sehr stolz ...
REINHARD: Da siehst du, das ist schon ein Unterschied! – An sich war mein Vater von Hause aus Jurist und ist dann in der Nazi-Zeit völlig ausgestiegen. Kriegsberichte und Gedichte, der hat sogar einen Gedichtband geschrieben, komisches Zeug. Gedichte auf das Dritte Reich. Der war voll auf dieser Linie ...
KÖRNER: Lebt er noch?
REINHARD: Ja, der lebt noch! – Und nach dem Krieg, da war dann alles weg, und er war irgendwie aus dem Gleis geworfen. Nach dem Krieg, ich erinnere mich noch, das war eine schöne Zeit. Wir sind dann nach Oberbayern gegangen, weil meine Mutter dort Verwandte hatte ...
KÖRNER: Und dein Vater?
REINHARD: Der war Sohn eines Landpfarrers und hatte elf Geschwister! Stell dir das vor, zwölf Kinder ... da muß ganz schön

was losgewesen sein ... Da fängt das schon an, der Vater meines Vaters ging als Landpfarrer beim Grafen ein und aus, zu dem das Dorf gehörte, in dem er Pfarrer war. Da kam mein Vater dann fast automatisch auf die Fürstenschule, der Sohn eines doch armen Pfarrers, der wurde da in die Schulkleidung der Fürstensöhne gesteckt, das muß doch zu Konflikten führen, das hat er wohl mit dem Jura-Studium kompensiert und das Jura-Studium dann mit seiner Nazi-Begeisterung, da waren ja auch Ressentiments gegen den Adel, der Hitler hat doch mit dem Neid der Menschen seine Politik gemacht. Und als der Krieg dann vorbei war, ist mein Vater nie wieder richtig reingekommen. Da lebten meine Eltern auf dem Dorf. Da waren jede Menge Flüchtlinge, es kamen U-Boot-Leute, das ganze Strandgut des Krieges, die gingen bei meinen Eltern ein und aus, die machten Schwarzmarktgeschäfte, aber für so was war mein Vater nicht der richtige Mann, das ganze Dorf hat sich amüsiert, wenn er zum Beispiel seine Kriegs-Leica gegen eine Druckmaschine eintauschte zu einer Zeit, wo niemand in Deutschland was veröffentlichen durfte, die Maschine stand ewig auf dem Schrank ... Dann hat er eine eigene Firma aufgemacht auf dem Dorf, für ein Pulverblitzlicht-Gerät, da gab es in den USA längst Vacublitz-Geräte, er hat eben so zu überleben versucht ... Ja, dann wurde er Anfang der fünfziger Jahre wieder Amtsrichter im Hessischen ... die Familie lebte noch in Oberbayern, und er zögerte das immer wieder hinaus, daß wir auch ins Hessische zogen, da lief die Ehe so langsam auseinander ...
KÖRNER: Wovon habt ihr gelebt?
REINHARD: Vater hat manchmal Geld geschickt ... Ach so, das muß ich noch sagen, meine Mutter war Ärztin ... die hatte im Krieg eine Praxis von einem dienstverpflichteten Arzt übernommen, da lebten wir noch in Sachsen, aber mein Vater wollte nach dem Krieg nicht den Russen in die Hände fallen, und da sind wir geflohen, und sie hat die Praxis aufgeben müssen, das war aus ihrer Sicht ein Fehler ... Die Flucht war gar nicht einfach, meine Eltern haben sich verkleidet, die haben sich als Ärzteteam aus der Schweiz ausgegeben, da sind wir in einem Kahn über die Elbe, und es ging dann weiter nach Oberbayern ... danach hat auch meine Mutter nie wieder so richtig ein Bein auf die Erde bekommen. Sie hat wohl anfangs noch manchmal Vertretungen in Arztpraxen gemacht, aber sie hat niemals wieder praktiziert. Wegen uns, sagte

sie immer, wegen der Kinder, wegen uns hätte sie ihren Beruf aufgegeben. Das hat sie uns immer vorgehalten. Wenn sie Probleme hatte, da war das die ständige Drohung: Wir kämen ins Internat und sie würde wieder praktizieren. Wir waren so erzogen, daß wir das Internat als schlimm empfanden, später war ich dann irgendwann soweit, da dachte ich, mein Gott, wenn sie das nur mal täte und das Leben in der Familie ein Ende hätte! – Ja, so um 1951 ließ mein Vater seine Familie nachkommen nach I., meine Mutter hatte die erste Krebsoperation hinter sich, eine Brust war weg, und danach stand sie immer unter Medikamenten, für sie als Ärztin war das kein Problem . . .

KÖRNER: Opiate?

REINHARD: Alles mögliche . . . Opiate, Morphium, Novalgin, die war ständig im Tran . . . sie ist im Tran und schlampig angezogen als Amtsrichtersgattin durch I. gegangen, weißt du, ich bin mit dem Gefühl aufgewachsen, bei uns war nie was normal und alles stimmte nicht, eigentlich hätte genügend Geld da sein müssen, mein Vater als Amtsrichter hatte ein großes Gehalt, von dem auch eine große Familie ordentlich hätte leben können. Da war aber nie Geld da, da tauchten sogar Leute auf und holten die Möbel ab, weil die nicht bezahlt waren. Mein Vater hätte in I. auch Amtsgerichtsdirektor werden können, aber er hat sich lieber versetzen lassen und die Familie wieder verlassen, und Mitte der fünfziger Jahre war das dann soweit, daß die beiden sich haben scheiden lassen. Das lief zwischen beiden mit derartiger Brutalität ab, die beiden haben sich angebrüllt, wir wurden natürlich immer mit in die Streitereien reingezogen, da gab es Parteien, und wir mußten uns immer auf die Seite dessen schlagen, den wir gerade brauchten, das war fürchterlich, und wir waren froh, als das zu Ende war. Mein Vater zog dann nach der Scheidung ganz aus und machte nur regelmäßig von seinem Recht Gebrauch, uns zu sehen. Das war dann zum Beispiel so, daß er mit uns Wanderungen durch den Taunus machte, dann ließ er uns der Größe nach geordnet hintereinander marschieren. Der Größte vorneweg. Da demonstrierte er so richtig seine Potenz . . . da blieben Leute stehen und fragten bewundernd, ob wir alle seine Kinder wären, da war er stolz . . . Vor allem, wir mußten uns dann auch noch immer gleich anziehen, dieselben Jacken und meistens Lederhosen . . . dann marschierten wir der Reihe nach hintereinander durch den Wald und er mit dem Spazierstock hinterher. Das mußt du dir mal ausmalen ... Und mit meiner Mutter war das auch schlimm ... sie hat es eben geschafft, sich die Lebensgrundlage mit allen Mitteln zu erhalten. Wir Kinder waren ihre Existenzgrundlage, wir durften so gut wie nichts machen ... das war bei fünf Kindern eine Leistung, aber sie hatte uns weitgehend unter Kontrolle ... da waren immer zwei Kinder in Verschiß und zwei waren brav, da sind so viel Aggressionen entstanden, wir Jungen haben uns geprügelt wie die Bürstenbinder ... das ging bis zu Knochenbrüchen ... wir schlugen uns gegenseitig halb tot, aber im Grunde war natürlich meine Mutter gemeint. Als ich älter war, habe ich mal gesagt, ich hätte meine Mutter am liebsten erschlagen ...

KÖRNER: Sozusagen Familie als Encounter-Gruppe ...

REINHARD: Ja! – Und der Anspruch nach außen hin wurde natürlich aufrechterhalten ... wir gingen alle zum Gymnasium ... meine Eltern waren als Stützen der Gesellschaft erzogen, er Jurist, sie Ärztin, aber nach dem Krieg haben sie einfach nicht mehr zurück in die alte Ordnung gefunden, die haben die Kurve nicht mehr gekriegt ...

KÖRNER: Bist du nach dem Abi in die Bundeswehr geflüchtet?

REINHARD: Ich war der Älteste, und ich wurde quasi immer mit in die Verantwortung gezogen. Ich kann mich noch daran erinnern, daß mein Vater mich mal verprügelt hat, weil ich zugesehen habe, wie sich mein Bruder mit einem wildfremden Knaben geprügelt hat, da kann man als Junge nicht mitmachen, das wären zwei gegen einen gewesen, aber mein Vater hat gesagt, eine Familie muß zusammenhalten. Da hatte ich als Ältester immer das Gefühl, ich müßte für alle da sein ... nicht im Sinne von für andere da sein, sondern eher, die anderen führen, das hatte ich schon bis zu einem gewissen Grade verinnerlicht. Und dann wollte ich natürlich einfach von zu Hause weg. Wenn ich studiert hätte, hätte ich aus Sparsamkeit zu Hause wohnen müssen, meine Geschwister haben das so gemacht, ich wollte das nicht. Meine Mutter hat natürlich wie eine Löwin dagegen gekämpft, daß ich zur Bundeswehr ging, die wollte das Kind nicht verlieren. Als wir dann alle aus dem Haus waren, da saß die Frau nur in der Wohnung und hat darauf gewartet, daß jemand zu ihr kam, die hat nur noch auf Besuch gewartet. Die Frau hatte kein eigenes Leben mehr, die hat nicht mal den Fernsehapparat eingeschaltet.

KÖRNER: Wie alt ist sie geworden?
REINHARD: Über sechzig! Sie ist dann am Speiseröhrenkrebs gestorben.
KÖRNER: Zurück zum Abitur und zur Bundeswehr ...
REINHARD: Ich war zwar erfaßt, aber noch nicht einmal gemustert. Ich habe mich beworben und bin schon im Herbst 1960 zur Offiziersbewerber-Prüfung eingeladen worden, da haben sie uns zwei Tage durch die Mühle gedreht ... das habe ich mit gut bestanden, ich war ja jahrelang im Turnverein gewesen und war körperlich sehr gut auf der Höhe, nur mit meinen Augen, das machte Schwierigkeiten. Ich wollte ja zur Infanterie oder zu den Panzern, so richtig Soldat werden, weiß du, aber als die Prüfung vorbei war, da machte meine Kurzsichtigkeit, minus vier, das machte Schwierigkeiten, und eigentlich ging das gar nicht, aber dann haben sie mich doch genommen für die Technische Truppe ... das hieß damals noch Technische Truppe, Fachrichtung Instandsetzung, da war ich wahnsinnig enttäuscht, ich wollte das am liebsten lassen, das vertrug sich gar nicht mit meinem Bild von der Bundeswehr. Ich wollte ja Soldat werden und nicht Techniker ...
KÖRNER: Das hast du gegen deine Mutter alles durchsetzen können?
REINHARD: Die war natürlich strikt dagegen! Aber ich habe das mit einer Härte durchgesetzt ... da kamen die ganzen Probleme von der Kindheit wieder hoch, da bin ich mit Härte gemäß meiner Entscheidung weitermarschiert, und als sie dann sah, das konnte sie nicht ändern, da fand sie es dann plötzlich gut ... Weißt du, wir mußten uns alle mit Gewalt von der Mutter lösen ...
KÖRNER: Wie haben das die anderen Geschwister geschafft?
REINHARD: Der Bruder, der nach mir kam, hat es auch über den Wehrdienst geschafft, der war drei Jahre Zeitoffizier und hat später Medizin studiert, der hat gleich zu Anfang seines Studiums geheiratet, weiß du, der hat das auf die Weise gemacht ... der hat dann das Verhältnis zur Mutter voll auf seine Frau übertragen, die sich auch ähnlich wie die Mutter verhält, die ist auch bestimmend. Diesen Bruder hat das fast fertiggemacht, wenn meine Mutter immer damit drohte, sie würde sich aus dem Fenster stürzen ... wir haben das irgendwann nicht mehr ernst genommen, aber mein Bruder ist dann zu ihr gefahren, und kaum war er bei meiner

Mutter in der Wohnung, da rief seine Frau dann an und jammerte, daß mit dem Kind was nicht in Ordnung sei, da ist er dann wieder zurück zu seiner Frau geflitzt ... Der war richtig froh, als Mutter starb, sie ist bei ihm als Patientin gestorben, sie war auf seiner Station, und er hat sie behandelt wie alle anderen Patienten, der muß richtig erleichtert gewesen sein, als Mutter starb, und zwar eines natürlichen Todes ... Der dritte Sohn ist einfach nicht mehr hingegangen, da konnte sie mit Selbstmord drohen, soviel sie wollte ...

KÖRNER: Was macht dieser Bruder beruflich?

REINHARD: Der hat bis kurz vor dem Referendarexamen Jura studiert und dann aufgehört. Der ist jetzt Maler und lebt manchmal von dem Geld seiner Freundin. Die verdient als Ärztin ganz gut.

KÖRNER: Kunstmaler?

REINHARD: Nein! Eher Grafiker. Er macht sehr gute Sachen, wenn er nach und nach besser verkauft, das kann ganz gut gehen. Und der vierte Bruder hat eine Psychoanalyse hinter sich. Der Jüngste hat gleich angefangen zu studieren und gleich eine Analyse gemacht. Der hat jetzt eine sehr gute Arztpraxis.

KÖRNER: Und das Mädchen?

REINHARD: Die hat das Abi nicht geschafft, sie ist Krankenschwester geworden und hat einen Mann geheiratet, der auch eine verpfuschte Kindheit hinter sich hat. Der Mann hat sich inzwischen von der NPD zur CDU weiterentwickelt, mit meiner Schwester habe ich überhaupt keinen Kontakt mehr.

KÖRNER: Du bist dann zur Bundeswehr gegangen ...

REINHARD: Ja, obwohl mir das sehr gestunken hat! Nur zur Instandsetzung! Im April bin ich dann eingerückt in die Kaserne. Da lernte ich sofort die Rivalität zwischen den Waffengattungen kennen ...

KÖRNER: Was für Rivalitäten?

REINHARD: Im Ansehen! Da gibt es den Stolz jeder Waffengattung ... Marine und Luftwaffe und Heer ... und die Instandsetzung kommt so ziemlich zuletzt ...

KÖRNER: Dann kann ich der Bundeswehr nur wünschen, daß sie das auch im Verteidigungsfalle aufrechterhalten kann!

REINHARD: Ja! Und bei der Ausbildungskompanie ... wenn ein Panzeroffizier, weil er sich was zuschulden kommen ließ, zur Technischen Truppe versetzt wurde, für den war das eine Strafe.

Und entsprechend traten die dann auch auf. Dieser Panzeroffizier, der hatte Rekruten bei der Ausbildung auf Schränke gejagt, und dabei hatte sich einer der Rekruten ein Bein gebrochen, danach bekam der Offizier eine Disziplinarstrafe und wurde bezeichnenderweise zur Ausbildungskompanie Technische Truppe versetzt. Dort wirkte er im alten Geiste weiter . . . Ich habe noch die Sachen mitgemacht . . . wir haben wirklich noch Maskenbälle gemacht, das gibt es heute nicht mehr . . .

KÖRNER: Marschieren mit Gasmaske?

REINHARD: Nein! Der Witz bei dieser Geschichte war, daß du immer mit einem neuen Anzug antreten mußtest . . . da trat der Zug beispielsweise unten im Kampfanzug an, und dann hieß es, in drei Minuten steht der ganze Zug im Ausgehanzug auf dem Hof. Da mußtest du dich völlig umziehen . . . zum Kampfanzug gehörte oliv Unterwäsche, und zum Ausgehanzug gehörte die weiße . . . das wurde genau kontrolliert, und da sind wir eben zwischen Hof und Stube hin- und hergerannt wie die Idioten.

KÖRNER: Und das hat dir Spaß gemacht?

REINHARD: Das war der Witz! Ich war ja Offiziersbewerber, da gab es das Prinzip, daß wir am Anfang mit den normalen Gezogenen zusammen ausgebildet wurden . . . ich fand die Ausbildung in Ordnung! Meine Befürchtung, daß ich Techniker würde und nicht Soldat, die hatte sich ja scheinbar überhaupt nicht bestätigt. Das war ja richtiges Militär! Auch dauernd im Gelände, die nahmen uns ja doch ganz schön ran, da kann man nichts anderes sagen . . . das war wahnsinnig anstrengend, aber das fand ich gut. Das erste Vierteljahr, ich fand das in Ordnung. Und nach dem ersten Vierteljahr bekamen wir ein technisches Grundpraktikum. Da haben wir feilen und schweißen gelernt, das fand ich gar nicht gut. Das hatte mit Militär nichts zu tun, aber ich habe halt funktioniert, nur mit meiner Flucht von zu Hause weg . . . das hat nicht richtig funktioniert. Beim Praktikum gab es jedes Wochenende Urlaub, und wo fuhr ich hin? Natürlich zu meiner Mutter, die damals ja noch lebte. Nach dem Praktikum kam der Unteroffizierslehrgang, da waren die Offiziersanwärter zu einem extra Zug zusammengefaßt, der Lehrgang war in Bayern, und da konnte ich nicht nach Hause. Die Ausbildung war wieder hart und in Ordnung. So muß Militär sein. Am Anfang sagte uns der Ausbilder, wir würden hier bis zur Grenze unserer Leistungsfähigkeit geführt . . .

KÖRNER: Das hat dir gefallen?

REINHARD: Ich gehörte zu den Kräftigen und war durchtrainiert! Bevor ich umfiel, war der halbe Zug umgefallen. Wir sind manchmal kilometerweit unter der ABC-Schutzmaske durchs Gelände gerannt . . .

KÖRNER: Von Innerer Führung keine Spur?

REINHARD: Das waren meist Leute von der Wehrmacht oder vom Bundesgrenzschutz damals, die stellten sich so schnell nicht um . . . Ja, dann wurden wir Gefreite, dann wurde ich Fahnenjunker und kam zur Offiziersschule in Hannover, das hat mir wieder gestunken, weil die Waffenrivalitäten wieder eine unheimliche Rolle spielten. In den Hörsälen waren alle Waffengattungen, da galten Infanteristen sehr viel, Fallschirmjäger als arrogante und etwas dumme Draufgänger, Pioniere wieder galten als stark und dumm, und ganz hinten, am letzten Ende der Rangstufe, da rangierte »Öle und Fette«, die Instandsetzer mit ihren blauen Spiegeln. Jemand von »Öle und Fette«, der konnte nach Meinung der Lehrer unmöglich in Taktik gut sein, diese Vorurteile haben mir sehr viel Ärger gemacht. Danach kam der Fähnrichslehrgang, das war eine rein infanteristische Ausbildung, das hat mir großen Spaß gemacht. Dann folgte ein Industriepraktikum in einem Autowerk, acht Monate, da hätte ich eigentlich begreifen können, was auf mich zu kam, aber ich habe das weggedrängt . . . danach kam ich dann zur Akademie des Heeres für Maschinenwesen, da wurden wir alle durchgeschleust und bekamen ein regelrechtes Ingenieurstudium . . .

KÖRNER: Wie lang?

REINHARD: Sechs Semester! Da sollten wir den richtigen Ing. grad. bekommen. Wir waren regelrecht abkommandiert . . . ich war inzwischen Leutnant und dann Oberleutnant . . . ich hatte da große Bedenken, ich wollte ja Soldat werden und nicht Ingenieur . . . Mit der Abkommandierung waren die Weichen gestellt . . . die Ausbildung ist so teuer, einen Ingenieur würden die nie mehr normalen Dienst machen lassen . . . Da mußte ich halt Maschinenbau studieren, wir wechselten dann zur TH hinüber, und wir konnten frei wählen, da habe ich Arbeitswissenschaft gewählt, und das war auch interessant . . . das hilft mir heute auch manchmal . . . ich habe dann praktisch Arbeitsphysiologie studiert. Aber das hat mir nicht geschmeckt, wir haben dann mal angefragt, wie es weitergehen sollte, und da haben wir erfahren, daß keine Absicht bestand, uns jemals wieder als normale Offiziere zu verwenden. Generalstabslehrgänge und Kompanie-Chef, das war alles nicht mehr drin . . .

KÖRNER: Wie war das denn privat? War dein Leben nur Lernen und Schlafen?

REINHARD: Ja, das dauerte sehr lange bis zu meiner ersten Beziehung. Ich lernte dann bei einem Urlaub zu Hause eine Frau kennen, die wohnte über uns . . .

KÖRNER: Über der Wohnung deiner Mutter?

REINHARD: Ja! Ich kam zum Wochenendurlaub und habe die Frau dann mal angesprochen, das wurde sofort eine heftige Beziehung. Die Frau zog bei ihren Eltern aus und nahm sich eine Wohnung . . . da fing ich dann schon an, mein Studium schleifen zu lassen. Das dauerte auch nicht lang, da heirateten wir . . .

KÖRNER: Was war die Frau beruflich?

REINHARD: Sekretärin! Und ich studierte weiter. Ich habe geheiratet, damit Ordnung war. Ich war sehr eifersüchtig!

KÖRNER: Wie alt warst du?

REINHARD: Achtundzwanzig! Ich habe die erste Frau meines Lebens sofort geheiratet, und wir haben eine Wohnung auf dem Dorf bezogen. Sie war da entsetzlich unglücklich. Sie war vorher ein freies Leben in der Stadt gewöhnt, und jetzt auf dem Dorf . . . Aber das verschob sich dann . . . Am Anfang wollte sie immer raus und was erleben, und ich war dafür gewesen, zu Hause zu sein, und dann kam es langsam so, daß sie das ganz gut fand und es mir zu Hause zu eng wurde . . . Ja, ich machte dann mein Examen als Diplom-Ingenieur, und die Elke konnte sich überhaupt nicht vorstellen, in irgendeinem kleinen Nest ihr Leben als Offiziersfrau zu führen. Ja, da kam vieles zusammen, ich hatte mich während des Studiums auch aus dem militärischen Betrieb gelöst, ich wollte nicht mehr, am Freitag war die letzte Prüfung, und am Montag sind wir zur Inspektion gegangen, und ich habe zusammen mit zwei anderen das Entlassungsgesuch aus der Bundeswehr eingereicht . . .

KÖRNER: Was hattest du denn danach für Absichten? Wußtest du, was du wolltest?

REINHARD: Ich wollte einen normalen Beruf haben und habe mich natürlich abgesichert. Ich habe gefragt, ob sie mich als Assistent oder wissenschaftlicher Mitarbeiter einstellen würden, da sagte man mir an der TH, daß sie mich mit Handkuß nehmen würden ...

KÖRNER: Und wie hat der Bund reagiert?

REINHARD: Heftigst! Fahnenflucht! Lassen sich das Studium bezahlen und reichen dann den Abschied ein! Nach Bonn haben sie uns gefahren, und da saßen gute Leute, die wollten die Motive herausfinden, aber die waren sehr unterschiedlich ... Einer hatte seine Berufung zum Wissenschaftler entdeckt, der andere sagte, die Zusagen, die man ihm gegeben hätte, seien nicht eingehalten worden, und ich sagte, daß ich zur Bundeswehr gegangen wäre, um Soldat zu werden, und daß ich kein Techniker werden wollte. Du mußt ja als Berufsoffizier jederzeit auf eigenen Wunsch entlassen werden und mußt die Kosten einer Zusatzausbildung an den Bund zurückzahlen ...

KÖRNER: Was kam da auf dich zu?

REINHARD: Nicht viel! Das Gehalt brauchte man ja nicht zurückzuzahlen, es bestand auch Studiengeldfreiheit, ich habe um die viertausend Mark zurückzahlen müssen. Und bei der TH bekam ich einen Privatdienstvertrag, nach BAT II A, das waren brutto rund zweitausendfünfhundert Mark, da habe ich mich finanziell auch verbessert ...

KÖRNER: Und von deiner Mutter war die Ablösung geschafft ...

REINHARD: Ja! Und zwar auf die Weise, daß ich die Beziehung zu meiner Mutter auf meine damalige Frau übertragen habe. Und zwar voll. Ich habe sie als Person akzeptiert, aber nie richtig als meine Frau. Das wurde immer deutlicher. Sie bezog sich immer mehr auf mich. Ich hatte sie ja aufs Dorf geschleift, alle Beziehungen von ihr aus Eifersucht gekappt ... sie bezog sich jetzt immer mehr auf mich ... sie war auf dem Marsch in die totale Zweisamkeit, und ich habe das als unangenehm empfunden ... Der Besitzanspruch meiner Mutter wiederholte sich, jetzt wurde meine Frau immer eifersüchtiger. Es war dasselbe, was meine Mutter immer gemacht hatte ... die Elke hatte wohl auch ein ungutes Gefühl ... wir sind dann nach F. gezogen, aber da änderte sich nichts an ihrer Eifersucht ... sie war gar nicht in der Lage, ihr eigenes Leben zu leben, die lebte jetzt nur für mich, das kam so weit, daß wir überhaupt keinen Kontakt zu anderen Menschen hatten. Ich habe mir dann ein Motorrad gekauft, das fand sie gut, da waren wir zu zweit von allen anderen abgeschnitten ... ich bekam immer mehr Sehnsucht danach, aus der Beziehung herauszukommen ...

KÖRNER: Mit deiner Arbeit kamst du klar?

REINHARD: Auch nicht mehr! Ich begriff, was das für eine Wissenschaft ist.

KÖRNER: Und was ist das für eine Wissenschaft?

REINHARD: Im Grunde genommen ... unter dem Deckmantel der Belastungs- und Beanspruchungsreduzierung werden Grenzen ausgelotet! Das alte Taylorsche Prinzip der Arbeitsintensivierung wird auf eine moderne Weise weiterpraktiziert. Die Gewerkschaften hatten ganz recht, als sie sich überhaupt nicht darauf eingelassen haben anfangs ... ich habe das drei Jahre gemacht und habe mich dann mit anderen Gebieten auseinandergesetzt, viel Soziologie gelesen ...

KÖRNER: Du warst noch verheiratet?

REINHARD: Ja! Ich wollte aus der Ehe auch raus! Da habe ich mich bei den Jungsozialisten in der SPD stärker engagiert, da war ich auf zwei, drei Versammlungen in der Woche, und meine Frau hat das mitzumachen versucht, damit sie mich nicht verlor ... Die Elke ist sogar mit in die Gruppentherapie gegangen, und da lernte ich sehr viel, da konnte ich auch mal ruhig sitzen und wollte nicht dominieren ... ich wurde nach und nach immer freier ... und als ich dann mal ganz laut in der Gruppe sagen konnte, daß die Elke die erste Frau war, mit der ich geschlafen habe, und daß sie die einzige war, da bekam ich den Durchbruch ...

KÖRNER: Deine Frau auch?

REINHARD: Die Elke hatte Mühe, ihre Zäune zu verteidigen, damit die nicht eingerissen wurden ... die hat dann die Therapie abgebrochen, als sie merkte, daß ich mich immer mehr von ihr löste ... Die ist mir einmal auf der Rückfahrt von der Therapie ins Lenkrad gefallen bei hundertzwanzig Stundenkilometern und wollte den Wagen vor einen Baum setzen. Aber ich hatte mit so was gerechnet, deshalb ist nichts passiert. Sie wollte uns beide umbringen ... Ich war dann irgendwann in der Lage, ihr zu sagen, du, wir trennen uns ... Heute meine ich, das war im Grunde erst die Trennung von meiner Mutter. Ich konnte zu meiner Frau und damit zu meiner Mutter sagen, ich will dich nicht mehr, ich will mein Leben allein leben ... das war ein unheimlich glückliches Gefühl ... ich war endlich draußen. Ich hatte es geschafft. Das war, wie wenn man einen Korken unter Wasser drückt, und auf einmal läßt man ihn an die Oberfläche schießen. Ich hatte mit Elke überhaupt kein Mitleid. Das war dieselbe Zeit, in der meine Mutter starb. Da konnte ich ins Krankenhaus gehen und meine Mutter besuchen, die Frau ist vom Leben unheimlich betrogen worden. Ich konnte mich voll darauf einlassen. Und als meine Mutter gestorben war, ihre Wohnung existierte ja noch, da hat sich erst keiner dazu entschlossen, diesen Haushalt aufzulösen. Niemand wollte damit etwas zu tun haben, das schoben wir immer vor uns her. Ja, die Elke sagte zu mir, sie verreist, weil sie erst mal einen Bekannten besuchen würde. Das war mir sehr recht. Trotzdem, ich wohnte ja noch in der ehelichen Wohnung, ich habe immer den Schlüssel von drinnen stecken lassen, ich habe Angst davor gehabt, daß sie nachts mit einer Pistole auftauchen und mich erschießen würde ... Ja, da war sie halt weg, und ich hörte nichts von ihr, dann kam mein Bruder und sagte, wir müßten mal langsam was mit der Wohnung meiner Mutter machen, da sind wir hingefahren, und als wir in die Wohnung kamen, da lag meine Frau und hatte sich umgebracht. Die hatte da schon etliche Zeit gelegen, du kannst dir ja vorstellen, wie sie aussah ...

KÖRNER: Und du ...

REINHARD: Ich hatte das schon vorher aufgearbeitet. Wenn ich das Leben mit ihr weitergeführt hätte, wäre *ich* irgendwann vor die Hunde gegangen ... Die Elke hat schon vorher oft Ängste und schizophrene Züge gezeigt ... Das hat sehr viel in Bewegung gebracht ... ich hatte jetzt die Gewißheit, ich dürfe nie wieder Sachen machen, hinter denen ich nicht voll stehe. Ich bin zu meinem Professor gegangen und habe ihm gesagt, daß ich als Mitarbeiter ausscheiden will ...

KÖRNER: Und dann fing dein Zweitstudium an?

REINHARD: Ja! Ich bin da ohne Promotion weggegangen und habe Soziologie angefangen, das habe ich bis zum M. A. durchgezogen, und da wollte ich zu den Gewerkschaften, aber die haben nicht auf mich gewartet, ich wurde regelrecht arbeitslos, und dann habe ich über die Jusos die Stelle bei der Volkshochschule gefunden ...

KÖRNER: Als Pädagogischer Mitarbeiter in der Erwachsenenbildung?

REINHARD: Ja. Das macht mir eigentlich Spaß. Da kann man zwar nicht viel machen, aber ich kann das akzeptieren.
KÖRNER: Willst du das immer machen?
REINHARD: Ich weiß nicht! Ich habe keine großen Zukunftspläne! Seine Sachen ordentlich machen, zu sich und anderen ehrlich sein, wenn ich das dort mal nicht mehr könnte, dann würde ich wohl wieder gehen und was anderes machen . . .

9

Bad Reichenhall im Februar: Die unheilige Familie – Der Veränderungswunsch geht manchmal über Leichen

Über Nacht ist es wärmer geworden. Als ich aus dem Restaurant »Zum Hirtl« unten im Appartementhaus Brötchen geholt, als Anke in der kleinen Küche Kaffee gekocht hatte und wir zusammen am Frühstückstisch saßen, kam mir die Situation fast wie zu Hause vor. Nach einer Nacht zu zweit saß ich zusammen mit einer müden Frau am Tisch; diese Mischung aus Zufriedenheit und sanfter Traurigkeit.

Draußen regnet es und regnet es. Dieser Salzburger Regen, der aus tief zwischen den Bergen treibenden Wolken kommt, ist fein und alles seltsam durchdringend. Der Regen im Ruhrgebiet kommt mir dagegen ehrlicher vor mit seinen großen, schweren Tropfen. Regen deprimiert mich immer. Er wirft mich immer zurück, und jetzt kommt mir meine ganze Suche nach Veränderung absurd vor.

Ich bin auf der Suche nach einer Utopie. Ich will die saubere Luft und die Nähe meiner Verwandten und Freunde, die an die schmutzige Industriegroßstadt gebunden sind. Ich will die Vorteile zweier einander ausschließender Lebensformen, ich will das Leben in der Stadt mit dem Leben auf dem Land verschmelzen.

Quälend, langwierig: Die Lösung meines Problems springt nicht wie ein Kaninchen aus dem Hut des Zauberers.

Wie Reinhard K. sein Leben lebt, das erschreckt mich.

Da gerät ein Mann in Familienverhältnisse, wie sie häufig anzutreffen sind, da scheitert eine Ehe, werden Kinder von einer zerstörten Frau, die sie Mutter nennen müssen, wie diese zerstört. Jeder flüchtet aus der Familie, Reinhard flüchtet in die Bundeswehr, und die große Kampfmaschine erkennt nicht, daß da ein junger Mann den Wunsch hat, Soldat zu werden. In einem zähen und langwierigen Prozeß schiebt Reinhard den erforderlichen Abschied vom Ingenieurberuf vor sich her. Da weiß er längst, daß er dieses Leben nicht will, und er studiert weiter. Da legt er Prüfungen ab und bewirbt sich noch als Wissenschaftlicher Mitarbeiter bei der Technischen Hochschule, da besucht und besucht er diese Mutter, mit der er längst nichts mehr zu tun haben will, überträgt die Beziehung zu ihr auf seine Ehefrau. Als er dann endlich den Weg zu sich gefunden zu haben glaubt, bricht er aus seiner Ehe aus – und seine Frau, der zweite Sieger beim Wettlauf um die Selbstbefreiung, bringt sich um.

Diese Beschädigungen, die Familien Menschen zufügen! Ich bin in keiner zerstörten Familie aufgewachsen, ich habe weder meinen Vater noch meine Mutter besonders dominant empfunden. Ich habe auch meinen Eltern manchmal Vorwürfe gemacht, daß sie mich auf den Lebensweg eines Beamten brachten, obwohl ich niemals ein Beamter sein wollte. Es war doch keine böse Absicht, sagten meine Eltern dann, wir wollten nur das Beste für dich, Sicherheit des Arbeitsplatzes und ein geregeltes Einkommen. Jahrzehntelang hielt ich mich daran fest, wagte es nicht, mich aus diesem Dienstverhältnis zu lösen. Auch als ich längst von meiner Arbeit als Schriftsteller hätte leben können.

Fortschreibung einmal entstandener Strukturen. Der Veränderungswunsch, den ich immer vor mir her schiebe. Bis der Leidensdruck unerträglich wird. Als es mir physisch und psychisch einfach unmöglich wurde, weiter hinter einem Amtsschreibtisch zu sitzen, endete meine Beamtenlaufbahn auf die gesetzlich geregelte Weise.

Muß es immer erst zu Katastrophen kommen, damit Menschen sich verändern?

Otto C. fängt an, über sein Leben nachzudenken, als seine Frau schwer erkrankt.

John Z. wird durch einen Zufall und Arbeitsunfälle zur Veränderung gedrängt.

Paul G. entscheidet sich unter dem Scheidungsschock für ein anderes Leben.

Reinhard K. wagt erst nach dem Tod seiner Mutter und dem Selbstmord seiner Ehefrau den Abschied vom Ingenieurberuf.

Ist das nur möglich, wenn man mit einem *gesunden* Egoismus ausgestattet ist, der im Zweifelsfall auch über Leichen geht?

»Wenn ich das Leben mit ihr weitergeführt hätte, wäre *ich* irgendwann vor die Hunde gegangen . . .«, sagt Reinhard.

Sollten meine Veränderungshemmungen daran liegen, daß ich zu diesem »Entweder-Oder« so gut wie nie fähig war?

Suche ich immer so lange wie möglich das »Sowohl-Als auch«?

Den Kompromiß? Ist das noch immer der Kleine Mann, den mir meine Eltern bei der Sozialisation ins Gehirn gesetzt haben? Diese Ängste und diese Zweifel. Dieses Hin- und Hergerissensein zwischen Wünschen, deren Erfüllungen einander ausschließen. Der Regen draußen fällt fadendünn noch immer aus niedrig hängenden Wolken, die vom Saalach-See kommen und in Richtung Bad Reichenhall ziehen. Am liebsten würde ich meine Sachen einpacken und nach Dortmund fahren. Wenn diese Stadt nur nicht so wäre, wie sie ist.
WEITER VERSUCHEN, AUS FREMDEN ERFAHRUNGEN ZU LERNEN UND MEHR ÜBER SICH HERAUSZUFINDEN! (So schnell gebe ich das nicht auf.)

10

Die Kirche als ästhetisches Phänomen:

Gesprächsprotokoll Peter F., 35 Jahre,
früher Mönch und Theologe – jetzt Sachbuchautor

Gesprächsprotokoll Peter F.:

»Ich habe das Gefühl, daß ich in Übereinstimmung mit mir selbst lebe . . . Ich kann mich auch in unproduktiven Phasen akzeptieren. Ich bin glücklich, weil ich nicht mehr Sachen nachrenne, die nichts mit mir selbst zu tun haben. Ich laufe auch dem Ruhm nicht nach. Ich lebe nicht mehr auf ein Ideal hin, das man nie erreicht . . .« (Peter F., 35 Jahre alt, früher Mönch und Theologe, jetzt Sachbuchautor)

Das Gespräch fand Ende Januar 1981 in der Vierraumwohnung in F. statt. Die großen Räume der Altbauwohnung in der City waren zweckmäßig, wenngleich nur mit den nötigsten Möbeln eingerichtet. Eine Anzahl Zimmerpflanzen schuf eine nahezu gemütliche Atmosphäre. Einige Ölbilder – meist Männerakte – deuteten unaufdringlich darauf hin, daß sich Peter F. nicht mehr in einer Situation befindet, die ihn dazu zwingt, seine Homosexualität zu verbergen. Obgleich er als Sachbuchautor mit zahlreichen Buchveröffentlichungen über meist kulturelle und kirchenpolitische Themen – darunter Katholica – ein zufriedenstellendes Einkommen erzielt, war die Wohnung am Tage unseres Gesprächs lediglich auf ca. siebzehn Grad geheizt. Als Peter bemerkte, daß ich fror, schaltete er einen Heizlüfter ein. Zuvor hatte er in einem dicken Pullover und einem Schal an der Schreibmaschine gesessen und sich wohl gefühlt.

KÖRNER: Ich kenne viele Menschen, die vor den Zuständen in einer sie immer mehr beängstigenden Welt am liebsten in ein Kloster flüchten würden – oder in einen anderen sakralen Bereich, wo sie zu sich finden können –, und Sie waren in diesem sakralen Bereich, in einem Kloster, und sind in die Welt geflüchtet. Manchmal frage ich mich bei diesen ganzen Veränderungen, ob sie nicht nur einen Gedanken von Tagore illustrieren . . .
PETER: Und der wäre?

KÖRNER: Dieses Ufer des Flusses seufzt und sagt, alles Glück liegt auf der anderen Seite . . .

PETER: Was Sie zuvor sagten, Flucht, das könnte schon über meinem Leben stehen . . .

KÖRNER: Flucht ins Kloster oder Flucht aus dem Kloster?

PETER: Ich glaube nicht, daß das nur zwei Ufer waren, das war ein viel komplizierterer Prozeß, eine Anzahl von Fluchten.

KÖRNER: Wie kommt man eigentlich dazu, eine solche Entscheidung, die nach landläufiger Auffassung eine Entscheidung für das Leben ist, zu revidieren – wie kommt man dazu, so eine Entscheidung überhaupt erst zu treffen ?

PETER: Daß ich mich zum Eintritt in den Mönchsorden entschlossen habe, hat sehr viel mit Flucht zu tun. Nur setzt diese Flucht sehr viel früher ein. Selbst in meinen frühesten Erinnerungen, als ich vier oder fünf Jahre war, wollte ich Geistlicher werden. Das war ein vager Begriff, ich konnte noch nicht wissen, was das war, aber ich wollte Priester werden.

KÖRNER: Haben Sie Priester in der Familie?

PETER: Nein. Aber meine Mutter hat das immer gefördert, sie hat das anderen Leuten immer stolz erzählt, daß ich Priester würde, mit dem Brustton tiefer Zufriedenheit.

KÖRNER: Ist Ihre Mutter fromm katholisch?

PETER: Meine Mutter ist, was man eine praktizierende Katholikin nennt, gut katholisch, in einem kleinbürgerlichen katholischen Milieu groß geworden. Mein Vater ist auch katholisch, er hat aber, bevor wir Kinder geboren waren, nicht so häufig praktiziert, danach aber wieder häufiger. Als religiöses Vorbild ist mir mein Vater in meiner Kindheit nie so begegnet . . .

KÖRNER: War er überhaupt ein Vorbild?

PETER: Mein Vater verschwindet ziemlich in meiner Erinnerung. Meine Mutter ist die große Dominierende . . .

KÖRNER: Hat Ihr Vater die Kinder nicht geliebt?

PETER: Weder geliebt noch gehaßt. Für mich war mein Vater eine Randfigur. Ich habe weder an liebevolle Zuwendung noch an zornige Abwendung Erinnerungen. Meine Mutter, da ist mehr geblieben. Wenn ich so Erinnerungen an meine Kinderzeit aufsteigen lasse . . . Ich war schon als Kind stolz, wenn ich in der Fastenzeit keine Bonbons gegessen hatte. Da war ich für meine Mutter ein liebes Kind, ein braves Kind.

KÖRNER: Wir haben vorhin von Flucht gesprochen. Flucht wovor?
PETER: Alles, was für mich Kirche war: Das Gebäude, Gottesdienst, Weihrauch, die Gewänder, das hat auf mich eine außerordentliche Faszination ausgeübt. Das war eine Welt, in die ich aus meiner kleinen Alltäglichkeit eintauchen konnte. Das war . . . das war eine heile Märchenwelt. Das war wie eine große Oper. Wenn ich in der Kirche war . . . ich kann das an einem Beispiel klarmachen: In der Kirche sind ja Kniebänke . . . Wenn die Orgel spielte, zu Beginn oder nach der Messe, und der Organist spielte die tiefen Bässe, dann waren die Geräusche nicht nur zu hören, sondern auch zu fühlen. Nicht nur das Holz vibrierte, auch mein Körper vibrierte. So war mein Verhältnis zur Kirche. Dieses Verhältnis war ein körperliches. Das war in meiner frühesten Kindheit so, und das verstärkte sich noch nach einem Umzug mit meinen Eltern 1954 nach B. Dort gab es ein Franziskanerkloster, und die kleine Stadt war ein Wallfahrtsort.
KÖRNER: War die Kirche schöner oder die Orgel größer . . .
PETER: Da gab es eine barocke Pfarrkirche für die Gemeinde und auch für die Pilger. Es gab dort großartige Gottesdienste. Ich wurde sofort Mitglied des Knabenchors, ich sang in einem langen Gewand lateinische Choräle, die Kirche roch nach Kerzen, Weihrauch und Menschenausdünstungen, die Levitenämter . . . das waren Wagner-Opern. Zu diesen Reizen kam, daß ich mich in der neuen Stadt, am neuen Wohnort als Fremder fühlte. Ich war plötzlich in ein Exil gekommen . . . die anderen Kinder mochten mich nicht. Ich hatte einen schweren Sprachfehler, die Kinder machten sich über mich lustig, ich fand auch keinen Rückhalt bei den Lehrern, ich erinnere mich noch daran, daß ich 1955, da war ich neun Jahre alt, auf einem Elternabend in einem großen Saal auf die Bühne treten und ein Gedicht aufsagen mußte. Das hörte sich dann etwa so an: Herausch, herausch, herausch ausch dem Hausch, herausch ausch den Schtuben, ihr Mädchen und Buben . . . Das hatte zur Folge, daß mir die Kinder in der Stadt ein ganzes Jahr lang auf den Straßen diesen Vers nachriefen, wenn sie mich irgendwo sahen . . .
KÖRNER: Sigmatismus?
PETER: Ich weiß nicht! Die Zunge war irgendwie nach links gerutscht, ich habe das später dann behandeln lassen . . .

KÖRNER: Operativ?

PETER: Nein! Durch eine Logopädin! Da war ich vierzehn oder fünfzehn, das hat die Krankenkasse bezahlt . . . Dieses Gefühl, von den anderen Kindern nicht akzeptiert zu werden, das machte diese Sonderwelt für mich noch viel faszinierender. In dem kirchlichen Milieu fühlte ich mich geborgen. Da hatte ich etwas, das die anderen Kinder nicht hatten. Da träumte ich viel. Da fing ich auch an, für mich selbst zu dichten. Ich baute mir sozusagen meine Privatwelt, mein kleines Heil. Der Wunsch, ins Kloster zu gehen, kam dann in der Begegnung mit den Franziskanern. Heute ist mir klar, daß dabei die Triebfeder nicht die Suche nach dem Sinn des Lebens war oder so etwas; theologische Fragen wie die Frage nach dem gerechten Gott, nach dem Leben in der Ewigkeit, das hat mich nie interessiert. Für mich war das alles selbstverständlich. Ich hatte da keine Fragen. Bei mir ist das nie so gelaufen wie bei Tilmann Moser, der das in der ›Gottesvergiftung‹ schreibt, wie er Probleme mit seinem Gott bekam. Ich hatte keine Probleme mit Gott. Gott war eine Selbstverständlichkeit. Ich hatte weder Zweifel noch war ich ideologisch vom Katholizismus fasziniert. Was mich faszinierte, war das Milieu, und der Entschluß, in den Orden einzutreten, geschah in der Absicht, in diesem Milieu eine Stellung einzunehmen, in der ich jemand darstellte nach außen hin – denn als Kind war ich ja ein Verfemter – und in der ich alle Entbehrungen, die ich als Kind erlitten hatte, wieder wettmachen konnte durch Ästhetik. Im Grunde war das ein Entschluß, ästhetisch zu leben, also schön in einer Kutte herumzulaufen, Gottesdienste zu feiern, schöne Predigten zu halten und ein Leben zu haben nach einer Ordensregel, ein Leben, das geordnet ist. Schön und geordnet, das konnte ich meiner banalen Kindheit entgegensetzen . . .

KÖRNER: Und einer als feindlich empfundenen Welt?

PETER: Ja! – Obwohl, als Fünfzehn-, Sechzehnjähriger hatte ich keine Feinde mehr. Ich hatte mich für das Neusprachliche Gymnasium entschieden . . .

KÖRNER: Im Wissen um das spätere Leben für die Kirche . . .

PETER: Ja! Und ich war auch immer stolz darauf. Ich war auf einem Gymnasium, das auch von vielen protestantischen Schülern besucht wurde, ich war für Lehrer wie Schüler manchmal eine exotische Gestalt, ich hatte eine Außenseiterposition, aber ich war auf diese Außenseiterposition stolz. In der Oberstufe habe ich mich immer dunkel gekleidet, ich habe meine Außenseiterposition sozusagen stilisiert. Ich habe in der Oberstufe sehr viel Lust daraus gezogen. Und 1966 bin ich dann nach dem Abitur in einen Orden eingetreten ...

KÖRNER: Bei den Franziskanern ...

PETER: Nein, das wollte ich, aber da habe ich die Absicht geändert.

KÖRNER: Das Abitur haben Sie mit achtzehn gemacht?

PETER: Nein, mit zwanzig. Ich bin ein Jahr später eingeschult, und ich bin einmal sitzengeblieben. Ich hatte in der Pubertät eine Lernkrise, da habe ich meine Eltern flehentlich gebeten, mich in ein Internat zu schicken, ich wäre am liebsten allein in eine Großstadt gegangen, aber das haben meine Eltern nicht zugelassen. Ich habe damals auch mein erstes Hörspiel geschrieben, über den Weltuntergang, aber das hat der Funk nicht gesendet, das war zu plakativ. Da bin ich mit drei Fünfen hängengeblieben ...

KÖRNER: Wie war das mit der Pubertät? War da diese Irritierung, dieses veränderte Interesse an Mädchen, oder hat das die selbstgewählte künftige Rolle des Mönchs abgeblockt?

PETER: Die Sexualität ist ein ganz wichtiger Punkt, zumal ich homosexuell bin ...

KÖRNER: Haben Sie das damals schon gewußt?

PETER: Ich kannte den Begriff Homosexualität ganz sicher nicht. In meinen Kinderphantasien spielten Männer und Jungen schon eine Rolle, aber das war eine prickelnde Erotik, die sich nicht an Genitalien festmachte. Das hat sich aber von der Pubertät bis zum Abitur nicht verstärkt, ich nehme an, daß ich da sehr gut funktionierende Verdrängungsmechanismen hatte. Ich kann mich jedoch daran erinnern, daß ich Michelangelo-Figuren abgezeichnet habe, das war aber alles. Nach dem Abitur bin ich in den Orden eingetreten, da ging es eigentlich Schlag auf Schlag. Der Orden hatte gerade in einem Studentenwohnheim in M. einen Gebäudetrakt gemietet ... ich war zu den Dominikanern gegangen ...

KÖRNER: Warum gerade in diesen Orden?

PETER: Das ist eine interessante Frage! – Ich hatte ja guten Kontakt mit den Franziskanern gehabt, aber gegen die hatte ich plötzlich etwas ...

KÖRNER: Wie waren denn die Gewänder Ihres Ordens?

PETER: Ja, die Gewänder waren sehr schön!

KÖRNER: Schöner als die Gewänder der Franziskaner?
PETER: Oh ja, viel schöner! Die Franziskaner haben ja braune Kutten. Ich habe dann während meiner Schulzeit, in der Mittelstufe, Dominikaner gesehen, und das hat mich fasziniert. Die dünnstoffigen, weiten, weißen, sinnlichen Kutten und die großen, schwarzen Predigermäntel . . . da wollte ich Dominikaner werden. Ich lernte da bei einer Stadtmission Mönche kennen und war stolz darauf, daß sie mit einem Jungen wie mir überhaupt sprachen, aber die hatten natürlich auch ein Interesse daran, Nachwuchs für den Orden zu bekommen . . . Ich bin dann nach dem Abitur dort eingetreten. Da gab es eine Art Probejahr. Man wurde eingekleidet, und man machte irgendwann Gelübde . . . da macht man nach dem Noviziat erst die kleinen Gelübde für drei Jahre und kann das noch mal wiederholen . . . dann macht man nach einiger Zeit die ewigen Gelübde, für dauernd . . . Ich bin da also eingetreten und habe dann studiert . . .
KÖRNER: Theologie? Haben Sie im Kloster gelebt?
PETER: Ich lebte im Studentenwohnheim, in diesem Flügel, den der Orden gemietet hatte, und da gerieten die Dinge dann in Bewegung. Da begann wieder eine Flucht . . .
KÖRNER: Was heißt das konkret?
PETER: Ich habe wieder ein bißchen geschrieben, fühlte mich auch zur Germanistik hingezogen, ich habe auch Vorlesungen gehört . . .
KÖRNER: Wie das? Welche Fachrichtung hatten Sie belegt?
PETER: Theologie und Philosophie und ein bißchen Germanistik, ich habe überall mal reingehört, hauptsächlich natürlich Theologie, da habe ich auch meine Scheine gemacht. Ich hatte vor, irgendwann später mal einen Lehrstuhl in Theologie zu kriegen. Das Studentenheim war allen Konfessionen und Fakultäten offen. Das ist auch so eine Sache, das Studentenheim stand allen offen, aber der Orden stellte den Heimleiter, weil der Träger des Studentenwohnheims katholisch war. Ich wurde zum Kon-Senior des Studentenwohnheims gewählt, ich wurde Studentenvertreter gegenüber dem Heimleiter, und der Heimleiter war mein Ordensoberer . . . da kam es zu den ersten großen Konflikten. Ich lehnte mich gegen den Ordensoberen auf, der Orden wollte mich in Rom weiterstudieren lassen, das wollte ich nicht, da begann eine Entfremdung . . . Da war nicht mehr wie früher ein vages Milieu,

das mir Geborgenheit schenkte, sondern da waren konkrete Strukturen, mit denen ich mich auseinandersetzen mußte . . .

KÖRNER: Sie studierten natürlich in Zivil?

PETER: Das kam auch dazu . . . Ich hatte nicht das, was etwa ein Trappist hat, ich lebte in einem Studentenwohnheim mit nur wenig klösterlichem Ritual. Da lernte ich einen Studenten kennen, der ist jetzt Redakteur, mit dem zusammen habe ich Lyrik verfaßt, die haben wir an eine Zeitung geschickt und die wurde gedruckt, daraufhin meldete sich ein Verlag, da habe ich mein erstes Buch gemacht, das hatte überhaupt nichts mit dem zu tun, was ich heute schreibe, aber das gab mir Auftrieb, das gab mir . . . ja, im Grunde das, was mir vorher die Kirche gegeben hatte.

KÖRNER: Sie blieben aber im Orden?

PETER: Ja, natürlich! – Dann kam ein zweites großes Ereignis, das, was man in der Soziologie ein homosexuelles coming out nennt, ich konnte nicht mehr umhin, meine Homosexualität zu übersehen. Zuerst dachte ich, Homosexualität oder nicht, ich bin ja zölibatär, aber das wurde immer stärker . . . ich konnte nicht mehr über die Straße gehen, ohne einem Mann auf die Hose zu gucken. Ich hatte damals wunde Augen, ich dachte, wenn das so weitergeht, drehe ich noch durch . . .

KÖRNER: Beichtet man so was?

PETER: Ich habe damals nur vereinzelt gebeichtet! Ich habe aufgehört zu beichten, als ich im coming out drin war . . .

KÖRNER: Ist das möglich, im Orden zu leben und nicht zu beichten?

PETER: Die Beichte war damals bei Theologiestudenten in Frage gestellt. Ein Theologiestudent, der ein bißchen auf sich hielt, der beichtete nicht mehr . . . Da brach meine Sexualität voll aus. Ich stand in einem Museum, da war ein junger Italiener, der guckte mich an, und ich guckte ihn an, und wir haben die Nacht miteinander geschlafen, da hatte ich wieder etwas Faszinierendes, die Sexualität war *die* Explosion. Ich habe dann die nächsten Monate und Jahre hauptsächlich damit verbracht, Sex zu machen . . . da habe ich mit einigen hundert Männern geschlafen . . .

KÖRNER: Ohne daß es Schwierigkeiten im Orden gab?

PETER: Es gab schon Schwierigkeiten! Das war 1968, als ich diese Phase hatte, da kriselte es stark mit meinem Ordensoberen im Studentenwohnheim . . . aber das war eine Autoritätskrise . . . Ich zog dann mit einem Studenten, der schon Gelübde hatte, in eine Wohnung in der Nähe des Heims. Der Student war aber nicht schwul ... Er ist ein Jahr später aus dem Orden ausgetreten und hat geheiratet, und da war ich allein. Ich gehörte noch dem Orden an und habe im Laufe der nächsten Jahre Gelübde abgelegt ... ich blieb im Orden drin, habe aber privat gewohnt und habe dann 1971 einen Schauspieler kennengelernt, mit dem bin ich zusammengezogen ...

KÖRNER: Obwohl die Gelübde den Zölibat einschlossen?

PETER: Ja. Ich habe durchaus geglaubt, daß das nicht im Widerspruch zu einer christlichen Ethik stand. Das war auch Meinung einiger Moraltheologen. Der Zölibat ist eine kirchenrechtliche Angelegenheit. Die Keuschheit dagegen ... die beinhaltet ein verantwortungsvolles Umgehen mit der Sexualität, und ich verstand meinen Umgang als verantwortungsvoll ...

KÖRNER: Nennt man so was Kasuistik?

PETER: Ich konnte mich so durchlavieren ... Hinzu kam, daß ich mit holländischen Studenten, die auch meinem Orden angehörten, Kontakt hatte, und deren Studienhaus lag in Amsterdam im Viertel der Nachtclubs, da erlebte ich dann, daß ein Teil dieser Studenten auch homosexuell war. Das war eine Befreiung, als ich eines Nachts gleichaltrige Angehörige meines Ordens im Homosexuellen-Club tanzen sah. Da merkte ich, ja, das brauchte kein Gegensatz zu sein, mein Ordensmilieu und Homosexualität. Ich hatte keinerlei Ängste, weil ich da auch Homosexuelle wiedertraf. Ich habe zwar Konflikte erlebt im Orden ...

KÖRNER: Doch nicht offen ausgetragene Konflikte wegen der Homosexualität ...

PETER: Aber ja, wenn da einer sagte, ich will mit meinem Freund zusammenwohnen. Ich habe mich da immer rausgehalten ...

KÖRNER: Wie reagierten denn die Ordensoberen auf Ihre Homosexualität?

PETER: Das kam nie zur Sprache und war offiziell nicht bekannt. – Mein Studium klappte dann überhaupt nicht mehr. Ich hatte keine Lust zum Studium mehr ... ich hatte alle Scheine und inzwischen meine Diplomarbeit geschrieben ...

KÖRNER: Welches Thema?

PETER: Über Wittgenstein. Ich bin dann in ein Kloster meines Ordens gegangen, ich hatte mit einem Freund zusammengelebt, und die Beziehung war mir zu eng geworden, da bin ich in das Kloster gezogen, aber da war ein sehr konservativer Oberer, und da brachen die Konflikte auf, die schon lange hätten aufbrechen müssen. Für mich war das Kloster eine ästhetische Sache, schöner Gottesdienst, schöne Kirche, altes Kloster, für mich war es das Größte, morgens einen Chormantel aus dem 15. Jahrhundert anzuhaben, mittags nach Berlin zu fliegen und abends in der S-Bahn-Quelle in Berlin in Lederklamotten aufzutauchen . . .

KÖRNER: Eine homosexuelle Lust?

PETER: Unbedingt! Ich war vorgestern mit einem Freund in einem Film mit Mae West, und als wir rauskamen, sagte mein Freund, so wie Mae West möchte eigentlich jeder Schwule sein. Der Kontrast zwischen Chormantel und Leder, das war schon eine große Lust für mich. Nur trug diese Lust auf Dauer nicht, die nutzte sich ab . . .

KÖRNER: Suchen Sie in der Homosexualität das Ritual?

PETER: Ich weiß nicht! – Vielleicht das Ritual in der Kneipe! Das hatte schon etwas Gottesdienstähnliches . . . Mich hat die Ungezwungenheit im Umgang mit der Sexualität fasziniert. Hier wurde nicht von Liebe geredet, hier wurden ganz klare Geschäftsbedingungen geschaffen, das fasziniert mich jetzt immer noch, muß ich sagen. Ich bin skeptisch gegenüber der Totalisierung der Sexualität, ich bin skeptisch gegenüber der Genitalisierung der Sexualität, ich habe aber nicht weniger starke Vorbehalte gegenüber dem Scheinromantizismus und einem Umgang mit der Sexualität, der darin besteht, Gefühle vorzutäuschen, die nicht da sind . . . wo von Liebe geredet und Sexualität gemeint wird. Und in der Lederszene gibt es diese Ehrlichkeit, da wird, wenn man *Sexualität* will, auch von *Sexualität* geredet . . . Damals bedingte für mich die Lust am Chormantel die Lust am Leder und umgekehrt, das eine bedingte das andere. Aber das nutzte sich ab wie ein Bild, das man dauernd anguckt, und mein Gewissen schlug auch ein bißchen . . .

KÖRNER: Weshalb?

PETER: Durch die Leute auf dem Dorf. Für die Menschen auf dem Dorf, in dem das Kloster lag, für die war ich ein Priester, und ich sah, wie sie an meinen Lippen hingen, wenn ich etwas sagte. Ich kam mir vor wie ein bigotter Mönch, wie es ihn schon seit Jahrtausenden gibt . . . Im Grunde kehrte ich mich nicht gegen die Kirche, sondern ich kehrte mich damit gegen die Menschen, die mir Glauben schenkten. Das konnte ich diesen Menschen gegenüber nicht verantworten. Zum Knall kam es dann aber nicht deshalb, sondern wegen einiger harter Konflikte im Kloster. Mein Freund besuchte mich einige Male, ich bestand darauf, daß er in meinem Bett schlief, aber es war immer für ihn ein Gästezimmer bereitet. Da kam im Kloster so was wie Eifersucht auf und Angst, daß die Haushälterin, die die Betten machte, sehen konnte, daß da etwas nicht stimmte. Der zweite Grund war, daß Chorgebete eingeführt werden sollten. Ich sagte da, daß ich das gern mitmachen würde, aber ich könne es nur unter ästhetischem Aspekt mitmachen, für mein Leben spiele es überhaupt keine Rolle ... Das spitzte sich dann zu. An einem Sonntag ließ ein Freund sein Kind bei mir taufen, ich habe das Kind am Mittag getauft, und danach habe ich mich mit ihm in den Wagen gesetzt, bin mit ihm weggefahren und nicht mehr ins Kloster zurückgekehrt. Ich bin aus dem Orden ausgetreten. Das hatte ich eine Woche zuvor schon im Orden besprochen ...

KÖRNER: Wie reagierten da die Ordensoberen?

PETER: Da war eine gewisse Erleichterung zu spüren. Der Provinzobere sagte, da wäre ja alles klar, er hat ein Kreuz geschlagen, und ich bin gegangen. Das war für mich erst eine ganz große Befreiung. Ich habe ein paar Tage bei dem Freund gewohnt, dessen Kind ich getauft hatte, dann bei anderen Leuten ...

KÖRNER: Studierten Sie noch?

PETER: Nein! Ich war noch immatrikuliert, aber ich hatte mich dazu entschieden, vom Schreiben zu leben. Ich hatte schon zuvor laufend Arbeiten an Zeitungen und Zeitschriften verkauft und arbeitete an einem Sachbuch ... ich wollte davon leben ...

KÖRNER: Verdienten Sie schon so viel, daß Sie davon leben konnten?

PETER: Überhaupt nicht! Aber ich war so voll Abenteuerlust, ich fühlte mich wie befreit. Ich bekam vom Orden eine Übergangsbeihilfe ... die Ängste tauchten erst später auf, als ich mir eine Wohnung genommen hatte. Da merkte ich plötzlich, ich hatte eine Heimat verloren. Ich bekam plötzlich Armschmerzen und Herzschmerzen, ich habe mich in die Badewanne gelegt und einen Abschiedsbrief geschrieben, weil ich dachte, in der Nacht würde ich sterben, aber am nächsten Morgen lebte ich noch. Ich hatte in der Folgezeit starke Ängste, die sich an körperlichen Symptomen festmachten. 1974 merkte ich dann am ersten Weihnachtsfest nach meinem Austritt die Nachwehen meiner kirchlichen Vergangenheit. Da war ich über die Weihnachtsfeiertage bei meinem künftigen Verleger eingeladen, bei dem ich mein Buch unter Vertrag hatte, doch es ereignete sich ein Herzinfarkt in der Familie des Verlegers, und er mußte die Einladung telegrafisch absagen. Ich hatte nichts eingekauft und wußte nicht, wo ich hingehen sollte, da wollte ich draußen essen, und alle Lokale waren geschlossen. Als ich durch die Stadt ging, da kamen Leute aus der Christmette, ich hörte die Orgel, sah die Lichter in der Kirche und hörte die Glocken, da merkte ich, ich hatte die Heimat verloren. Die emotionale Heimat, nicht die ideologische. Da setzte in der Folge dann ein Haß, eine Abneigung gegen Weihrauch, Kirche und Orgel ein . . .

KÖRNER: Der Haß des Renegaten?

PETER: Ja! – Das hat sich dann wieder gelegt, ich kann jetzt mit gutem Gefühl Gregorianik von der Schallplatte hören und Weihrauch riechen, ohne daß ich zwischen Haß und Liebe hin- und hergerissen würde, aber damals war der Haß sehr stark. Wenn mir da ein Mönch auf der Straße begegnete, besonders im Habit und wenn er noch jünger war, da kriegte ich ein ganz undefinierbares Gefühl. Da gab es Haß, Sehnsucht und Selbsthaß, das war ein Kuddelmuddel an Gefühlen . . . Da mußte ich mir so langsam eine neue Welt zusammenpusseln. Das war nicht einfach . . . Ich mußte zu einer völlig neuen Interpretation der Welt finden. Ich habe da mehrere Phasen durchgemacht, aber so seit zwei Jahren laufe ich nicht mehr irgendwelchen Vätern nach, die mir Geborgenheit geben können, oder irgendwelchen Müttern, ich kann auch das Unbehaustsein einigermaßen verkraften. Ich bin erwachsen geworden. Ich habe wenig festen Halt, aber ich kann ohne festen Halt besser leben als mit festem Halt. Das ist meine Art zu leben . . .

KÖRNER: Was panzert, das behindert auch die Beweglichkeit?

PETER: Das ist wie eine Mutter, die dich an die Hand nimmt. Sie hält dich fest und gibt dir Geborgenheit, aber sie hindert dich auch daran, über die Straße zu laufen.

KÖRNER: Die Antinomie zwischen Sicherheit und Freiheit?

PETER: Das ist ein Spannungszustand! – Ich habe seit einigen Jahren eine homosexuelle Beziehung, da ist das Bedürfnis nach Distanz und das Bedürfnis nach Nähe. Das überkreuzt sich und ist manchmal zeitlich verschoben, früher hat mich das geärgert, da sagte ich: Entweder-oder, aber das ist vorbei. Die Angst vor dem Aufgefressenwerden und die Angst vor dem Verlassenwerden, wenn man das in die Beziehung einbezieht, relativieren sich diese Ängste.

KÖRNER: Das war für mich auch immer ein Problem . . .

PETER: Das ist in der Homosexualität einfacher als bei Heterosexuellen mit ihrem Ehemodell . . .

KÖRNER: . . . das viel Verwirrung schafft. Dafür hat der Homosexuelle die Problematik der Angst vor dem Altern . . . das wird wohl dann sehr hart.

PETER: Die Aufsteigermentalität des Homosexuellen kommt nicht von ungefähr . . . Aber das Werben haben Heterosexuelle und Homosexuelle gemeinsam . . . vielleicht hat der Homosexuelle mehr Möglichkeiten, außerhalb der kleinbürgerlichen Moralvorstellungen seine eigenen Gesetze zu schaffen . . . Jeder in einer Randgruppe hat die Chance, sich außerhalb der bürgerlichen Vorstellungen seine eigene Welt zu bilden. Die Frage ist, ob er es immer tut . . .

KÖRNER: Würden Sie sich für glücklich halten?

PETER: Ja! – Ich habe das Gefühl, daß ich in Übereinstimmung mit mir selbst lebe. Das heißt, ich bin nicht happy, ich habe viele ungelöste Fragen, aber ich kann mich auch in unproduktiven Phasen akzeptieren. Ich bin glücklich, weil ich nicht mehr Sachen nachrenne, die nichts mit mir selbst zu tun haben. Ich laufe auch dem Ruhm nicht nach. Ich lebe nicht mehr auf ein Ideal hin, das man nie erreicht . . .

11

Bad Reichenhall im Februar: Kindheit, süßer Horror und der lange Weg zum Ich

Auf dem Rückweg einer Wanderung von Bad Reichenhall Richtung Salzburg beginnt dichter Schnee zu fallen. Kraftfahrer, die am Vormittag lächelnd und entspannt hinter den Lenkrädern saßen und (machen die Berge Menschen freundlich?) nicht begreifen wollten, daß ich tatsächlich zu Fuß auf der Bundesstraße laufen wollte und dankend darauf verzichtete, in ihrem Wagen mitgenommen zu werden, sitzen jetzt ängstlich verkrampft wie Affen in Weltraumkapseln in ihren Fahrzeugen, die sich mit abgeblendeten Scheinwerfern vorsichtig im Schrittempo über die Landstraße tasten – ist das Angst um das eigene Leben oder Angst um die teure Karosserie? Ohne viel Federlesen schafft die *Natur,* was staatliche Verordnungen bei Beginn der Ölkrise nicht schafften: Deutsche, richtige Deutsche aus der Bundesrepublik, fahren langsam, vorsichtig, vernünftig.
Natur: Wenn sie mal wirklich zeigt, daß sie noch da ist, nur durch eine hauchdünne Schicht von Zivilisation kaschiert, durch die sie jederzeit brechen kann, wie spielerisch ihre Zähne zeigend oder die fortschrittlichste, technisch höchstentwickelte menschliche Zivilisation, die der USA, über Nacht unter dicken Eisschichten lähmend, wird mir regelmäßig klar, daß meine Sehnsucht nach Natur, nach sauberer, unzerstörter Landschaft immer nur eine durch menschliche Technik befriedete Natur meint, nicht die extreme, unbeherrschte, in der Abel Reilhan[1] zerrieben wird.
Nicht die Natur, die Kultur schafft Kindheiten:

Herausch, herausch,
herausch ausch dem Hausch . . .

Ein Gedichtanfang, ein paar Wörter, von einem unverständigen Lehrer einem sprachgestörten Kinde abverlangt, formen ein Menschenleben dreißig Jahre lang.
Was war denn das für ein Elternhaus, das diesen Peter in die Sprachstörung flüchten ließ? Merkte er, daß er in dieser ihn nicht

1 J. Charriere, ›Der Sperber von Maheux‹, Heidelberg 1980

liebenden Welt keine große Chance hatte, zu Worte zu kommen? Angst, Rückzug, Flucht, Sehnsucht nach dem sakralen Raum, der zum Schonraum wird, in dem der Horror, den Kinder dem auffälligen Kind bereiten, Peter durch die Liebe Gottes (und die Konvention, die Kirche = der Schutzraum!) erspart bleibt, dieser Schonraum, der für den Jungen zum Wartesaal wird, bis er stark genug ist, ja zu sich und seiner eigenen Homosexualität zu sagen?

Wie mir dieses Gesprächsprotokoll zur Illustration des alltäglichen Grauens wird, das wir in unserer lieblosen Gesellschaft Kindern bereiten! Wie da die Neurose von den Eltern gepflanzt und von den Mitmenschen gedüngt und begossen wird!

Hängt es mit der Kindheit zusammen, wenn Menschen in eine Lebenswirklichkeit geraten, die ihnen irgendwann so unerträglich vorkommt, daß die Sehnsucht nach Veränderung immer stärker wird, die Wirklichkeit zur Wirklichkeit des Leidens gerinnt, die den Veränderungswunsch nährt und nährt, bis er schließlich in einen Bardo-Zustand[2] umschlägt, aus dem es keinen Rückweg in die alten Strukturen mehr gibt, sondern nur noch den Weg nach vorn, den Weg in die Veränderung?

Mehr und mehr wird mir klar, daß es für mich keine Rückkehr in mein altes Leben und die mit ihm verbundenen Gewohnheiten gibt, wenn ich nicht hinter meine Einsicht zurückfallen will, daß dieses Leben unerträglich und sinnlos ist, träge Fortschreibung einmal gefundener, gewachsener, mir aufgezwungener Strukturen wäre, vielleicht aus den traumatischen Erfahrungen einer Kindheit geboren, die Weichen stellt zu Lebenswegen, die sich irgendwann als Holzwege erweisen.

Kindheiten: John Z., 34 Jahre alt, für eine Stange Zigaretten gezeugt, vom Vater ungeliebt, Elektromaschinenbauer wider Willen? Paul G., 48 Jahre alt, Flüchtlingskind aus einer Kaufmannsfamilie, wahrscheinlich durch die sozialen Verhältnisse im Elternhaus in die Schlosserlehre gezwungen, Fließbandarbeiter wider Willen? Peter F., 35 Jahre alt, Kind eines indifferenten Vaters und einer dominanten Mutter, durch Angst in die Sprachstörung, von der Sprachstörung in die Kirche getrieben, Mönch und Theologe wider Willen?

2 ›Das Tibetanische Totenbuch oder Die Nachtod-Erfahrungen auf der Bardo-Stufe‹, Olten 1971

Reinhard K., 34 Jahre alt, Kind in einer zerstörten Familie, von der Mutter in eine Neurose, von der Neurose in die Bundeswehr getrieben? Soldat mit falschen Vorstellungen? Ingenieur wider Willen?
Dieter R., 34 Jahre, vom sicherheitsbesessenen Vater in die Beamtenlaufbahn gezwungen, Beamter wider Willen?
Ist die Veränderung in der Lebensmitte, die gewöhnlich als *Krise* aufgefaßt wird, in Wirklichkeit deren Ende? Die Korrektur eines Kurses, auf den ein Mensch durch widrige Umstände gerät, den er gedankenlos, aus Schwäche, Unsicherheit, Gewohnheit so lange fortsetzt, bis ihn der Leidensdruck zur Veränderung zwingt?
Welche Möglichkeiten hatte Peter denn in seiner Kindheit? Wählte er den Weg des Mönchs und das Theologie-Studium, oder nährten Eltern die Neurose, und die Neurose wählte das Kloster als Schonraum?
Aber nicht um Neurose oder Nicht-Neurose geht es mir hier, nicht um naive Alltagspsychologie, deren Fragwürdigkeit Uwe Laucken[3] sehr überzeugend dargestellt hat, sondern darum, eigene Erfahrungen mit fremdem Erleben zu vergleichen. Es geht auch um MEIN Leben, MEINEN Wunsch nach Veränderung, MEINEN Versuch, herauszufinden, was mich in eine Lebenswirklichkeit gebracht hat, mit der ich unzufrieden bin und die ich verändern werde: Da verbitte ich mir jeglichen Methodenzwang (die Literatur verbietet ihn sich auch): Da berufe ich mich weniger auf Paul Feyerabend[4], vielmehr eher auf die Erfahrung, daß man die Beantwortung der Frage, ob ein Wasserrohr gebrochen ist oder nicht, keinesfalls unbedingt den approbierten Vertretern der Klempner-Innung überläßt, insbesondere dann nicht, wenn einem das Wasser bis zum Hals steht. (Die Klempner haben übrigens der Wissenschaft Psychologie gegenüber den eindeutigen Vorteil, daß sich bei ihrer Innung die Methoden nicht alle drei Wochen ändern und das Handwerk von gestern aus modischen Gründen jeweils bei Bedarf abgetrieben wird.[5])
Kann ich für mein Leben und meine Sehnsucht nach Veränderung von Peter F. etwas lernen?
Da war kein Sprachfehler, da waren die Brandbomben und

3 U. Laucken, ›Naive Verhaltenstheorie‹, Stuttgart 1973
4 P. Feyerabend, ›Wider den Methodenzwang‹, Frankfurt 1976
5 R. Jacoby, ›Soziale Amnesie‹, Frankfurt 1978

Stalinorgeln des Zweiten Weltkriegs, die in den Luftschutzkellern der Festungsstadt Breslau für mich die Schlaflieder brüllten, da waren die Nächte hell von Leuchtkugeln und Christbäumen, da war eine noch größere Helligkeit: die des vom Phosphor genährten Feuers, in dem ganze Straßenzüge abbrannten. Leichenberge, ganze LKW-Ladungen Leichen und eine Mutter, die mit mir Siebenjährigem an der einen Hand, die Hand meiner Schwester und den Käfig mit dem Wellensittich in der anderen unter der brennenden Stadt nach Bombenvolltreffern von einem Luftschutzkeller in den nächsten rennt.
Hört das nie auf? Hält sie mich noch heute an der Hand, so fest, daß ich in ihrer Nähe bleiben möchte, um sie notfalls schützen zu können, wie sie mich schützte? Oder sucht etwas in mir noch immer in ihrer Nähe Schutz?
Der Krieg ist der Vater aller Dinge – sind damit alle Beschädigungen von Menschen gemeint? Flieg, Maikäfer flieg, der Vater ist im Pommernland/abgebrannt – wie sich das fortpflanzt, wie sich da Kausalketten herausformen, ein Glied ins andere verhakt, der Maikäfer, der fliegt und Bomben auf ängstliche Kinder wirft, Väter von Kindern trennt und sie irgendwo im damals noch deutschen Osten im Arbeitslager kaserniert, Panzergräben ausheben läßt, durch Abwesenheit des Vaters die Mutter zur dominanten Figur in der Familie werden läßt, zum einzigen vorhandenen Elternteil. Kindheit als Trennungserfahrung – ist es diese Erfahrung, die mich heute Trennungen fürchten läßt und dazu führt, daß ich immer viel zu lange in Zusammenhängen verharre, die ich längst als unerträglich durchschaue?
John Z., 34 Jahre, ein ungeliebtes Kind, später durch eine ungewollte Schwangerschaft in eine Ehe und zum Geldverdienen in einem ungeliebten Beruf gezwungen, versucht mit einer anderen Frau ein anderes Leben – und sein Weg zu mehr Glück ist nur über das Unglück seiner Frau möglich, er beschädigt wiederum die Seele seiner Kinder, die das Gefühl, vom Vater verlassen zu sein, mit sich schleppen, an ihre Kinder weitergeben: Ist es das, was man Erbsünde nennt?
Reinhard K., 33 Jahre, aus einer zerstörten Familie in die Bundeswehr geraten (was dem einen das Kloster, ist dem anderen die Armee?), von der Bundeswehr frustriert – der Selbstmord der Ehefrau (nein, das ist kein Freitod!) in der Wohnung der

verstorbenen Mutter des Ehemannes ist ein Drama für sich –, läßt sich zum Ingenieur ausbilden und übt diesen Beruf niemals aus: Ändern sich da plötzlich Grundwerte, oder finden Menschen nur irgendwann die Kraft, mit Verhältnissen zu brechen, in die sie durch unglückliche Verkettungen unglücklicher Umstände gelangten? Jedes meiner Gesprächsprotokolle deutet darauf hin, daß da Menschen mehrere Jahrzehnte brauchten, um in den Wartesälen ungeliebter Schonräume Kindheitswunden wenigstens teilweise heilen zu lassen. Jede Frage wirft neue Fragen auf. Wenn das so ist . . .

DIE BESCHÄDIGTE KINDHEIT IST EIN KOLLEKTIVES SCHICKSAL DER DEUTSCHEN MEINER GENERATION – BEFREIT DIE MEISTEN ERST DER TOD AUS DEM WARTESAAL?

12

Von der »Sicherheit« in die »Freiheit«?

Gesprächsprotokoll Dieter R., 34 Jahre, früher Stadtoberinspektor – jetzt Redakteur

Gesprächsprotokoll Dieter R.:

»Für mich ist das Wichtigste im Leben die innere Ausgeglichenheit und die Freude an dem, was man gerade getan hat. Ich kann jedem, der in einen Käfig geraten ist, nur wünschen, daß er die Kraft hat, diesen Käfig zu zerbrechen. Es geht im Leben immer irgendwie weiter. . .«

(Dieter R., 34 Jahre alt, früher Stadtoberinspektor, jetzt Redakteur)

Das Gespräch fand Mitte Oktober 1980 in Dieter R.s Vierzimmerwohnung in B. statt. Dieter bewohnt die Hundert-Quadratmeter-Wohnung seit dem Auszug seiner früheren Verlobten, einer Kindergärtnerin, allein. Der Wohnraum war mit Ledersitzgruppe, Stereo-Anlage, Farbfernsehgerät, Eßtisch mit sechs Stühlen ebenso entsprechend zeitgemäßem gehobenem Konsumstandard eingerichtet wie das Schlafzimmer mit breitem Polsterbett, verspiegeltem Kleiderschrank und Fernsehzweitgerät. Der vierte Raum neben der Einbauküche (Mikrowellenherd, Geschirrspülmaschine) wurde als Abstellkammer genutzt. An den Wänden hingen grafische und fotografische Arbeiten aus großformatigen Kunstkalendern. Mit seinem schulterlangen Haar und seiner Nickelbrille entsprach Dieter in seinem äußeren Erscheinungsbild der Klischeevorstellung von einem Soziologie-Studenten im achten Semester. Er wirkte wesentlich jünger als ein Vierunddreißigjähriger, wozu seine fast mädchenhafte Feingliedrigkeit wesentlich beitrug.

KÖRNER: Das kommt ja wohl nicht gerade häufig vor, daß ein Beamter alle, man sagt dazu wohl »wohlerworbenen Beamtenrechte« aufgibt, um Journalist zu werden. Haben Sie Ihre Entscheidung inzwischen bereut?

DIETER: Keinen Augenblick! Nur meine Beziehung zu meinen Eltern hat darunter sehr gelitten. Es ist so, daß mein Vater noch immer nicht mit mir spricht. Und wenn die Mutter so langsam, aber sicher am Krebs kaputtgeht, ist das manchmal nicht einfach. Man kann aber nicht nur an andere denken, der Beruf, der ist so wichtig für das Leben, davon hängt doch alles ab. Ob man sich glücklich fühlt und ob man zufrieden ist, der Beruf ist doch die wichtigste Schiene im Leben.

KÖRNER: Journalismus und Bürokratie, das liegt doch ziemlich weit auseinander. Wie sind Sie denn in die Verwaltung geraten?

DIETER: Durch meinen Vater. Ich habe erst die Realschule besucht, die Mittlere Reife gemacht, das war, ja, 1963. Da gestaltete sich die Arbeitsplatzsuche nach der Schule schwierig, und ich bin bei einem Rechtsanwalt als Rechtsanwalts- und Notariatsgehilfe untergekommen ...

KÖRNER: Ein schlimmer Beruf, weil viele Anwälte die Gewohnheit haben, nur mit billigen Lehrlingen zu arbeiten, die sie nach der Lehrabschlußprüfung rauswerfen ...

DIETER: Ja, das ist richtig. Wir hatten allerdings einen vorzüglichen Bürovorsteher, bei dem man wirklich was lernen konnte ...

KÖRNER: Haben Sie sich den Beruf ausgesucht?

DIETER: Nein! Mein Vater hat das für mich geregelt. Ich war froh, daß er überhaupt was gefunden hat. Das ist hier nicht so einfach wie in einer Großstadt. Der Bürovorsteher in der Anwaltskanzlei, das war ein Stammtischbruder meines Vaters ...

KÖRNER: Was für einen Beruf hat Ihr Vater?

DIETER: Kriminalpolizeibeamter! Aber inzwischen ist er im Ruhestand. – Ja, beim Anwalt habe ich vorzeitig die Prüfung abgelegt, schon nach zweieinviertel Jahren, da hatte ich den Einberufungsbescheid von der Bundeswehr schon in der Tasche ...

KÖRNER: Achtzehn Monate?

DIETER: Ich habe mich freiwillig länger verpflichtet, damit es wenigstens ein bißchen Geld gab. Ich habe mich für vierundzwanzig Monate verpflichtet. Da hatte ich zuerst die normale Grundausbildung, als Kabelaffe ...

KÖRNER: Als was?

DIETER: Als Fernmelder. Das hat mir nichts ausgemacht, die Grundausbildung, ich hatte zwar gerade so ein mittelprächtiges Schulzeugnis, aber in Sport war ich sehr gut, ich war enorm durchtrainiert. Das hat denen beim Bund irgendwie imponiert, da bin ich Sanitäter geworden. Beim Bund sagt man Nillenflicker oder

Vorhautmechaniker dazu ... Da war ich erst mal in einem Chirurgischen Lazarett, ja, da habe ich mir immer den Film »Mash« vorgestellt, aber die Ausbildung in Erster Hilfe und Krankenpflege war prima, die möchte ich auch jetzt nicht missen, danach Sanitäter. Das ist ein prima eigenständiges Leben, antreten und Appelle und so was, das war überhaupt nicht mehr, ich hab' zuletzt nur noch die Pistolenhülle getragen, Waffe war nicht mehr drin. Von den Haaren abgesehen, war das ein gutes Leben ...

KÖRNER: Was haben die Haare mit dem Sanitätsdienst zu tun?

DIETER: Die langen Haare reduzieren die Verteidigungsbereitschaft, und wer sie sich nicht schneiden lassen wollte, mußte Haarnetze tragen. Dann kam irgendwann der Haarschneide-Erlaß. Meine Unteroffiziersausbildung habe ich während des Oktoberfestes in München gemacht. War schon eine prima Zeit ... Ja, und dann waren die vierundzwanzig Monate vorbei, und die Frage nach dem Beruf stellte sich erneut. Das Anwaltsbüro hätte mich zwar mit Kußhand wieder genommen, aber bei dem Verdienst da, ich hätte überhaupt kein Fortkommen gehabt, es wäre eine einseitige Ausbeutung gewesen. Da hat sich mein Vater wieder darum gekümmert, der wollte eben immer, daß ich eine sichere Bürotätigkeit ausübe ...

KÖRNER: Haben Sie noch Geschwister?

DIETER: Einen Bruder, der ist jetzt vierzig ...

KÖRNER: Was hat der gelernt?

DIETER: Der hat kaufmännischer Angestellter gelernt, ist dann in die Polizeiausbildung gegangen, dort hat er einen Fehler gemacht und das Beamtenverhältnis wurde widerrufen ...

KÖRNER: Was für einen Fehler?

DIETER: Darüber möchte ich nicht sprechen. Er hat danach bei einer Bank angefangen und ist jetzt Filialleiter. Der hat eine tolle Karriere gemacht. Der ist verheiratet, hat zwei Kinder, seine Ehe ist völlig clean – und klinisch tot ...

KÖRNER: Was meinen Sie damit?

DIETER: In der Ehe lebt nichts mehr. Wie bei vielen Ehen, die irgendwann aus Liebe geschlossen werden. Die Liebe geht, die Ehe bleibt. – Ja, mein Vater ist dann nach meiner Bundeswehrzeit wieder von Pontius zu Pilatus gelaufen, um den lieben Sohn unterzubringen, der hat gefunden, daß ich auch ganz gut im Staatsdienst säße, da hat er alle seine Kontakte genutzt. Ja, dann mußte ich einen dreitägigen Idiotentest mitmachen, den ich aus irgendwelchen unerfindlichen Gründen bestanden habe, damals drohte mir ja etwas, das für einen Deutschen das Schlimmste ist, was ihm widerfahren kann ... Arbeitslosigkeit ... Das ist etwas, das im Laufe eines normalen Lebens durchaus passiert, Arbeitslosigkeit, aber damals, ich wohnte noch bei meinen Eltern, und die anderen arbeiteten alle, nur ich war zuerst nach der Bundeswehrzeit nicht wieder reingekommen, ja, als ich den Bescheid bekam, daß ich eingestellt wurde, ich habe richtiggehend gejauchzt ...

KÖRNER: Eingestellt als was?

DIETER: Als Inspektorenanwärter! Bei der Stadtverwaltung. Da war mein Vater richtig zufrieden. Jetzt hatte ich auch einen respektablen Beruf. Ja, ich habe meinen Dienst versehen, damals noch bei fester Arbeitszeit, die Gleitzeit kam erst später, da saß ich jeden Tag bis halb sechs am Schreibtisch. Ich merkte gleich, daß das nichts für mich war, dauernd am Schreibtisch angebunden, aber da kam wieder der drohende Zeigefinger meines Vaters, du mußt es schaffen, du darfst nicht versagen, du brauchst nichts, als die Prüfung zu schaffen, wenn du die Inspektorenprüfung geschafft hast, kannst du nur wieder entlassen werden, wenn du silberne Löffel stiehlst. Da hab' ich mich eben in diese Beamtenrolle zwängen lassen und das Spiel mitgespielt. Ich habe meine Laufbahnprüfung mit Vier bestanden, andere waren da viel besser. Ich habe nie kapiert, was es mit einem Verwaltungsakt auf sich hat und weshalb man ellenlange Briefe schreiben muß, um mitzuteilen, was in zwei Sätzen zu sagen war. Die haben jedesmal riesige Bescheide entworfen, wo alles mit Vordrucken zu machen gewesen wäre ...

KÖRNER: Bei welchem Amt haben Sie gearbeitet?

DIETER: Während der Ausbildungszeit bin ich von Stadtamt zu Stadtamt gewandert, und danach war ich zunächst beim Planungsamt. Aber wenn man in der Verwaltung die Methoden der Privatwirtschaft einführen würde, dann müßte man dort zwei Drittel des Personals entlassen. Im Grunde genommen habe ich mich schon damals im Beruf sehr unwohl gefühlt und immer danach Umschau gehalten, wo sich etwas bewegt ...

KÖRNER: Wie meinen Sie das?

DIETER: Wo mehr Leben ist! Im Rathaus gab es den Dienst am Schreibtisch und danach den Alkohol. Dauernd fanden die einen Anlaß zum Feiern. Mal ein Geburtstag, mal eine Beförderung, da war dann immer das ganze Amt besoffen. Ich habe das von Anfang an als tötend empfunden ... ein Leben zwischen Schreibtischen und in ständiger Abhängigkeit von Vorgesetzten. Da wird man in ein totes Schema gepreßt, wenn ein Brief mal anders aussieht als die anderen Briefe, dann wird er nicht unterschrieben, da wird einem Menschen jede Kreativität und jede Eigenständigkeit ausgetrieben. Mein Vater war ja froh, jetzt war ich so eine Art Aushängeschild der Familie, Inspektor bei der Stadt, das ist hier schon was. Aber ich habe mich immer nach was anderem umgesehen, und da bin ich dann durch einen Freund, der sich ein Zubrot bei der Zeitung verdiente, darauf gekommen, das auch mal zu versuchen, da habe ich als freier Mitarbeiter dort auch mal reingerochen und das alles von Anfang an ganz toll gefunden. Da habe ich angefangen, sehr viel zu lesen, und ich habe meine ersten kleinen Artikel und hin und wieder auch ein Foto an die Zeitung verkauft ...

KÖRNER: Wann fing das an?

DIETER: Etwa vor acht Jahren. Ich habe mir dann auch die Genehmigung für die Nebentätigkeit besorgt, die brauchte ich ja als Beamter, aber die habe ich ohne Schwierigkeiten bekommen. Die sahen das ganz gern, daß einer vom Amt Kontakte zur Zeitung hat, die haben sich wohl was davon versprochen für die Umsetzung ihrer Politik. Aber ich habe hauptsächlich Sportjournalismus gemacht, weil da freie Mitarbeiter Mangelware sind. Da kam man am leichtesten rein. Mein Fotohobby habe ich da ausgebaut, nicht, das macht ja die Freude am Journalismus aus, daß man jeden Tag wieder neu motiviert wird, daß man sieht, was man gemacht hat. Das war für mich jedesmal ein regelrechtes Erfolgserlebnis, wenn ich meine Zeilen oder mein Foto im Blatt abgedruckt sah, das ist auch heute jedesmal eine Freude für mich. Ja, das wurde dann immer mehr und immer mehr, und es hat mich ungemein interessiert. Sowohl das rein Handwerkliche am Journalismus als auch der ständige Kontakt mit dem Leben ...

KÖRNER: Was sagte Ihr Vater dazu?

DIETER: Der bekam nicht viel mit. Ich war gleich nach der Inspektorenprüfung zu Hause ausgezogen ...

KÖRNER: Wohin?

DIETER: In eine wahnsinnig kleine Dreizimmerwohnung. Das waren gerade fünfzig Quadratmeter. Aber endlich ein eigenes Dach über dem Kopf. Da konnte man nur mit einem Kanonenofen heizen, so richtig, wie man sich eine Junggesellenwohnung vorstellt. Da fing ich dann morgens um sieben mit Beginn der Gleitzeit im Rathaus an, Gehaltsberechnungen, und wenn ich meine Stunden abgesessen hatte, da ging ich um vier zur Zeitung und habe dort Termine wahrgenommen und Fotos gemacht, nur um dort reinzukommen, um mehr von der Arbeit dort zu lernen. Ich habe damals vielleicht gearbeitet . . . Mein Vater hat mal gesagt, ich hätte keine richtige Lust zur Arbeit! Wenn der das geahnt hätte, ich habe praktisch in zwei Berufen meinen Mann stehen müssen . . .

KÖRNER: Wie haben die Kollegen im Rathaus denn darauf reagiert?

DIETER: Distanziert! Wenn da mal im Amt was schieflief, na ja, da haben sie schon mal einen Witz gemacht, ich hätte wohl zu lange in der Dunkelkammer gestanden. Nur mein Vater, ich hatte ja noch Kontakt, und meine Mutter machte mir die Wäsche und so, ja, mein Vater hat sich schon ganz massiv aufgeregt. Junge, du schaffst das nicht, hör damit auf, du mußt dich auf deinen Beruf konzentrieren, du willst doch mal weiterkommen. Mein Vater hat mir noch geraten, die Verwaltungsakademie zu besuchen, als mich das alles überhaupt nicht mehr interessierte. Mein Vater hat mir so viel angst machen wollen, ja, er hat das auch geschafft, daß ich Angst hatte, dort auszusteigen. Das Ganze war natürlich auch ein finanzielles Problem. Das liebe Geld war ja ein Problem. Wenn ich damals gleich umgestiegen wäre, ich wollte auch ein Volontariat machen, um das von der Pike auf zu lernen, ich habe mich so lange wie möglich davor gedrückt, bei der Stadt aufzuhören, aber dann kann es doch so, daß ein Entschluß getroffen werden mußte. Eigentlich hat mir die Verwaltung dabei geholfen, dort endlich auszusteigen . . .

KÖRNER: Wann war das?

DIETER: Mitte 1978! Bis dahin hatte ich das immer nebeneinander laufen lassen, 1978 habe ich beim Tageblatt vier Wochen voll gearbeitet, während ich bei der Stadt Urlaub hatte, und da habe ich gewußt, daß es laufen wird. Das machte einen unheimlichen Spaß.

Man hat ja in einer kleinen Stadt immer sofort die Rückkopplung ... Wenn ich da was über einen Fußballverein schreibe, muß ich in vierzehn Tagen ja wieder raus auf den Sportplatz, und da haben die das natürlich gelesen, was ich geschrieben habe. Ich habe dann bei der Zeitung darum gebettelt, der Verlag hat lange dafür gebraucht, aber man hat sich dann doch dazu durchgerungen, eine Volontariatsstelle für mich einzurichten, zur Hälfte für Sport und zur Hälfte für Lokales.

KÖRNER: Und da sind Sie bei der Stadt ausgestiegen?

DIETER: Ich habe mich bei der Stadt erst mal beurlauben lassen. Dabei ruhte das Beamtenverhältnis sozusagen. Ja. Mein Vater sprang aus dem Stand vor Wut fast einen halben Meter hoch...

KÖRNER: Haben Sie ihm vorher was gesagt?

DIETER: Nein! Das war seine Weihnachtsüberraschung, daß ich am 1. Januar voll bei der Zeitung einsteigen würde. Stadtoberinspektor, so was gibt man doch nicht auf! Da kam es zum totalen Bruch mit meinen Eltern. Meine Eltern verstehen das nicht, noch heute nicht. Die können überhaupt nicht einschätzen, was ich bei der Zeitung mache. Die haben das Blatt abbestellt und lesen jetzt nur noch die ›Bild-Zeitung‹, weil sie meinen Namen nicht lesen wollen. Überall, wo ich danach hingekommen bin, habe ich nur gehört, daß ich total verrückt sein müßte. Man gibt eben eine Beamtenstellung nicht auf, weil, ja, wenn man Beamter auf Lebenszeit ist, da hat man eine gesicherte Stellung und kann eben nur rausfliegen, wenn man sich etwas zuschulden kommen läßt. Ich habe das lange nicht verstanden, aber heute habe ich eine plausible Erklärung dafür. Bedingt durch das, was die Eltern mitgemacht haben, zwischen zwei Weltkriegen und während des letzten Weltkrieges, und was unsere Eltern nach dem letzten Weltkrieg erlebt haben, das hat ihnen angst gemacht und sie gelehrt, daß man sich für sich selber einen sicheren Komplex schaffen muß, wenn draußen alles in Trümmer geht. Wenn draußen das Chaos herrscht, dann muß es wenigstens einen sicheren Bereich geben, in dem das Alte noch Bestand hat ...

KÖRNER: Und nach Auffassung Ihres Vater ist eine Beamtenstelle so ein Bereich?

DIETER: Mein Vater muß es so empfinden. Der war Einhunderteinunddreißiger, und für ihn, ja, die anderen hatten alle Arbeitsplatzprobleme, aber er ging zur Polizei, zeigte seine Urkunden, und vom nächsten Tag an machte er wieder Dienst. So was prägt sich wahrscheinlich ein. Das Beamtentum, ja, mein Vater sagte, selbst wenn alles in Scherben fällt, der Staat bleibt.

KÖRNER: Glauben Sie das auch?

DIETER: So was ist im Atomzeitalter eine Fiktion!

KÖRNER: Sie haben keine Angst gehabt, als Sie Ihre Lebensstellung aufgaben?

DIETER: Ich habe zu Beginn des Volontariats nur immer Angst gehabt, daß mich die Bürokratenjahre lebensuntüchtig gemacht haben könnten. Aber ich bin mit dem Volontariat von Anfang an gut klargekommen. Schließlich hatte ich vorher lange genug bei der Zeitung hereingerochen. Zuerst hatte ich Angst, weil, im Amt konnte man nicht schreiben, was man meinte, und bei der Zeitung, ja, da mußte man auf einmal schreiben, was man meinte. Das war schon eine große Umstellung. Ja. Und dann hat mir die Stadt dabei geholfen, daß ich aus der Beurlaubung eine Entlassung werden ließ. Als ich fünf Monate beurlaubt war, da wollte ich die Beurlaubung für ein weiteres Halbjahr verlängern, das haben sie abgelehnt, und dann habe ich mein Entlassungsgesuch eingereicht. Ich hatte ein unheimliches Sicherheitsbedürfnis. Bei der Zeitung hatte ich ja auch eine Probezeit, aber das war alles gut abgelaufen, und da war ich auf einmal Redaktionsvolontär.

KÖRNER: Wie lange dauert so ein Volontariat?

DIETER: Zwei Jahre! – Am 30. 6. 1979 habe ich meine Entlassungsurkunde aus dem Beamtenverhältnis erhalten und war ab 1. 7. 1979 ein freier Mann.

KÖRNER: Soweit es Freiheit gibt!

DIETER: Ja, soweit es Freiheit gibt! – Bei der Stadt hatte ich zuletzt zweitausend Mark netto verdient, und bei der Zeitung bekam ich als Volontär neunhundert. Jetzt fingen auch meine Freunde an, mich für verrückt zu erklären. Man verändert sich in Deutschland ja nur, wenn man dadurch mehr verdient, und nicht, wenn man dadurch weniger Geld bekommt. Da begriff keiner, daß das kein Abstieg war, sondern ein völlig neuer Lebensabschnitt, sozusagen eine völlig neue Tätigkeit, die ja erst einmal mit einer Ausbildung beginnt, während der man weniger verdient. Jetzt habe ich einen Redakteursvertrag bekommen und verdiene wieder so viel, wie ich vorher verdiente. Die finanziellen Auswirkungen einer solchen

Entscheidung sind natürlich sehr erheblich, obwohl ich da keine großen Einschränkungen machen mußte . . .

KÖRNER: Wie das?? – Sie hatten Ihr Einkommen von zweitausend auf neunhundert Mark reduziert! Was hatten Sie denn für die Wohnung zu zahlen??

DIETER: Ich habe ja bis vor kurzer Zeit noch mit einer Frau zusammengelebt, aber das ging leider auseinander . . .

KÖRNER: Ja? Und weshalb?

DIETER: Weil immer dann, wenn deutsche Familien nachmittags zusammensitzen und Kaffee trinken oder in die Röhre gucken, weil ich mich dann oft auf Sportplätzen herumgetrieben habe, um Berichte zu schreiben oder Fotos für die Zeitung zu machen . . . Die Elke hat das nicht verstanden.

KÖRNER: Das war doch Ihr Beruf . . .

DIETER: Anfangs ja nicht. Als ich die Elke traf, da war ich ja noch Beamter, da war das mit der Zeitung noch, ja, man kann sagen ein ernsthaftes Hobby. Sie stammte auch aus einer Beamtenfamilie, sie hat das nicht verstanden . . .

KÖRNER: Was hat sie beruflich gemacht?

DIETER: Angestellte bei einer Versicherung. Das ist schon 1976 zu Ende gegangen. Da hat sie und der Vater von ihr, die haben mir immer zugeredet, ich soll das doch lassen mit der Zeitung. Das war hauptsächlich, weil ich eben oft weg war, da hat sie allein vor der Glotze gesessen, und das fand sie natürlich nicht so gut. Ja. Nun muß ich sagen, man konnte das sozusagen ausrechnen, wann ich nicht zu Hause war, sondern auf dem Sportplatz, und da hatte ein Bekannter leichtes Spiel, dann immer dort präsent zu sein . . .

KÖRNER: Was war das für ein Mann?

DIETER: Ein Inspektor vom Finanzamt. Mittlerweile sind beide miteinander verheiratet, haben eine reizende Tochter und haben ein Eigenheim angezahlt, wie das eben so geht. Aber der Mann von ihr, ich fand es irgendwie bezeichnend. Der ist auch nicht mehr beim Finanzamt. Der hat auch aufgehört und etwas Neues angefangen . . .

KÖRNER: Was macht er?

DIETER: Der ist bei einem Onkel mit in die Tischlerei eingestiegen und baut jetzt Wohnlandschaften. Bei dieser Trennung, es waren immerhin fast sieben Jahre, die ich mit Elke zusammen war, bei dieser Trennung brachen für mich fast Welten zusammen.

Dadurch zog sich dann alles hin. Ich habe viel zu sehr auf finanzielle Sicherheit geachtet . . .

KÖRNER: Das verstehe ich nicht. Sie hatten doch Ihren Beruf und ihr Einkommen!

DIETER: Ja. Aber nach der Trennung, das war 1976, ich glaube, ich wäre schon viel eher bei der Stadt ausgestiegen, wenn diese Trennung nicht gewesen wäre. Zusammen hätte man so etwas viel besser durchstehen können. Das war damals tiefe Trauer und tiefer Schmerz. Das war eigentlich meine erste tiefere Beziehung, und wenn das zerbricht, das tut schon sehr weh. Ja. Dann habe ich eine Weile, man sagt wohl herumgeflippt, dann gab es wieder eine Beziehung, wo ich mit einer Frau zusammengezogen bin, das ist eineinhalb Jahre später am Beruf zerbrochen . . .

KÖRNER: Wieder an der Zeitungsarbeit?

DIETER: Nein! Sie konnte in L. eine besser bezahlte Stellung bekommen, und da wollte ich nicht mit umziehen. Hier kannte ich die Leute bei der Zeitung, ich bin in der Stadt aufgewachsen, das konnte ich nicht einfach aufgeben. Da trennt man sich eben. Dann habe ich vor zwei Jahren den Fehler noch mal gemacht, mit einer Frau zusammenzuziehen, ja, und das ist vor vier Wochen auch auseinandergegangen. Deshalb sieht es in der Wohnung auch so kahl aus. Der Gummibaum, viele Bilder, das gehörte der Beate, und das hat sie bei ihrem Auszug natürlich alles mitgenommen . . .

KÖRNER: Das fiel in die Zeit Ihres Volontariats! Haben Sie mit Beate gemeinsame Kasse gemacht?

DIETER: Das kann man so sagen. Sie hat mir sehr geholfen, und ohne sie wäre das bestimmt viel schwerer gewesen. Das war eine sehr schöne Zeit mit der Beate, ich weiß nicht, ob Sie das negativ sehen, aber ich bin auf diese Frau körperlich unheimlich abgefahren, ja, das fehlt mir jetzt sehr, aber ich habe inzwischen den Grundsatz, was auch immer passiert, keine Erfahrung ist negativ. Das war natürlich für meine Eltern wieder ein Beweis dafür, daß ich kein ordentliches Leben führen will, mit der Beate war ich verlobt, und da haben uns alle Verwandten Geschenke gemacht, und als das zerbrach, das war unangenehm.

KÖRNER: Woran ist das zerbrochen?

DIETER: Es ist im Grunde daran zerbrochen, daß ich ihr das nicht erklären konnte mit der Arbeit. Ich konnte mit ihr über nichts diskutieren, das hat sie alles nicht interessiert . . .

KÖRNER: Was war Beate von Beruf?

DIETER: Kindergärtnerin! Das einzige, was ich praktisch mit ihr konnte, war ins Bett gehen. Das klappte unwahrscheinlich. Das war natürlich schlimm, diese Trennung, wir hatten schon viele Sachen im Haushalt gemeinsam angeschafft ... Es ging einfach nicht mehr ...

KÖRNER: Weshalb nicht mehr?

DIETER: Dauernd Streit! Ich kam von der Arbeit nach Hause, unheimlich gestreßt, das war meistens abends, die Beate hatte um fünf Uhr Feierabend, kurz vor sieben ging sie aus dem Haus. Wir hatten das alles zusammen aufgebaut, das war anfangs prima. Ich hatte der Beate das erzählt, daß ich bei der Stadt ganz aufhören wollte, ich war ja erst beurlaubt, da hat sie sich prima verhalten. Jawoll, hat sie gesagt, ich stehe zu dir, wir haben uns diese Wohnung hier genommen, ja, und jetzt steht man da wieder vor Trümmern. Aber was will man machen ... Inzwischen bin ich natürlich hoch verschuldet ...

KÖRNER: Was ist für Sie hoch?

DIETER: Zwanzigtausend Mark!

KÖRNER: Wovon die Schulden?

DIETER: Aus der Volontariatszeit! Wir haben ein bißchen über unsere Verhältnisse gelebt, ich leiste mir auch den Luxus, einen GTI zu fahren. Ja. Ich habe dann aufgehört, Beamter zu sein, da herrschte erst eitel Sonnenschein, nur als ich mich verstärkt auf den Zeitungsjob konzentrierte, da wurde ich frei von vielen Zwängen, ja, ich habe mich eben auf die Arbeit konzentriert, da kommt man manchmal abends um neun gestreßt nach Hause und die Glotze läuft ... das hat mich so genervt, wenn ich die Treppe hochkam und ich hörte schon, daß der Ferseher an war. Die Frau hat immer zu Hause gesessen und gewartet, bis ich endlich kam. So kann ich nicht leben ...

KÖRNER: Ich kann die Frau ganz gut verstehen ...

DIETER: Sie hat einfach kein eigenes Leben gehabt. Dann bin ich einmal erst um Mitternacht nach Hause gekommen, und da hat sie geglaubt, mir wäre etwas mit dem Wagen passiert ...

KÖRNER: Konnten Sie nicht anrufen?

DIETER: Das hätte mich wahnsinnig gemacht. Bescheid sagen, Schatz, es tut mir leid, ich komme etwas später heute, so was ist bei der Arbeit manchmal unmöglich. Da hatten wir eine längere

Aussprache, es ging einfach nicht mehr, da haben wir uns getrennt. Wir wohnten zwar noch zusammen, aber sie hat angefangen, sich selbst zu beschäftigen. Sie ist wieder mit Freundinnen weggegangen und ist zum Sport gegangen und in die Disko . . . Ich fand das zuerst sehr gut, daß sie ihr eigenes Leben lebte, aber schließlich, ja, man lebt sich eben auseinander. Ich kann nicht sagen, daß ich Karriere machen will, ich bin nicht mit dem Ehrgeiz angetreten, eine Art Rudolf Augstein zu werden, nur für mich ist es ein Erfordernis, daß ich abends arbeite, wenn ich eine gute Story in Arbeit habe . . .

KÖRNER: Hat ein Journalist keinen Feierabend?

DIETER: Natürlich! Aber er schreibt eben noch, wenn in der guten deutschen Familie der Vater die Beine hochlegt und sich die zweite Flasche Bier vor dem Fernseher aufmacht. Und am Sonntag, wenn man Sport macht, kann man den Sonntag vergessen. Ich mag die Beate wirklich immer noch sehr gern, aber es geht eben nicht. Als wir uns getrennt haben, ich habe meinen Vater angerufen, um ihm das zu erzählen, aber er hatte das schon von ihr gehört, und da hat er nur gesagt, er will mich nicht mehr in seinem Hause sehen, erst der Beruf und jetzt auch noch die Verlobung, er will mit mir nichts mehr zu tun haben.

KÖRNER: Hat Sie das sehr getroffen?

DIETER: Daß die Verlobung kaputt ist, natürlich. Ich hatte das wirklich ernstgemeint. Mit meinem Vater weniger. Der kann nicht mehr aus seiner Haut. Nur mit meiner Mutter, das tut mir leid. Die Frau hat Krebs und wird kaum noch lange leben. Daß sie das ertragen muß mit Vater und mir. Ja, sie machen sich jetzt mit ihren Hoffnungen ganz an meinem Bruder fest. Der ist jetzt das Aushängeschild, und ich bin sozusagen das schwarze Schaf in der Familie . . .

KÖRNER: Noch glücklich im Beruf?

DIETER: Unbedingt! Für mich ist das Wichtigste im Leben die innere Ausgeglichenheit und die Freude an dem, was man gerade getan hat. Ich kann jedem, der in einen Käfig geraten ist, nur wünschen, daß er die Kraft hat, diesen Käfig zu zerbrechen. Es geht im Leben immer irgendwie weiter, und auch die Trennung von Beate, ich werde das verarbeiten und in mein Leben einbringen, es gibt für mich keine negative Erfahrung. Ich habe es ernstgemeint mit Beate, sonst hätte ich mich nicht verlobt. Es ist nicht mehr gegangen, und wir haben uns getrennt. Jetzt werde ich sehen, was in der Zukunft passiert. Es geht immer irgendwie weiter.

KÖRNER: Und Sie befürchten nicht, daß Sie mit jeder Frau Schwierigkeiten wegen Ihrer Arbeitszeit haben werden?

DIETER: Nein! Es muß doch möglich sein, mit jemandem auf einen gemeinsamen Nenner zu kommen, auch wenn man nicht abends um fünf Feierabend hat und Sonntags an der Kaffeetafel sitzt. Das ist eine Frage der Beweglichkeit einer Frau.

KÖRNER: Wollen Sie bei der Zeitung bleiben?

DIETER: Die nächste Zeit unbedingt! Das ist ein so gutes Klima, wir verstehen uns alle sehr gut, und wenn einer mal schlecht drauf ist, dann sagt der andere, komm, hau dich ins Bett, ich mach' das für dich, das ist bestimmt nicht überall so. Und später mal . . . ich weiß nicht . . . ich halte nichts mehr von langfristigen Plänen . . . Vielleicht mal zum Rundfunk oder zum Fernsehen, wenn das kommerzielle Fernsehen da ist und es mehr Möglichkeiten gibt.

KÖRNER: Sie leben doch noch am selben Ort, an dem Sie Beamter waren. – Haben Sie noch Kontakt zu Kollegen von der Behörde?

DIETER: Natürlich manchmal durch die Arbeit, wenn die Stadt mal eine Pressekonferenz macht und ich mach' mir einen Spaß draus und nehme sie für uns wahr . . . Sonst habe ich kaum noch Kontakt . . . Durch den Berufswechsel . . . man kommt doch in einen völlig neuen Bekanntenkreis hinein, das sind doch völlig andere Interessen . . . ich wüßte nicht, worüber ich mich mit einem früheren Kollegen unterhalten sollte. Da passiert doch wenig. Die sind doch alle, ja, das klingt arrogant, aber ich kann es nicht anders sagen, die kommen mir alle wie tot vor. Da ändert sich mal die Besoldungsgruppe und sonst nichts . . . Im Grunde ein vertanes Leben . . .

KÖRNER: Sind Sie glücklich?

DIETER: Ach, Glück, ob es das überhaupt gibt? – Aber wenn Sie den Berufswechsel meinen, ja, das würde ich immer wieder tun. Es ist eine Frage, was man will. Bei der Verwaltung, als Beamter, ich weiß, manche halten so was ja ein Leben lang aus, aber ich wäre dabei verrückt geworden . . .

13

Bad Reichenhall im Februar: Verändern, wie die Quecke wächst

Helles Sonnenlicht hat mich heute morgen geweckt, ich habe auf die Armbanduhr gesehen, halb acht, ich habe die Vorhänge zur Seite geschoben, das Fenster geöffnet und hinausgesehen in die mir fast unwirklich erscheinende Helligkeit, die entsteht, wenn von keiner Dunstglocke gefiltertes Licht von sauberem Schnee reflektiert wird. Seit einigen Tagen bemerke ich, wie sich mein Lebensrhythmus wieder dem natürlichen Tageslauf anzupassen beginnt. In Dortmund lebe ich in einer künstlichen Welt. Hermetisch habe ich die Wohnung abgedichtet, dicke Gummilagen pressen die Fensterrahmen und die Vakuum-Doppelglasscheiben zusammen. Für fünfzehn Minuten öffne ich die Fenster des Arbeitszimmers und ziehe mich sofort in den Wohnraum zurück. Dicke Gummidichtungen auch zwischen den Türen und Türrahmen. So lüfte ich nach und nach alle Zimmer der Wohnung, bis ich erleichtert die Fenster nach draußen wieder geschlossen weiß und mich darauf verlasse, daß die Klimamaschinen die Luft aufbereiten werden, daß Vorfilter und elektrostatische Filter den Staub an sich ziehen (Luftion Modell 290), daß Negativ-Ionen die tote Luft wieder beleben, daß der Luftbefeuchter (Progress EL 6) seine Aufgabe erfüllt.
Zehn Stunden Schlaf benötige ich in Dortmund, und auch danach muß ich mich durch einen Wecker aus meinen Träumen von den Wäldern und Wiesen meiner Jugendzeit reißen lassen. Hier in Bad Reichenhall werde ich plötzlich von allein wach. Ein paar Runden im Schwimmbecken, drei Scheiben Knäckebrot zum Frühstück, danach bin ich vom Appartementhaus »Am Schroffen«, wo ich mich eingemietet habe, hinunter in die Innenstadt gegangen. Wie genau hier in dieser kleinen Stadt noch das Personengedächtnis der Menschen funktioniert; dreimal werde ich von Fremden gegrüßt, grüße ich zurück, und erst als ich wieder zum »Schroffen« hinaufgehe, wird mir bewußt, daß das ein Papierwarenhändler, ein Drogist und ein Kellner aus dem »Bürgerbräu« waren, die wirklich keinen Großumsatz mit mir machen konnten. Eine Zeitung, ein

paar Zellstoff-Taschentücher, eine Portion Kasseler mit Sauerkraut.

»Die treibende Kraft einer Gemeinde ist der allgemein menschliche Wunsch, mit anderen gut auszukommen, sowie die Erkenntnis, daß man eines Tages selbst Hilfe brauchen könnte«, lese ich bei Gordon Rattray Taylor[1], den ich im Regal einer Buchhandlung finde, und ich überlege, ob ich in dieser kleinen Stadt nicht schon nach zwei Jahren stärker in ein Feld vielfältiger sozialer Kontakte eingebunden wäre als in der großen Industriestadt, in der alle Kontakte (wenige Verwandte und Freunde ausgenommen) Geschäftskontakte bleiben.

Gewiß, diese sozialen Beziehungen sind nicht ohne die mit ihnen verbundene soziale Kontrolle denkbar, aber das schreckt mich nicht ab; im Zweifelsfalle fühle ich mich lieber von meinen Nachbarn kontrolliert als von einem Computer, mit dem ich abends kein Bier trinken kann, dem ich nicht erklären kann, daß es nichts mit Drogenhandel zu tun hat, wenn mich mal ein Chinese besucht.

Ich bin erstaunt darüber, wie sehr sich Biographien bei aller Verschiedenheit darin gleichen, daß Elternhaus und Schule Menschen in Berufe und damit Lebensfelder pressen, die nichts mit ihren Neigungen und Interessen zu tun haben. Der Mann, der dich nicht schuf, sucht dir den Beruf, das klingt nicht nur nach Jandl/Mayröcker[2], sondern nach dem alltäglichen Drama, in dessen Verlauf Menschen nach und nach still und stiller werden, ihr Leiden unter Wogen von Alkohol vergessen möchten – wenn sie nicht dessen Dramaturgie erkennen und daraus flüchten.

». . . wenn Sie den Berufswechsel meinen, ja, das würde ich immer wieder tun. Es ist eine Frage, was man will. Bei der Verwaltung, als Beamter, ich weiß, manche halten so was ja ein Leben lang aus, aber ich wäre dabei verrückt geworden. . .«, sagt Dieter, der mit einem Wechsel des Berufs sein Leben verändert hat, dafür einen Preis zahlt (die für ein kleinbürgerliches Familienleben sozialisierten Freundinnen ertragen die unregelmäßige Arbeitszeit des Journalisten nicht), aber der eine unerträgliche Arbeitswelt gegen eine erträgliche eintauscht. Wer hier für sich verändert, verändert immer mehr als nur seine Arbeitswelt.

1 G. R. Taylor, ›Das Experiment Glück‹, Frankfurt/Main 1973
2 E. Jandl/F. Mayröcker, ›Fünf Mann Menschen‹, Südwestfunk 1968

Aus fremden Veränderungserfahrungen lernen: Wie dieser Mann klug und umsichtig nicht gleich alle Brücken hinter sich abbricht, als er erkennt, daß dieses Leben für die Bürokratie nicht sein Leben ist, wie er behutsam, wie die Fühler einer Schnecke tastend, nach anderen Lebensmöglichkeiten sucht, wie er allmählich in dieses neue Feld Journalismus eindringt, seine Interessen Sport und Fotografie (Interessen, die in unserer Gesellschaft gewöhnlich als »Hobby« definiert werden, um das ihnen innewohnende Veränderungspotential zu entschärfen) für ein neues Berufsfeld verknüpft, wie er die gelegentliche freie Mitarbeit zur regelmäßigen freien Mitarbeit ausbaut, diese dann zur Urlaubsvertretung, diese dann zum Volontariat, dieses dann zur Redakteurs-Arbeitsstelle – wie er diesen Prozeß des allmählichen Verwurzelns mit einem genauso allmählichen Ablösungsprozeß verbindet, bei dem er sich die alten Lebensstrukturen so lange wie eben möglich erhält, das gefällt mir! – Hat Dieter von Buster Keaton gelernt, zwei Pferde eine Zeitlang gleichzeitig zu reiten – oder ist sein Verhalten das der Pflanzen, die zäh und stetig ihre Wurzeln vorantreiben, sich Neuland erobern und das Alte hinter sich allmählich verdorren lassen?

»Ich kann jedem, der in einen Käfig geraten ist, nur wünschen, daß er die Kraft hat, diesen Käfig zu zerbrechen«, sagt Dieter, aber da muß ich ihm widersprechen. Dieter hat genau das nicht getan. Weil die Käfige immer stabiler werden, lassen sie sich auch immer weniger zerbrechen. Nicht wie der Gorilla hat Dieter gehandelt, der an den Käfigstangen rüttelt und rüttelt (ein kurzes Leben lang bis zum Tode, die Kräfte des Gorillas sind längst berechnet und die Haltbarkeit von Käfigen auch). Nicht die Kraft des Gezähmten hat hier den Weg in die Veränderung gebahnt, sondern die sich vielfältig verzweigende Intelligenz der Quecke, die sich nicht mehr in die Dualität des Entweder/Oder zwingen läßt, in jene Dualität, die in Wirklichkeit ein Triplum ist, weil die schönste Dualität in sich zusammenfällt, wird der dritte, sie erst konstruierende Befehl nicht mehr ernst genommen, der darauf zielt, daß das durch ihn geschaffene Widerspruchsfeld nicht verlassen werden darf.

In einer geschickten Kombination zwischen freier Mitarbeit und Vertretung einerseits, Nebentätigkeit und befristeter Beurlaubung andererseits, hebt Dieter den Widerspruch zwischen Beamtenberuf und Journalistenberuf zeitweise auf, was es ihm möglich macht,

ohne Angst von einem Beruf in den anderen hinüberzuwachsen. Das Wachstum der Quecke hört nicht auf, und es kennt nur vorläufige Ziele. Schon suchen verschwommene Veränderungswünsche neue Möglichkeiten:
»Und später mal ... ich weiß nicht ... ich halte nichts mehr von langfristigen Plänen ... Vielleicht mal zum Rundfunk oder zum Fernsehen, wenn das kommerzielle Fernsehen da ist und es mehr Möglichkeiten gibt.« Zielt die Aufforderung, alle Brücken hinter sich abzubrechen und Neuland in kühnem Sprung zu betreten, in Wirklichkeit darauf, Neuland überhaupt nicht zu betreten? Weil sie immer die Angst vor dem Risiko des Drahtseilaktes ohne Netz einkalkulieren kann?
Der Wunsch, meine Wohnung in der Industriegroßstadt einfach zu kündigen und hier eine neue Wohnung zu mieten, erschreckt mich. Der Gedanke, daß man hier in Bad Reichenhall auch ein Appartement mieten und die Wohnung in der Industriegroßstadt in ein Appartement verwandeln kann, daß es möglich sein müßte, abwechselnd seinen Wünschen und Bedürfnissen folgend, mal in der einen Umgebung (Verwandte, Freunde) zu leben und mal in der anderen (Seen, Berge), läßt keinerlei Veränderungsangst in mir aufkommen.
Aus Erfahrungen anderer Menschen lernen: Otto löst sich aus seinen Firmen und wird Heilpraktiker, John tastet die Gastronomie auf ihre Möglichkeiten ab und wird Diskothek-Besitzer. Peter beginnt noch im Schutz der Klostermauern zu schreiben und wird Sachbuchautor. Dieter prüft sorgfältig, ob die Arbeitswelt in der Redaktion seinen Vorstellungen entspricht, und wird Redakteur.
Nahezu keiner springt. Unter dem Schutzschild der alten Lebensverhältnisse wachsen Menschen, ihren Wünschen folgend, in neue Lebensverhältnisse. Nahezu keiner springt, und selbst Paul, dessen vagabundierend streunende Wünsche auf kein konkretes Ziel gerichtet sind, zieht sich immer wieder auf seine Operationsbasis Deutschland zurück, wie ein Flugzeug mit begrenztem Aktionsradius wieder zum Flugzeugträger zurückkehrt.

14

Von der »Freiheit« in die »Sicherheit«?

Gesprächsprotokoll Thomas D., 35 Jahre, früher Lokalredakteur – jetzt Stadtinspektor

Gesprächsprotokoll Thomas D.:

»Ich bin froh, daß ich es noch geschafft habe, aus dem Streß bei der Zeitung herauszukommen. Als Beamter habe ich ein geregeltes Leben, und wenn ich meine Arbeit vernünftig mache, kann mir kein Vorgesetzter was. Bei der Zeitung war das ziemlich übel . . .«
(Thomas D., 35 Jahre alt, früher Lokalredakteur, jetzt Stadtinspektor)

Das Gespräch fand im Januar 1981 in der Eigentumswohnung in B. statt, die von den Eheleuten D. im Oktober 1980 bezogen wurde. Die Dreiraumwohnung (Wohnzimmer, Schlafzimmer, Kinderzimmer, als Umkleide- und Abstellraum genutzt) ist beim Einzug der Eheleute neu eingerichtet worden. Nur ein Schreibsekretär, an dem D.s Ehefrau, eine Realschullehrerin, Schulhefte korrigiert, hob sich in braunem Barock von den übrigen gediegenen Möbeln (Kiefer, skandinavischer Stil) durchaus reizvoll ab. Über dem Sofa wogte, in Kiefer gerahmt, ein Kornfeld Van Goghs (Dietz-Replik). Der trotz seiner Größe (etwa 1,90 Meter) leicht übergewichtig erscheinende Beamte wirkte während des Gesprächs locker und entspannt. Mein Tonbandgerät, das andere Gesprächsteilnemer anfangs häufig irritiert, beachtete er überhaupt nicht.

THOMAS: Was wollen wir trinken? Die Hausbar ist ziemlich ausgeplündert. Meine Frau hatte vorgestern Geburtstag!
KÖRNER: Wenn Sie einen Whisky haben und Coca Cola . . . Aber ich trinke auch gern Wein.
THOMAS: Ich habe Scotch und noch zwei Flaschen Edelzwikker.
KÖRNER: Dann sollten wir vielleicht den Edelzwicker probieren! – Ich bin Ihnen dankbar, daß Sie sofort zu dem Gespräch bereit waren!
THOMAS: Ist doch selbstverständlich! Ich war selber oft genug in der

Situation. Einmal habe ich ein Interview mit einem italienischen Tenor machen wollen, der ein Gastspiel in der Stadt hatte, und wissen Sie, was er mir ausrichten ließ? – Erst Gage, dann singen!

KÖRNER: Ich bin natürlich gerne bereit, Ihnen für Ihre Zeit . . .

THOMAS: Um Gottes willen! Deshalb habe ich das nicht erzählt! Das kommt überhaupt nicht in Frage. Nein, diese Schwierigkeiten . . . Ich wollte damit nur sagen, daß ich Ihre Schwierigkeiten verstehen kann . . .

KÖRNER: So schwierig ist das gar nicht! Man lernt dabei eine Menge Menschen kennen. Aber ich kann Sie verstehen, ich mache das nicht jeden Tag. Wenn man das jeden Tag machen muß, wahrscheinlich nicht immer einfach. Wie lange waren Sie Redakteur?

THOMAS: Fast zehn Jahre! Am Anfang ist das ja ganz interessant, aber auf Dauer, nein, ich habe kürzlich was über die Lebenserwartung von Journalisten gelesen. Die werden alle nicht alt. Der Conrad Ahlers, der Peter Neuhauser vom ›Stern‹, der Herzinfarkt scheint für diesen Beruf fast eine Berufskrankheit zu sein. Wenige, die alt werden . . .

KÖRNER: Und Sie wollen alt werden?

THOMAS: Ja. Wer möchte nicht alt werden. Muß natürlich ein Alter bei Gesundheit sein. So im Alter auf einer Bank vor dem Haus sitzen, das mag Ihnen spießig vorkommen, aber ich kann mir das gut vorstellen. In Frieden alt werden . . .

KÖRNER: Und was ist vorher?

THOMAS: Das Leben leben. Seit ich nicht mehr bei der Zeitung bin, frage ich mich oft, ob sich der Wechsel für mich rentiert hat, und ich muß mir diese Frage mit einem ganz klaren Ja beantworten. Es geht mir jetzt besser. In jeder Hinsicht!

KÖRNER: Mehr Geld?

THOMAS: Das ist es nicht. Eher im Gegenteil, wenn ich noch bei der Zeitung wäre, wahrscheinlich hätte ich mehr Geld. Aber, ach Gott, das ist so ein Wort, Lebensqualität, damit wird viel Schindluder getrieben, aber meine Lebensqualität hat sich verbessert. Ganz eindeutig verbessert . . .

KÖRNER: Ist das Büroleben so ideal? Ich habe es sehr gut kennengelernt und von Anfang an als lähmend empfunden.

THOMAS: Kommt darauf an, was man daraus macht. Ich habe die Arbeit bei der Zeitung zuletzt gehaßt, mir wurde schon ganz übel, wenn ich in die Redaktion kam. Ein Großraumbüro und ein Lokalchef, nun ja, ziemlich unangenehm. Dabei habe ich den Beruf aus Lust und Liebe gewählt. Da war keiner, der mir sagte, ich solle in eine Redaktion gehen. Das stand für mich von Anfang an fest. Aber die Freude an der Arbeit treiben sie einem in der täglichen Praxis schon aus. Von wegen Pressefreiheit! – Keiner kann schreiben, was er möchte! Die Politiker und die Wirtschaft mauscheln mit den Chefredakteuren herum, da kommt nur ins Blatt, was niemanden verletzt. So kann man keinen Journalismus machen.

KÖRNER: Stehen Sie politisch links?

THOMAS: Ich?? Um Gottes willen! Mein Vater ist Oberstudiendirektor, und ich habe nie viel von Politik gehalten und von linken Spinnern schon gar nichts. Aber das ist einfach eine Frage, ja, vielleicht der Anständigkeit. Wenn ein intaktes Wohnviertel wegsaniert werden soll, weil es der X-Bau in den Plan paßt, da stimmen alle Ausschüsse mit ja, und die Politiker stimmen die öffentliche Meinung am Biertisch für das Projekt ein. Wenn es da eine Bürgerinitiative gibt, ich habe den Fall erlebt, da wird einmal darüber berichtet, nicht wahr, aber da wird nicht journalistisch gearbeitet, da wird Politik gemacht. Dafür bekommt dann der Lokalchef ein Baugrundstück für seinen Sohn zu günstigem Preis von der Gemeinde. Unsere Stadt ist eine sozialdemokratisch verwaltete Stadt. Da arbeiten Partei, Gewerkschaft, Konsumgenossenschaft und alle, da kann man schon sagen, sie arbeiten alle Hand in Hand, und da kommt keiner dazwischen . . .

KÖRNER: Ist das in CDU-regierten Gemeinden anders?

THOMAS: Ich weiß nicht. Ich bin auch in die SPD gegangen, als ich merkte, wie das läuft im Leben. Als ich wußte, bei der Zeitung werde ich nicht alt, da habe ich meine Fühler ausgestreckt und das langfristig vorbereitet.

KÖRNER: Klingt ein bißchen nach verletztem Idealismus, was Sie erzählen. Sind Sie aus Idealismus zur Zeitung gegangen?

THOMAS: Das kann man so sagen. Presse als Wächter der Demokratie. Mißstände aufdecken und so . . .

KÖRNER: James Bond in der Medienwelt?

THOMAS: So ähnlich! Was mir inzwischen klar ist, ich wurde völlig falsch erzogen. Mein Vater hat mir Ideale vermittelt, die stimmen einfach nicht. Ich habe daran geglaubt, und dann muß man lernen, daß man ein Weltbild hat, schön wäre es ja, aber das Leben ist anders. Ich bin wirklich aus Liebe zum Journalismus zur Zeitung gegangen. Ich habe schon in der Obertertia für die Schülerzeitung unseres Gymnasiums geschrieben, für die ›Lupe‹, ach ja, da hat das noch Spaß gemacht, obwohl wir schon damals nicht schreiben konnten, was wir wollten. Ich habe da mal einen Artikel reinbringen wollen, über den Bierverkauf durch den Schulhausmeister . . .

KÖRNER: Mal zurück zu Ihrem Vater . . . Diese Ideale . . . Sie haben Abitur?

THOMAS: Ja. Mein Vater gehörte zu der Sorte Soldaten, die mit Ernst Jünger im Tornister in den Krieg gezogen ist. Mit Adolf Hitler hatte er nicht viel im Sinn. Den hielt er für eine vorübergehende Erscheinung . . .

KÖRNER: Sagt er heute!

THOMAS: Ich glaube ihm das. Er stammt aus einer Offiziersfamilie. Alles sehr gebildete Leute. Da hielt man nichts von einem Anstreicher, der durch Zufall die Macht ergriffen hatte . . .

KÖRNER: Was heißt hier eigentlich Macht ergriffen? – Diese komische deutsche Dolchstoßlegende . . . Der Adolf Hitler wurde von den Deutschen gewählt, weil sie Sehnsucht nach dem starken Vater hatten . . . Was er wollte, war doch bekannt. ›Mein Kampf‹ war doch schon veröffentlicht . . .

THOMAS: Da war die Weltwirtschaftskrise, die Arbeitslosen . . .

KÖRNER: Ich weiß, die Menschen hatten Hunger und Angst. Aus Hunger und Angst machen die Deutschen alles . . . Sind Sie aus Angst in den sicheren öffentlichen Dienst geflüchtet? Hunger war es doch nicht . . .

THOMAS: Wenn Sie mich provozieren wollen, werden Sie nicht viel Glück haben. Ich habe mir das sehr genau überlegt . . . Angst ist das falsche Wort dafür . . . Ist überhaupt auch eine Erfahrung von mir, wenn man irgend etwas nicht mehr weitermachen will, weil es sinnlos geworden ist, das ist gar nicht opportun . . . da muß man sich alles mögliche an Unsinn anhören. Mein Vater auch. Als ich Journalist wurde, da hat er sich prima verhalten. Das konnte er mit seinem Weltbild vereinbaren . . .

KÖRNER: Beamter muß ihm doch auch in der Richtung gepaßt haben ...

THOMAS: Ja, aber da hätte ich das sofort nach dem Abitur machen müssen. Beamter werden, hätte für ihn Jura-Studium bedeutet. Das ist auch eine Erfahrung von mir. Wenn man einmal etwas begonnen hat, dann soll man es auch zu einem Ende führen. Was man angefangen hat, dabei muß man bleiben. Ein Leben lang. Wer eine einmal getroffene Entscheidung nachher korrigiert, der gilt als unsicherer Kantonist. Wer A sagt, muß auch B sagen. Daß man sich auch einmal geirrt haben kann beim A-Sagen, ich finde, an diese Möglichkeit wird überhaupt nicht gedacht.

KÖRNER: Haben Sie sich geirrt? Mir fällt auf, daß Sie noch immer nahezu druckreif formulieren. Mit der Sprache haben Sie keine Probleme ...

THOMAS: Ich hatte in Deutsch immer ein »Sehr gut«. Bei der Kommune wollten sie mich auch gleich beim Presseamt einsetzen. Ich hätte da schließlich Erfahrung, hieß es. Sie werden lachen, Sie sagten vorhin etwas von Angst, ich hätte Angst gehabt, nicht wahr? – Es wird Sie überraschen, ich habe ihnen erklärt, daß ich ja gerade von der Zeitung weggehen wollte, um kein Journalist mehr zu sein, und wenn ich bei ihnen auch Journalist sein müsse, da würde ich doch konsequenterweise lieber bei der Zeitung bleiben ...

KÖRNER: Ist doch nicht dasselbe, Zeitung und Beamter bei der Stadt!

THOMAS: Wenn man als Beamter im Presseamt arbeitet, ist man das Letzte als Journalist. Da soll man die Politik der Stadt an die Medien verkaufen und soll schreiben, was die Mehrheitsfraktion im Stadtrat will. Da sind Sie ein versklavter Journalist. In den Pressestellen sitzen die Journalisten, die sich zu Hofberichterstattern machen ließen ...

KÖRNER: Und was machen Sie bei der Stadt?

THOMAS: Auf diese Frage warte ich schon die ganze Zeit. Sie werden sich wundern, ich sitze beim Sozialamt in der sogenannten »Offenen Sozialhilfe«. Fürsorgeunterstützung. Ich zahle Fürsorgeunterstützung aus und solche Sachen ...

KÖRNER: Kennen Sie den Begriff Helfersyndrom?

THOMAS: Ja! Ich kenne auch das Gegenteil! – Sie wollen mir dauernd was ans Hemd kleben. Jawohl, ich halte diese Arbeit für sinnvoller als die Arbeit bei der Zeitung. Ich bin an das Gesetz gebunden, aber es gibt jede Menge Spielraum. Wenn ein Stadtstreicher ein paar warme Unterhosen braucht, die kann ich ihm verschaffen. Das ist mein klar umrissener Ermessensspielraum ...

KÖRNER: Würden Sie mir zustimmen, wenn ich meine, Sie haben Ihre Sorge um die Köpfe der Menschen in die Sorge um ihr Gesäß umstrukturiert?

THOMAS: Würden Sie mir zustimmen, wenn ich sage, daß ich Sie jederzeit rausschmeißen kann? Sie sind aggressiv! – Ich habe mir Ihr Buch über geschiedene Männer besorgt, da haben Sie zuhören können ...

KÖRNER: Ja, wahrscheinlich bin ich aggressiv, weil ich lange Zeit in einer Verwaltung gearbeitet habe und meine, da kann man überhaupt nichts ändern. Natürlich, die Unterhose! Aber ist die Unterhose das Problem?

THOMAS: Für den Penner, dem sie im Winter fehlt, ist sie das Problem! Da reden alle immer von der Verbesserung der Verhältnisse, von der Sorge um den Menschen, dauernd dieses Gerede, und kaum einer wird mal konkret! Das macht mich wütend, dieses Gelabere, Lebensqualität und Veränderung der Gesellschaft. Wenn ich dem Penner eine Unterhose gebe ...

KÖRNER: Dann ändern Sie die Gesellschaft? – Ich meine eher, dann arbeiten Sie an der Aufrechterhaltung der Vorstellung, es gehe den Menschen bei uns gut, weil auch der Penner eine Unterhose bekommt. Aber weshalb ist er in der Situation, daß er Sie überhaupt darum bitten muß? Weshalb muß er sich vor Ihrem Schreibtisch verbeugen, um die Unterhose zu bekommen? Was Sie machen, ist Reparatur des Systems ...

THOMAS: Kann sein. Aber der Mensch braucht kein anderes System ...

KÖRNER: Darüber kann man streiten!

THOMAS: Also, dann sage ich es anders. Ich kann nichts im Großen verändern, und also verändere ich im Kleinen – von der Sorge um die Menschheit zur Sorge um den Menschen. Ist es Ihnen so recht?

KÖRNER: Ich brauche erst mal noch ein Glas Edelzwicker!

An dieser Stelle benutzte ich den Umstand, daß meine Zigarettenpackung leer war, als Vorwand, das Gespräch zu unterbrechen, weil ich mir Zigaretten vom Automaten holen wollte. Das Gespräch wurde fünfzehn Minuten später wieder aufgenommen.

THOMAS: Ich habe noch zwei Flaschen Wein im Keller gefunden!
KÖRNER: Das finde ich ausgezeichnet! – Wenn ich Sie und Ihre Frau in den nächsten Tagen zum Essen einladen könnte ...
THOMAS: Meine Güte, sind Sie starr! Muß man alles immer gleich zurückgeben? Alles immer irgendwie bezahlen?
KÖRNER: Das nicht! Aber ich möchte niemanden ausnutzen! Mir paßt es auch nicht, daß Sie kein Geld für das Interview wollen ...
THOMAS: Kann man so ein Gespräch überhaupt bezahlen? Auf den Gedanken, daß es mir vielleicht mehr bringt als Ihnen, auf den Gedanken kommen Sie nicht? Das ist für mich doch auch ein Prozeß, nicht wahr, daß ich mich hier in ein Gespräch begebe, wo ich die Gefahren eines solchen Gesprächs wirklich kennen muß ...
KÖRNER: Welche Gefahren? Ich gebe Ihnen das Protokoll gern vor Veröffentlichung, und Sie haben schriftlich, daß ich die Identität meiner Gesprächspartner unter allen Umständen ...
THOMAS: Das meine ich nicht einmal. Wenn Sie was schrieben, was mir konkrete Nachteile bringen würde, würde ich immer sagen, Sie hätten das aus dem Zusammenhang gerissen und mein Vertrauen mißbraucht. Dann bliebe zwar auch was hängen, aber im Leben bleibt immer was hängen. Das muß man riskieren. Nein, ich meine die Gefahr eines solchen Gesprächs für mein Selbstverständnis. Ich bringe mich doch voll ein ...
KÖRNER: Ich auch! Ich habe auch Jahre meines Lebens in einem Sozialamt gearbeitet. In der Obdachlosenunterbringung, wenn Ihnen das was sagt!
THOMAS: Und ob! Und das haben Sie aufgegeben?
KÖRNER: Ja. Weil ich heute diese Art von Hilfe für verlogen halte. Wir könnten in unserer Überproduktionsgesellschaft sowohl die Obdachlosigkeit als auch andere Probleme mühelos beseitigen, aber diese sozial schwachen Schichten sind gewollt, es muß eine Schicht unter der Arbeiterschaft geben, in die der nicht mehr angepaßt funktionierende Arbeiter absinken kann ...
THOMAS: Das ist Politik!
KÖRNER: Und was Sie sagen, ist keine?
THOMAS: Ich habe mich nie um Politik gekümmert!
KÖRNER: Und Sie sind aus Opportunismus in die SPD gegangen!

THOMAS: Klar! Ich wollte Beamter werden!

KÖRNER: Und was Sie über diese Verfilzung von Politikern, Presse, Konsumgenossenschaft und was weiß ich sagten, war keine Politik??

THOMAS: Das war eine eher moralische Position. Ich halte so was für schlecht!

KÖRNER: Sie machen es aber trotzdem mit! Weil Sie ins Amt wollten! Ich weiß, der Zweck heiligt die Mittel! Aber kann man etwas ablehnen und gleichzeitig selber praktizieren?

THOMAS: Ach ja, der gute alte Kant! Hat mir mein Vater auch immer klarmachen wollen. Der kategorische Imperativ. Handele immer so, daß dein Handeln . . .

KÖRNER: Ich weiß! Aber jetzt sind wir endlich wieder bei Ihrem Vater. Was für ein Mensch ist das?

THOMAS: Oh, fragen Sie mich was Einfacheres! – Ein aufrechter deutscher humanistischer Studienrat, der am Schluß Oberstudiendirektor war.

KÖRNER: Lebt er nicht mehr?

THOMAS: Aber ja doch, er ist im Ruhestand und liest jede Woche ›Die Zeit‹, die ›Süddeutsche Zeitung‹ jeden Tag und . . .

KÖRNER: Den ›Spiegel‹!

THOMAS: Nein, den liest er nicht. Der widert ihn an!

KÖRNER: Sagt er, weshalb?

THOMAS: Die ganze Richtung halt, die paßt ihm nicht!

KÖRNER: Aber daß Sie Journalist wurden, das paßte ihm?

THOMAS: Ja! Der nahm wahrscheinlich an, ich würde irgendwann mal Chef des Feuilletons bei der ›FAZ‹ oder so was. Es war irgendwie eine Enttäuschung für ihn, daß ich nicht studierte, sondern zur Zeitung ging, aber dagegen gesprochen hat er nicht. Nur, als ich dann von der Zeitung wegging, das hat ihn aufgeregt. Da gab es schon harte Aussprachen.

KÖRNER: Weshalb das? Er war doch auch als Lehrer Beamter . . .

THOMAS: Das war wieder eine Frage des Prinzips. Man macht etwas weiter, wenn man es erst einmal angefangen hat. Vielleicht hat er recht, für unsere Gesellschaft, nicht wahr, man gerät in der Jugend, nach der Schule meistens, auf ein Gleis, und das fährt man dann bis zum Ende. Daß man darauf kommen kann, daß einem eine bestimmte Tätigkeit nichts mehr bringt, daß man etwas anderes für sinnvoller hält, das ist nicht vorgesehen. Das ganze Leben ist auf einen Lebensplan zugeschnitten. Das hat mir mein Vater auch immer vorgeworfen. Daß ich einen Lebensplan nicht realisiert hätte, daß dieser Berufswechsel eine Änderung des Lebensplanes bedeutete, das hat er mir, nicht wahr, das hat er mir schon übelgenommen.

KÖRNER: Glauben Sie das mit dem Lebensplan?

THOMAS: Nun ja, die gesamte Gesellschaft ist doch darauf zugeschnitten. Das ist nicht vorgesehen, nicht wahr, daß da jemand seine Tätigkeit wechselt. Jetzt, als Beamter, ich bin fünfunddreißig Jahre alt, und ich habe einen Arbeitsgruppenleiter, der ist zwei Jahre jünger und schon Amtsrat. Ich bin noch nicht einmal Oberinspektor. So geht es wohl jedem, der noch später den Beruf wechselt. Das bedeutet eine zweite Ausbildung, und die kostet Zeit und auch Geld ...

KÖRNER: Mal zurück zu Ihrer Biographie! Sie gingen nach dem Abitur gleich zur Zeitung ...

THOMAS: Ja. Als Redaktionsvolontär. Ich habe mit neunzehn Abi gemacht, dann Urlaub, und dann fing ich an. Damals war das noch nicht schwer. Ich hatte ein gutes Abitur und habe Artikel aus der ›Lupe‹ zur Bewerbung gelegt, da haben sie mich ohne Schwierigkeiten genommen. Bei der größeren von beiden Zeitungen in B., ich meine, bei der größeren Redaktion. Das sind ja heute im Prinzip meist Stadtausgaben eines überregionalen Großverlages, echte Konkurrenz findet man überhaupt kaum noch.

KÖRNER: Wenn es mehrere Blätter am Ort gibt, konkurrieren die doch ...

THOMAS: Was haben Sie denn für Vorstellungen! Da gibt es meist Absprachen, da wird nur selten um Abos gekämpft oder so was ...

KÖRNER: Und um Anzeigen?

THOMAS: Nun ja, da wird höflich geworben, aber daß es so harte Werbung gibt, Abwerbung, nicht wahr, das fand bei uns kaum noch statt. So kleine Eifersüchteleien, die gibt es natürlich, wenn man mal eine Information hat, die das andere Blatt nicht hat, so was gibt man natürlich nicht weiter. Aber wann kam so was denn vor? – Meist bekamen alle Zeitungen, nicht wahr, die bekommen dasselbe Material rein durch Pressedienste oder bei Pressekonferenzen, da trifft man immer den Kollegen von der anderen Zeitung, und dann geht man ein Bier trinken ... So eine Story recherchieren, dafür hat man doch kaum Zeit!

KÖRNER: Provinzjournalismus?

THOMAS: Von vier, fünf großen Zeitungen abgesehen, ist das meiste Provinzjournalismus.

KÖRNER: In welchem Ressort haben Sie gearbeitet?

THOMAS: Was heißt schon Ressort? Für die Lokalredaktion B. Was eben so anfiel. Lokaljournalismus. Lokalpolitik, hin und wieder Lokalkultur.

KÖRNER: Sport?

THOMAS: Während der Ausbildung natürlich, aber sonst, das hat mich nie besonders interessiert, ob da der eine Sportverein gewinnt oder der andere. Dann habe ich einige Lehrgänge besucht, Kurse für Journalisten, das Schreiben als solches hat mir nie Schwierigkeiten gemacht ...

KÖRNER: Und trotzdem haben Sie das aufgegeben?

THOMAS: Ich habe Ihnen ja erzählt, da kam vieles zusammen ...

KÖRNER: Von der Lebenserwartung haben Sie erzählt und von den Verfilzungen, ja, vom Streß insgesamt ... Mit dem Streß, das nehme ich Ihnen ja ab. Aber als Sozialarbeiter haben Sie doch dieselbe Situation ...

THOMAS: Nein! Ich bin auch nicht direkt Sozialarbeiter. Ich bin Beamter im Sozialamt. Ich könnte auch bei anderen Ämtern eingesetzt werden.

KÖRNER: Haben Sie solche Absichten oder Wünsche?

THOMAS: Nein. Es gefällt mir jetzt sehr gut. Meine Frau sagt auch, seit ich nicht mehr bei der Zeitung bin, wäre ich wie neugeboren.

KÖRNER: Vielleicht ist eine Veränderung immer wie eine neue Geburt! – Aber zu Ihrer Frau ... wie lange kennen Sie Ihre Frau? Hat das vielleicht auch zum Berufswechsel beigetragen?

THOMAS: Bestimmt! Die Karin hat ihre Schule und mittags Feierabend, nicht wahr, die ist meistens spätestens um zwei Uhr zu Hause, und bei der Zeitung fing ich meistens erst um halb elf an und kam oft spät nach Hause. Das wurde mir irgendwann einmal klar, entweder würde ich diesen Beruf aufgeben müssen, oder meine Ehe würde zerbrechen. Wenn ich Spätdienst hatte, nicht wahr, da wurde es halb zehn, da war die Karin müde und ging schlafen, sie mußte schließlich schon um halb sieben aufstehen, da war ich noch müde vom Spätdienst, ja, in so einer Situation muß man sich entscheiden, was einem wichtiger ist. Das Familienleben oder ein Beruf.

KÖRNER: Das hört sich schon ganz anders an als vorher. Da haben Sie den Journalismus also wegen Ihrer Frau aufgegeben ...

THOMAS: Nein. Wäre es eine Tätigkeit gewesen, die mich noch interessiert hätte, dann hätte ich das bestimmt weitergemacht. Da hätte sich bestimmt eine andere Lösung finden lassen. Aber es fiel mir überhaupt nicht schwer, bei der Zeitung aufzuhören. Ich war gründlich desillusioniert ...

KÖRNER: Wird man das nicht bei jedem Beruf irgendwann?

THOMAS: Wenn man nichts ausrichten kann, wenn es sinnlos wird, ja. Aber die Arbeit im Sozialamt macht mir Spaß. Jetzt steht bald wieder eine Veränderung ins Haus, nicht wahr, diesmal wird es meine Frau sein. Da ist wieder so ein Konflikt. Ich bin jetzt fünfunddreißig Jahre alt, und die Karin ist dreißig, wenn wir ein Kind wollen, und man will ein Kind vernünftig erziehen, nicht wahr, dann können wir uns da nicht mehr viel Zeit lassen. Da wird sich die Karin für die ersten Jahre beurlauben lassen, auf alle Fälle werden wir das dann versuchen, und ob sie dann jemals in den Schuldienst zurückgeht, das wird sich auch zeigen. Seit ich beim Sozialamt dauernd die zerstörten Familien erlebe, halte ich nicht mehr viel davon, wenn eine Mutter von Kindern mitarbeitet ...

KÖRNER: Und wenn das Einkommen Ihrer Frau fehlen würde?

THOMAS: Da haben Sie recht, das ist ein Problem. Wir haben vor einem Vierteljahr diese Eigentumswohnung bezogen, die konnten wir natürlich noch nicht ganz bezahlen, da läuft noch die Finanzierung, aber wenn wir die Wohnung nicht gekauft hätten, es war eine günstige Gelegenheit, und meine Frau hatte die Bausparverträge beim BHW, ich sage immer, wenn wir die Wohnung nicht hätten, müßten wir Miete zahlen, und dann bezahle ich lieber für mich selber. Bei einer Mictwohnung bilde ich für den Hauswirt Vermögen, und bei einer Eigentumswohnung bilde ich für mich Vermögen ...

KÖRNER: Oder für die Banken, an die Sie Zinsen zahlen. Ich habe das auch mal durchgerechnet, ich glaube nicht, daß man da was spart.

THOMAS: Eine Eigentumswohnung ist viel günstiger. Auch wenn man keine Familie hat. Da lohnt es sich wegen der Steuern . . .
KÖRNER: Tatsächlich? Vielleicht muß ich das noch mal durchrechnen lassen . . .
THOMAS: Das kommt Ihnen wahrscheinlich sehr spießig vor, wie wir leben, aber so ist unser Leben nun einmal. Letzten Endes ist ziemlich egal, mit welcher Arbeit man das Geld zum Leben verdient . . .
KÖRNER: Tatsächlich? Es war Ihnen doch nicht egal . . .
THOMAS: Ich habe den Beruf gewechselt, weil mir die Arbeit bei der Zeitung das Leben zerstört hätte. Meine Ehe, nicht wahr, die wäre über kurz oder lang zerbrochen, und ohne Familie, ich glaube, wenn das Leben einen Sinn hat, dann im Leben mit dem anderen Menschen. Meine Eltern führen heute noch eine glückliche Ehe. Ich möchte das auch einmal, noch mit Karin zusammenleben, wenn ich alt bin. Und das muß doch möglich sein. Ein anständiges Leben mit einem anständigen Menschen zu führen, nicht wahr, diese Zerstörung aller Werte, die wir erleben, das braucht man doch nicht mitzumachen . . .
KÖRNER: Eine Insel der Ruhe und des Friedens in einer ruhelosen und friedlosen Welt . . .
THOMAS: Ich will ein Leben als anständiger Mensch führen . . .
KÖRNER: Und das ist Ihnen als Beamter möglich? – Ich kann mir nicht helfen, ich mißtraue immer Verhältnissen, die aussehen, als fänden sie in Readers Digest statt und nicht in unserer Wirklichkeit . . .
THOMAS: Weil unsere Ehe nicht kaputt ist wie andere Ehen? Und weil ich meine Ziele nicht so hoch stecke? – Ich habe lange genug im Journalismus gearbeitet. Die normalen, funktionierenden Verhältnisse, das interessiert nicht. Der Skandal wird in den Medien herausgestellt. Aber noch immer lebt die Mehrheit der Menschen ein ganz normales, unauffälliges Leben. Das wird nur zu gerne übersehen . . .
KÖRNER: Und weshalb wird dann fast jede dritte Ehe geschieden?
THOMAS: Weil die Menschen zu viel wollen. Sie können den Hals nicht voll bekommen, und sie laufen ihren Träumen nach . . .

KÖRNER: Und Sie, Ihre Frau, Sie haben keine Träume mehr?

THOMAS: Den Traum vom anständigen Leben in einer anständigen Familie? Ist das ein Traum? Es liegt doch an Karin und mir, ob wir ihn weiter verwirklichen können. Wenn wir beide das unbedingt wollen, daran kann uns doch niemand hindern. Wenn man sich liebt und einig ist . . .

KÖRNER: Und Sie lieben sich gegenseitig und sind sich einig! – Wie lange kennen Sie Ihre Frau, und wie lange sind Sie verheiratet?

THOMAS: Ich habe die Karin schon mit siebzehn gekannt, also, als sie siebzehn war, nicht wahr, da war ich zweiundzwanzig und gerade als Volontär fast fertig. Zwei Jahre später ist sie zur Uni gegangen und hat studiert, und dann kam ihre Referendarzeit, dann haben wir uns mal für zwei Jahre aus den Augen verloren, und vor drei Jahren haben wir geheiratet.

KÖRNER: Hatten Sie noch Beziehungen zu anderen Frauen?

THOMAS: Natürlich. Aber das war mehr oder weniger unwesentlich, unverbindlich. Im Grunde genommen habe ich immer auf Karin gewartet, auch in den zwei Jahren, als sie mit einem anderen Mann zusammenlebte. Im Grunde wußte ich immer, wir gehören zusammen, und als diese Verbindung dann ihr Ende gefunden hatte, da ist sie auch wieder zu mir zurückgekommen, und wir haben wenig später geheiratet.

KÖRNER: Was war das für eine Beziehung, die Beziehung Ihrer Frau?

THOMAS: Darüber möchte ich nicht reden. Das würde alles wieder aufrühren. Wissen Sie, in der Zeit, wo sie den anderen hatte, ich wäre fast abgerutscht. Ich war drauf und dran, Alkoholiker zu werden. In der Redaktion geht so was sehr schnell. Die meisten Journalisten sind Trinker.

KÖRNER: Die Frustration?

THOMAS: Auch so ein Modewort! Vielleicht die Frustration, daß man eben im Grunde genommen nichts machen kann, vielleicht auch einfach das unstete Leben. Der Mensch braucht geregelte Verhältnisse und ein geordnetes Leben. Sehen Sie, ich bin froh, daß ich das noch geschafft habe, aus dem Streß bei der Zeitung herauszukommen. Als Beamter habe ich ein geregeltes Leben, und wenn ich meine Arbeit vernünftig mache, kann mir kein Vorgesetzter was. Bei der Zeitung war das ziemlich übel . . .

KÖRNER: Ärger?
THOMAS: Ständig! Ich habe selten etwas so gemacht, wie es der Lokalchef wollte, und wie er es wollte, das konnte er mir nicht sagen. Bei dem Sozialamt habe ich mein Gesetz und die Richtlinien, und mein Ermessensspielraum ist genau abgesteckt, wenn da etwas richtig ist, ist es richtig, und da kann mir kein Mensch was . . .
KÖRNER: Und das bis zum Eintritt des Rentenalters! Ich habe noch eine Frage, die ich am Schluß jeden Gesprächs stelle. Sind Sie glücklich?
THOMAS: Was ist das, Glück? Das, dem alle hinterherlaufen und das man niemals erreicht? Glück! Glück! Ich kann Ihnen sagen, daß ich jetzt die meiste Zeit zufrieden bin, und als ich noch bei der Zeitung arbeitete, war ich unglücklich und unzufrieden. Ich schlafe auch ohne Tabletten und habe kein Magengeschwür, falls Sie das noch interessiert. Haben Sie eins?
KÖRNER: Da kann ich Sie beruhigen, ich habe auch keins!

15

Bad Reichenhall im Februar: Verschiedene Menschen, verschiedene Bedürfnisse, verschiedene Wünsche sowie zwei Kundgebungen

»Ich habe die Arbeit bei der Zeitung zuletzt gehaßt«, sagt Thomas, »mir wurde schon ganz übel, wenn ich in die Redaktion kam. Ein Großraumbüro und ein Lokalchef, nun ja, ziemlich unangenehm. Dabei habe ich den Beruf aus Lust und Liebe gewählt. . .«
»Bei der Verwaltung, als Beamter, ich weiß, manche halten so was ja ein Leben lang aus, aber ich wäre dabei verrückt geworden«, sagt Dieter.
Der übliche Austauschprozeß in unserer Gesellschaft: Thomas wählt die Arbeitswelt in der Redaktion, liebt diesen Beruf anfangs, wird durch die Wirklichkeit von seiner Liebe zum Journalismus befreit und stimmt mit den Füßen ab. In der Arbeitswelt der bürokratischen Verwaltung, das hofft er, hat er nicht nur bessere Arbeitsbedingungen gefunden, sondern auch mehr Möglichkeiten, die Welt zum Besseren zu verändern.
Dieter kennt diese bürokratische Arbeitswelt genauer, er hat sich gegen sie entschieden, wie sich Thomas gegen die Arbeitswelt in der Redaktion entschieden hat: Da ist sie wieder, *bricolage*, die Bastelei in einer Gesellschaft. Die kleinen Veränderungen, die an die Stelle der großen Veränderung treten! Natürlich wäre es im Gesamtinteresse besser, ein Journalist wie Thomas bliebe in der Redaktion, versuchte dort, seine Position zu halten, seine Auffassung von Journalismus in einer demokratischen Gesellschaft wo immer möglich zu verteidigen und seine Meinung wenigstens so oft wie möglich gegen den kommunalen Filz in seiner Stadt in sein Blatt zu bringen.
Mit der großen Veränderung gesellschaftlicher Verhältnisse haben Menschen wie Thomas und Dieter nicht viel im Sinn.
Sie versuchen, an einem anderen Ort mehr Selbstverwirklichung zu finden und weniger Entfremdung.
Die Menschen rennen hin und her, sie wollen verändern, und weil sie die Hoffnung auf die große Veränderung aufgegeben haben, wählen sie die kleine Veränderung. Kleine Fluchten: von der einen Filiale des großen Kauf- und Arbeitshauses Gesellschaft zur

anderen. Als ob sie nicht wüßten, daß sie bei jeder Filiale der Firma für einen bestimmten Preis immer und überall denselben Ramsch bekommen, der sich bestenfalls im Design geringfügig vom Angebot anderer Filialen unterscheidet. Weil sich die Filialen unterscheiden müssen. Jede Filiale mit einer anderen Verpakkung.

Zum Beispiel die Wanderungsbewegungen der Patienten von Arzt zu Arzt: In Dortmund erzählen mir immer wieder Freunde, daß sie ihren Arzt gewechselt haben, weil sie die Blitzdiagnostik und Rezeptfabrikation als Unsinn durchschauten. Bei ihrem neuen Arzt wäre alles ganz anders. Schön wär's ja. Aber keinem meiner Freunde hat das je genutzt, keinem der Ärzte je geschadet. Wenn der Patient A endlich erkannt hat, daß er in der Arztpraxis B schlecht behandelt wird, wenn er nach langem Zögern und Zaudern endlich seinen Krankenschein in die Arztpraxis C bringt, von der er sich bessere Behandlung erhofft, nimmt er die Stelle des Patienten D ein, der gerade, von der Pfuscharbeit des Arztes C enttäuscht, hoffnungsvoll bei Dr. B um einen Termin bittet. So wandern die Patienten von Arzt zu Arzt, so verwirklichen sie ihre freie Arztwahl, so verwirklichen sie das, was sie für Freiheit halten, und den Ärzten geht es dabei wie immer ausgezeichnet und den Patienten nach wie vor schlecht.

Langer Spaziergang am Ufer des Saalach-Sees.

Ist eine Gesellschaft ein hydraulisches System, in dem an jeder Stelle derselbe Druck herrscht, was Wanderungsbewegungen sinnlos werden läßt? Ist der Mensch in diesem System nicht mehr als ein Molekül der Hydraulik-Flüssigkeit? Ist es diese Bewegung hin zu Orten mit scheinbar geringerem Druck, was dieses System überhaupt erst möglich macht?

Mein Kraftfahrzeug ist ein Citroën, deshalb weiß ich einiges über die Funktionsweise der Hydraulik. Da gibt es ständig geringe Flüssigkeitsverluste, die im System durch einen Behälter, aus dem Flüssigkeit ins System fließt, ausgeglichen werden. Erst wenn die Verluste durch schadhafte Dichtungen oder gar ein Leck zu groß werden, leuchtet eine rote Lampe auf, und ich fahre vorsichtig zur Werkstatt. Am 13. August 1961 war ich zufällig in Westberlin (man kann ein Leck auch durch eine Mauer schließen).

Möglichkeiten und Grenzen der Veränderung: Ja, wenn ich aus der Industriegroßstadt im Ruhrgebiet in die Kleinstadt Bad Reichen-

hall hinüberwüchse – zur selben Zeit würde irgendwer, von der noch immer unzerstörten Landschaft gelangweilt, sein Glück in einer der großen Städte suchen. Glück ist immer am anderen Ufer!
Je häufiger ich aber meine Tonband-Cassetten durch den Cassettenrecorder laufen lasse, desto deutlicher wird, daß es sich hier nicht nur um Bewegungen handelt, die Teil von Austauschprozessen sind:
Otto C. überläßt es einem Geschäftsführer, sich für die Betriebe (und den Bankzins) abzurackern, und zieht es vor, weniger entfremdete Arbeit als Heilpraktiker zu leisten.
John Z. zieht sich aus der entfremdeten Arbeit des Elektromaschinenbauers zurück – und aus der Familie, die für ihn als Elendslieferant funktionierte.
Paul G. läßt sich nur so weit auf die Arbeitswelt ein, wie es für sein physisches Überleben erforderlich ist, und folgt vagabundierend seinen Wünchen.
Reinhard K., von der Bundeswehr frustriert, läßt sich nicht als Ingenieur wider Willen verplanen und wählt das Zweitstudium und die Tätigkeit in der Volkshochschule.
Dieter R. verzichtet auf seine Beamteneigenschaften und geht in eine Redaktion.
Thomas D. hat bei seiner Berufstätigkeit als Redakteur erfahren, was auch Dieter R. noch erfahren wird, daß eine Lokalzeitung nicht unbedingt zu den Motoren der gesellschaftlichen Veränderung zählt:
Austauschprozesse, gewiß! – Aber nicht nur Austauschprozesse!
Jeder, der aus alten Lebensstrukturen planmäßig in neue Strukturen gewandert ist, bringt seine Veränderungserfahrungen mit in sein neues Lebensfeld ein, auch die wichtigste: das Wissen, daß Veränderung möglich ist.
Mit Dieter R. hat seine Redaktion einen Redakteur bekommen, der nicht nur weiß, daß man mit den Füßen seinen Wünschen folgen kann, sondern der in scinem Beruf als Beamter Bürokratie an der Quelle sehr genau kennengelernt hat. Wenn es erforderlich werden sollte, er weiß, wie man Bürokratie unterläuft, er weiß mehr von Bürokratie, als sein Chefredakteur jemals wissen wird.
Mit Thomas D. hat das Sozialamt einen Beamten bekommen, der

die Erfahrung aus der denkbar unbürokratischen Produktion einer Zeitung in seine neue, bürokratische, Arbeitswelt einbringt.

Austauschprozesse, Wanderungsbewegungen innerhalb des hydraulischen Systems Gesellschaft, auf dessen Veränderung die lediglich auf mehr Zufriedenheit, auf weniger Entfremdung, auf weniger Arbeit zielenden Veränderungswünsche dieser Männer gewiß nicht gerichtet waren.

»Bei dem Sozialamt habe ich mein Gesetz und die Richtlinien, und mein Ermessensspielraum ist genau abgesteckt, wenn da etwas richtig ist, ist es richtig, und da kann mir kein Mensch was«, sagt Thomas. Eine glänzende Karriere im öffentlichen Dienst erwartet ihn nicht, wenn er sich von solchen Auffassungen nicht trennt. Aber die Frage, ob er den beruflichen Aufstieg um den Preis der Selbstaufgabe will, diese Frage hat er längst beantwortet. Wenn er Karriere und mehr Einfluß und mehr Geld für unverzichtbar hielte, hätte er bei der Zeitung größere Chancen gehabt, sich diese Wünche durch mehr Anpassung und mehr Arbeit und mehr Bereitschaft zu mehr Korruption zu erfüllen.

Veränderungen erfordern einen Freiraum. In den industriellen Leistungs- und Wohlstandsgesellschaften des Westens hat der Lebensstandard inzwischen eine Qualität erreicht, die Freiheit (immer die Freiheit der Wahl zwischen verschiedenen Möglichkeiten) für eine immer größer werdende Zahl von Menschen überhaupt erst möglich werden läßt.

Das kann sich ändern, wird sich ändern: Der Freiheitsspielraum Pauls, der in wenigen Monaten des Jahres genug Geld verdient, um auf seinem Niveau minimaler materieller Bedürfnisse jene Freiheit zu leben, die er meint, korrespondiert mit der Unfreiheit des verelendeten Arbeiters in den bolivianischen Zinngruben, wäre undenkbar ohne die Unfreiheit des Tee pflückenden Tamilen auf den Plantagen Sri Lankas. Auch wenn die Ohnmacht in den Drittwelt-Ländern ständig abnimmt: noch ist der materielle Reichtum in den westlichen Industriegesellschaften (natürlich der Reichtum dank der Ausplünderung der dritten Welt) vorhanden, und er ermöglicht diese Wanderungsbewegungen, diese Veränderung von Lebensstrukturen, an die überhaupt erst gedacht werden kann, wenn die zur Aufrechterhaltung des Lebens unbedingt erforderlichen Bedürfnisse (Nahrung, Kleidung, ein Dach über dem Kopf) befriedigt sind.

Helmut Swoboda[1] hat dargestellt, daß wir, »wollten wir uns mit dem Konsumstandard (nicht etwa des Arbeiters, sondern des Großbürgers) des Jahres 1870 oder 1820 begnügen«, nur noch »wahlweise einen Monat im Jahr intensiv arbeiten und den Rest nach Belieben verbringen oder aber die Ein-Tage-Woche, die Fünf-Stunden-Woche einführen« könnten.
Die Industriegesellschaften wählten nicht nur den Weg der Arbeitszeitverkürzung, sondern entschieden sich hauptsächlich zur Ausweitung der Konsumtion. Es ist aber (innerhalb eines gewissen Spielraums) möglich, von diesem allgemeinen Trend zu mehr Konsumtion abzuweichen und persönliche Lebensqualität anders zu definieren als die Mehrheit. Dieses abweichende Verhalten wird (bis zu einer gewissen Grenze) innerhalb einer Gesellschaft toleriert. Die Strafräume Gefängnis/Irrenanstalt nehmen derzeit weder Paul noch Peter noch Swami Pujari noch Dieter auf. (Obwohl nach Auffassung einer sehr lauten Minderheit der schwule Mönch Peter und der gammelnde Arbeiter Paul in ein Konzentrationslager gehörten – der meditierende Arzt Pujari und Dieter, der die Sicherheit einer Beamtenstellung aufgab, aber in die Irrenanstalt. Derzeit haben solche auf ein Mehr an Anpassung zielenden Wünsche keine Chance auf Erfüllung, aber das war schon anders und kann auch in unserer Gesellschaft wieder anders werden – in den Ostblockstaaten, die ihren Staatsmonopolkapitalismus auf sozialistisch schminken, ist es gegenwärtig schon anders.)
Möglichkeiten und Grenzen der Veränderung? – In den Wohlstandsgesellschaften ist eine Lebensqualität erreicht, die es ermöglicht, Verzicht auf Konsumtion in Freiheitsspielräume umzuwandeln, die wiederum eine Veränderung gewachsener, erzwungener Lebensstrukturen möglich machen. Wer verändern will, gibt immer das Alte auf: Otto verzichtet darauf, daß sein Produktionsvermögen wächst, wie es wüchse, rackerte er sich weiterhin Tag und Nacht für seine Firmen ab. John verzichtet auf das wohl nur auf Papieren (Trauschein, Grundbuchauszug) vorhandene Familienglück. Paul verzichtet auf jeden die Aufrechterhaltung körperlicher Funktionen wesentlich überschreitenden Warenkonsum. Reinhard verzichtet auf die Karriere als Ingenieur und Berufsoffizier. Peter verzichtet auf jene Geborgenheit und Sicherheit, die

1 H. Swoboda, ›Die Qualität des Lebens‹, Frankfurt/Main 1973

Kirchen ihren Priestern bieten. Dieter verzichtet auf die Sicherheit der lebenslänglichen Beamteneigenschaft. Thomas verzichtet auf die ihm früher erstrebenswerte Arbeit in einer Redaktion. Swami Pujari verzichtet auf das soziale Ansehen und das Einkommen des Arztes. Manfred verzichtet auf das relativ hohe und einigermaßen sichere Einkommen des Leitenden Angestellten. Richard schließlich verzichtet auf Deutschland. Es gibt keine Veränderung ohne Verzicht auf das Alte.

Veränderungen, Wanderungsprozesse – aber nicht nur Austauschprozesse! Bei aller Verschiedenheit meiner Gesprächspartner ist ein Trend unübersehbar:

Unter bestimmten Voraussetzungen (Vertrauensdefizite aus der Kindheit?) richten sich menschliche Wünsche, ist ein bestimmtes Warenkonsumtionsniveau erst einmal erreicht, nicht weiter auf mehr Warenkonsum, sondern im Gegenteil darauf, den inzwischen entstandenen Leidensdruck (der Preis des erreichten Konsumtionsniveaus?) abzubauen, selbst wenn dieser Abbau Einkommensverluste mit sich bringt.

Das ist nicht nur ein Austauschprozeß, das ist eine Umgewichtung von Prioritäten!

Jeder Mensch hat andere Bedürfnisse und andere Wünsche. Während für Dieter die Arbeitssituation in der bürokratischen Verwaltung der Schnellweg zum Verrücktwerden ist, erscheint Thomas genau diese Arbeitssituation als wünschenswert: Austauschprozesse im hydraulischen System Gesellschaft, in dem die Redaktionen wie die öffentlichen Verwaltungen sehr schnell gezwungen wären, die Arbeitssituation zu verbessern, nähme dieser Trend zu: Unzureichende Verdienstmöglichkeiten waren für keinen meiner Gesprächspartner der Anlaß, nach Veränderungsmöglichkeiten zu suchen. Sie begannen, ihre Lebensqualität anders zu definieren, als es seit der industriellen Revolution selbstverständlich gewesen ist: Menschen fangen an, Wachstum nicht in mehr Konsumtion, sondern in einer ihnen (subjektiv) weniger entfremdeten Arbeit zu suchen.

Beginnt die Industriegesellschaft an ihren Rändern abzubröckeln? Kann Richard Wagner (»Deutsch sein heißt, eine Arbeit um ihrer selbst willen tun«) endlich Ludwig II., dem unglücklichen Bayernkönig, der eigentlich ein Künstler war und es nicht schaffte, in die Lebensstrukturen eines auf Capri lebenden schwulen Architekten hinüberzuwachsen, den Nibelungen-Ring seines ihm verhaßten Monarchenamtes aus der Nase ziehen?

SIND WÜNSCHE DIE EIGENTLICHEN PRODUZENTEN DER VERÄNDERUNG?

Bad Reichenhall im Februar: Von wegen Informationstrockenheit in der kleinen Stadt! Heute morgen nach dem Frühstück begannen Gedanken an Dortmund mich zu beschäftigen. Natürlich bin ich mit dieser Stadt auf vielfältige Weise verbunden. Man lebt nicht ungestraft zwanzig Jahre am selben Ort, man verwurzelt wie die Quecke. Mich trieb Unruhe dazu, hinunter in die Stadt zu gehen und mir am Bahnhof eine Zeitung aus der Industriestadt zu kaufen, die ich mich weigere, meine Heimatstadt zu nennen. Noch immer kämpfen die Betriebsräte der Hoesch-Werke gegen die Entscheidung der Konzernspitze, ein eigentlich geplantes neues Stahlwerk nicht zu errichten. Kein Wunder, sondern eine kluge und ausgewogene Unternehmerentscheidung im Wachstumsinteresse des Kapitals: Anderswo, an der holländischen Küste, kann Stahl wegen der dort günstigeren Standortlage mit geringeren Kosten produziert werden. Was günstig für den Konzern ist, ist in diesem Falle ungünstig für die Dortmunder, die zum größten Teil direkt oder indirekt von den Hoesch-Werken leben (und von ihren Immissionen krank werden).

Folgerichtig riefen die Kommunalpolitiker zu einer Kundgebung gegen die beabsichtigte – im Kapitalinteresse richtige – Entscheidung der Konzernleitung auf.

Absurd wird diese Haltung der Kommunalpolitiker aber, wenn man weiß, daß es dieselben Kommunalpolitiker waren, die ein halbes Jahr zuvor, gegen den erbitterten Widerstand der Bevölkerung und nach zahlreichen Kundgebungen gegen diese beabsichtigte – im Kapitalinteresse gleichfalls richtige – Entscheidung, in einer Nacht- und Nebelaktion unter Polizeischutz rund hundert in Jahrzehnten gewachsene Bäume einer der schönsten Alleen der Stadt abholzen ließen, weil sie einem Straßenausbau im Wege waren.

Hier, im von riesigen Wäldern umgebenen Bad Reichenhall kommt mir die gegen den Wahlwerk-Nichtbau gerichtete Kundgebung (auf der der Oberbürgermeister sprach) sehr logisch vor, auch die gegen den Allee-Kahlschlag gerichteten Kundgebungen (auf

denen der Oberbürgermeister nicht sprach) erscheinen mir logisch: Immer mehr Menschen wollen offensichtlich kein weiteres industrielles Wachstum, aber die Zahl dieser Wachstumsgegner ist noch immer eine Minderheit, sonst hätte der Oberbürgermeister auf der falschen Kundgebung gesprochen.
Veränderungsbewegungen (und ihre Schwierigkeiten) resultieren aus den inneren Widersprüchen einer Gesellschaft, in der alte Wertvorstellungen im Schwinden begriffen sind und neue Wertvorstellungen erst von einer kleinen Minderheit gelebt werden können.
Stimmen Paul und John nicht zuallererst gegen die Arbeitsplatzsituation (z. B. in einem Walzstahlwerk) ab?
Nicht das Sein bestimmt das Bewußtsein, sondern das Bewußtsein bestimmt das Sein! (Paul und John sind keine privilegierten Arbeiter, sondern Arbeiter, die sich die Freiheit nahmen, ihren Wünschen zu folgen!)

Nachtrag:
Der Weg vom Veränderungswunsch zur Veränderung ist lang, weil die alten Gewohnheiten überwunden werden müssen.
». . . und dann habe ich es in der Industriegroßstadt nicht mehr ausgehalten und bin nach Bad Reichenhall gegangen . . .«?
Alle meine Gesprächspartner bringen ihre Zweifel, ihr Zögern und Zaudern, wenn überhaupt, bestenfalls in einem Nebensatz zur Sprache.

Nachtrag 2:
Ich befinde mich noch immer zwischen zwei Lebensmöglichkeiten.
Der Weg vom Wunsch zur Wirklichkeit ist weit.

16

Von der Arbeit für andere zur Arbeit für sich:

Gesprächsprotokoll Manfred P., 44 Jahre, früher Angestellter – jetzt Trödler und Antiquitätenhändler

Gesprächsprotokoll Manfred P.:

»Alternativ heißt ja nicht, daß man kein Geld verdient. Ich habe mich aus dem ganzen Streß rausgezogen und backe meine eigenen Brötchen auf eigene Rechnung. Das ist alternativ. . .«
(Manfred P., 44 Jahre alt, früher Angestellter, jetzt Trödler und Antiquitätenhändler)

Das Gespräch fand im November 1980 im Wohnzimmer des Bauernhauses in O. statt, in dem Manfred P. mit seiner Frau, einem 12jährigen Sohn und einem Schäferhund lebt. In einem neben dem Haus gelegenen Schuppen waren zwei junge Männer damit beschäftigt, einen Biedermeier-Sekretär abzubeizen. Zum Abendessen hatte Frau P. Brot gebacken, die Wurst stammte aus eigener Schlachtung. Nach dem Essen kam ein Antiquitätenhändler aus der nahen Großstadt C. zu Besuch, zwei Stunden später drei Freunde P.s, die einen Bauernhof bewirtschaften, den der Eigentümer aufgegeben hat und den sie gepachtet haben.

KÖRNER: Und du hast das wirklich nie bereut? Aus der Stadt aufs Land zu gehen? Du hast doch eine Menge aufgegeben . . .
MANFRED: Meinst du die Magengeschwüre und den Streß?
KÖRNER: Ich dachte eigentlich an deine Alterssicherung!
MANFRED: Die Betriebsrente habe ich aufgegeben! Da zahlt keiner mehr Beiträge für mich! Ich habe eine ganz gute Lebensversicherung. Wenn mir mal was passiert, zum Sozialamt braucht meine Familie nicht zu gehen! Für mich selber habe ich das nicht gemacht. Solange ich lebe, wird mir immer was einfallen, und wenn ich nicht mehr lebe, brauche ich auch kein Geld!
KÖRNER: Logisch!
MANFRED: So logisch ist das gar nicht! Für mich war es ein enormes Wagnis! Am Anfang habe ich ganz schön Angst gehabt. Meine Frau hat mir den nötigen Rückhalt gegeben. Ob ich das ohne meine

Frau riskiert hätte, das weiß ich nicht. Aber wenn man mit dem Rücken an der Wand steht . . .

KÖRNER: Standest du mit dem Rücken an der Wand?

MANFRED: Mit sieben Magengeschwüren macht man sich seine Gedanken. Wenn ich nicht ausgestiegen wäre, hättest du mich vielleicht in drei Jahren auf dem Friedhof besuchen können. Jetzt fühle ich mich wieder wie mit zwanzig!

KÖRNER: Ist die Landluft so gesund?

MANFRED: Ich habe zum erstenmal wieder ohne Tabletten schlafen können, seit ich aus dem Konzern ausgestiegen bin. Ist das nichts?

KÖRNER: Das ist eine ganze Menge!

MANFRED: Meine ich auch! Ich war schon so weit, daß ich vom Vorstand geträumt habe nachts! Du kannst meine Frau fragen, manchmal bin ich schweißgebadet nachts aufgewacht und habe geschrien . . .

KÖRNER: Du warst ein ziemlich hohes Tier in der Industrie? Schreit man da noch?

MANFRED: Ich glaube, da schreien alle! Wenn du Erfolg hast, ist das selbstverständlich! Aber wenn dir mal was danebengeht, dann sagt man ganz freundlich, daß es an der Motivation fehlt! Unser ganzer Laden war derart auf Erfolg programmiert. Da hatte ich den Dienstwagen und meine Umsatzbeteiligung, aber wenn ich das vergleiche, ich stehe mich jetzt finanziell besser als vorher, und ich arbeite bei weitem nicht so viel. Es ist ein ganz anderes Leben! Am Anfang vermißt man natürlich eine Menge, Theater, Kino, aber früher, mein Gott, wann bin ich denn mal ins Theater gegangen. Das kann man an den Fingern einer Hand abzählen. Und wenn die Beate jetzt mal einkaufen will, dann fährt man eben eine Dreiviertelstunde und ist in der Stadt. Bei den Verkehrsverbindungen ist das kein Problem.

KÖRNER: Und die Kunden finden den Weg zu dir?

MANFRED: Das meiste mache ich auf Märkten und Messen! Inzwischen habe ich natürlich meine Kontakte. Wenn ich ein altes Stück kaufe, dann weiß ich meistens, welcher Sammler sich dafür interessiert. Die Sachen essen ja nichts, allein drüben in der Scheune habe ich Ware für dreißigtausend Mark! Macht überhaupt nichts! Das wird immer wertvoller. Ich kann gar nicht so viel Sachen reinholen, wie ich verkaufen könnte.

KÖRNER: Du holst die Ware aus dem Ausland?

MANFRED: Zum Teil! Willst du mir Konkurrenz machen? Da muß man ganz schön Ahnung haben. . .

KÖRNER: Ich glaube, ich könnte das nie!

MANFRED: Das sagen mir Freunde auch immer. Aber ich habe mir gesagt, letzten Endes ist verkaufen überall gleich! Und als ich noch für die Firma arbeitete . . . ich habe da Sachen verkauft, von denen ich wesentlich weniger verstand als von Antiquitäten. Ich habe ja immer schon gesammelt. Vorher fehlte mir nur die Zeit, mich intensiv damit zu beschäftigen! Siehst du die Lampe da drüben?

KÖRNER: Sieht nach Tiffany aus!

MANFRED: Das meinst du! Was würdest du dafür geben?

KÖRNER: Überhaupt nichts! Ich mag Staubfänger in der Wohnung nicht!

MANFRED: Für die Lampe bekomme ich auf einer Messe glatt viertausend Mark!

KÖRNER: Und was bezahlst du?

MANFRED: Ich habe einen Freund in Italien, der macht mir das Glas für zwölfhundert Mark! Der Lampenfuß ist das Problem! Aber weil Glas ja bekanntlich zerbricht, kann man die Lampenfüße finden, wenn man die Augen aufmacht!

KÖRNER: Wo?

MANFRED: Man muß die Augen aufmachen! Bei anderen Händlern, in Altwarengeschäften, bei Haushaltsauflösungen! Wenn ein alter Haushalt aufgelöst wird, was meinst du, was ich da schon alles rausgeholt habe. Wenn jemand stirbt, die Kinder sind doch froh, wenn ihnen jemand die Sachen abnimmt. Dann fahre ich mit drei Leuten und dem LKW vor, wenn da nur ein interessantes Stück dabei ist, kaufe ich den ganzen Hausrat und fahre den Schrott zur Müllkippe!

KÖRNER: Mal zurück zu der Lampe! – Was zahlst du für den Fuß?

MANFRED: Bis zu dreihundert Mark! Aber lieber weniger!

KÖRNER: Dann hast du dabei mehr als zweihundert Prozent Gewinn . . .

MANFRED: So etwa! Ich kann das natürlich nicht zur Massenware werden lassen. Aber wenn da bei einer Messe oder einem Sammlermarkt eine verstaubte Lampe unter Möbeln steht, die verkaufe ich. Spiegel gehen auch wie wahnsinnig! Man muß natürlich ein Auge dafür haben. Kürzlich habe ich auf einem Trödelmarkt einen Spiegel mit vier Jugendstil-Kacheln gekauft, ich habe für den Spiegel dreihundertfünfzig Mark bezahlt, und allein jede Kachel war zweihundert Mark wert! Die habe ich rausgeholt, den Spiegel abgesägt und . . .

KÖRNER: Hundert Prozent verdient!

MANFRED: Mehr! – Den Spiegel habe ich ja auch wieder verkauft!

KÖRNER: Vielleicht sollte ich das auch anfangen! – Wie ist eigentlich dein Leben vorher verlaufen?

MANFRED: Wie ein Managerleben so verläuft!

KÖRNER: Hast du studiert?

MANFRED: Nein! Ich hatte am Schluß bei der Firma zwei Akademiker unter meinen Leuten, aber studiert habe ich nicht. Fremdsprachen natürlich. Ich spreche Englisch, Französisch und Italienisch. Das kann ich auch jetzt noch sehr gut gebrauchen. Wenn ich in der Normandie einkaufe . . . es ist doch etwas völlig anderes, ob einer da radebrechen muß oder ob er mit einem Händler in seiner Sprache reden kann . . .

KÖRNER: Ich würde ja doch sehr gerne etwas von deiner Managerkarriere erfahren!

MANFRED: Das liegt alles so weit für mich zurück . . .

KÖRNER: Du sagtest, du hast nicht studiert . . .

MANFRED: Ich war im Grunde Verkäufer! Das kann man nicht studieren!

KÖRNER: Du mußt doch irgendwas gelernt haben!

MANFRED: Habe ich auch! Eine Lehre als Industriekaufmann. Ich komme aus ganz normalen Verhältnissen. Mein Vater war Versicherungsinspektor. Da habe ich mich um eine Lehrstelle bei (Name eines Chemiekonzerns) beworben, und dieser Konzern hat mich eingestellt.

KÖRNER: Was für einen Schulabschluß hast du?

MANFRED: Realschule! Heute ist so was nicht mehr möglich! Der Stefan muß unbedingt das Abitur schaffen! Ohne Abitur reicht es in der Zukunft vielleicht zum Müllkutscher!

KÖRNER: Das türkische Abitur??

MANFRED: Ich nehme an, diese Arbeit werden alsbald wieder unsere Landsleute machen!

KÖRNER: Trotz langfristiger Gastarbeiterverträge?
MANFRED: Ein Vertrag ist immer so viel wert, wie man hat! Ich nehme nicht an, daß man bei weiter steigenden Arbeitslosenzahlen den deutschen Wählern eine Armee ausländischer Arbeiter verkaufen kann. Das wird zu erheblichen Ressentiments führen! In Berlin kann man heute schon in den Kneipen hören, daß man die Türken allesamt vergasen sollte!
KÖRNER: Das sagen vielleicht Besoffene!
MANFRED: Nein! Das sagt die Stimme des Volkes!
KÖRNER: Schlimm genug!
MANFRED: Schlimm sagst du? – Du hast ja gar keine Ahnung, was auf uns in den nächsten Jahren zukommt! Die fetten Jahre sind vorbei! Ich bin froh, daß ich mich rechtzeitig aus dem Management zurückgezogen habe. Ich weiß doch, was da los ist. Die Herren Kollegen zittern alle um ihre Zukunft!
KÖRNER: Du nicht?
MANFRED: Nein! Alte Vasen, alte Uhren und alte Möbel werden immer ihre Liebhaber finden. Es besteht eine große Sehnsucht nach den Werten einer besseren Zeit. Echte Antiquitäten sind nicht beliebig vermehrbar. Und wenn dieses Geschäft wirklich mal nicht mehr läuft ... Ich glaube nicht daran, aber dann würde mir etwas anderes einfallen. Den Nachbarhof haben ein paar junge Leute gepachtet, die jetzt biologischen Ackerbau probieren. Ich habe auch schon überlegt, ob ich Land pachten soll, aber da fehlt mir jede Erfahrung! Das kommt enorm, das hat Zukunft. Die Leute wollen die chemisch verseuchte Nahrung nicht mehr essen. Die Beate kauft auch viel nebenan ...
KÖRNER: Deine Frau war mit dieser Entscheidung einverstanden?
MANFRED: Am Anfang war sie dagegen. Aber als sie ein paarmal mit auf Messen war, hat sie ihre Bedenken nach und nach aufgegeben. Wir sind ja nicht ins kalte Wasser gesprungen, sondern wir haben das sehr sorgfältig geprüft. Wenn man Familie hat, da gibt man eine solche Stellung, wie ich sie hatte, nicht einfach auf. So was bekommt man nie wieder. Da gab es viele Gespräche. Den letzten Ausschlag hat dann die Operation gegeben. Da hat Beate auch Angst bekommen!
KÖRNER: Du hast eine Operation hinter dir?
MANFRED: Ich habe eine Operation vermeiden können! Die Ärzte

hatten mir zur Magen-Teilresektion geraten! Da wußte ich, entweder mit dem Streß ist Schluß, oder ich liege über kurz oder lang unter der Erde. Vor einem Jahr habe ich mich mal wieder durchchecken lassen. Kreislaufstörungen, sicher, ich habe immer viel geraucht. Aber der Magen, keine Spur mehr von den Geschwüren. Der Arzt war nicht einmal überrascht. Das würde er oft erleben, wenn jemand aufs Land zieht, daß dann Krankheiten nach einiger Zeit wieder verschwinden . . .

KÖRNER: Du hast Chemieprodukte verkauft?

MANFRED: Nein! Ich war bei einer Handelsgesellschaft, die eine hundertprozentige Tochter des Chemiekonzerns ist. Die Konzerne diversifizieren nahezu sämtlich. Die haben Handelsorganisationen aufgebaut, die der Profitmaximierung dienen. Wir haben mit allem möglichen gehandelt, von Elektronik über Düngemittel bis hin zu Lebensmitteln.

KÖRNER: Was hast du da verdient?

MANFRED: Zuletzt um die siebentausend Mark vor Steuern. Da kam natürlich noch der Dienstwagen dazu und die Tantieme . . . ich habe so bei hundertzwanzigtausend Mark gelegen im Jahr . . .

KÖRNER: Und die machst du jetzt auch?

MANFRED: Mal mehr, mal weniger! Meist mache ich weniger. Aber das kann man nicht einfach vergleichen.

KÖRNER: Wegen der Steuer?

MANFRED: Ich zahle natürlich Steuern, aber da kann man eine Menge absetzen, wenn du einen Hausrat kaufst, da geht ja manches ohne Quittung, ich zahle natürlich Steuern, aber das bleibt meist in einem vertretbaren Rahmen. Es ist nicht so, daß mich das Finanzamt auszieht.

KÖRNER: Dann mußt du mehr als zweihunderttausend Mark im Jahr umsetzen . . .

MANFRED: Viel weniger! Wenn ich hundertfünfzigtausend mache, bin ich zufrieden. Wir leben ja hier draußen viel billiger als in der Stadt. Das kann man überhaupt nicht vergleichen. Früher hat die Beate Kleider für sechshundert Mark getragen, und hier draußen läuft sie in Jeans herum. Ich habe mir die Maßanzüge auch abgewöhnt. Die beiden Pferde sind unser einziges Hobby.

KÖRNER: Mal zurück zu deiner Konzern-Zeit . . .

MANFRED: Da gibt es nicht viel zu erzählen!

KÖRNER: Du machtest irgendwann die Lehrabschlußprüfung und warst kaufmännischer Angestellter?

MANFRED: Ja, ich war Kaufmann. Ich war Exportmann. Ich habe für den Konzern alles mögliche verkauft, und jetzt verkaufe ich auf eigene Rechnung! Du kannst mir glauben, auf eigene Rechnung macht es mehr Spaß!

KÖRNER: Wenn das alle herausfänden . . .

MANFRED: Den meisten fehlt der Mut zum Risiko! Denen fällt überhaupt nicht ein, daß sie auch für sich arbeiten können.

KÖRNER: Eine Sache der Erziehung?

MANFRED: Sicher! Ich bin durch mein Interesse an Antiquitäten da hereingerutscht. Ich habe schon vor zwanzig Jahren Porzellan gesammelt. Da wissen sehr wenige Händler richtig Bescheid. Ich werde dir nachher mal was zeigen . . . Ich habe eine Kaffeetasse, es ist gut möglich, daß schon Marie Antoinette daraus getrunken hat . . .

KÖRNER: Daraus möchte ich auch mal trinken! – Wie war das denn, als du deine Lehrzeit beendet hattest . . .

MANFRED: Da kam ich in die Exportabteilung. Absatz. Hauptsächlich Kunststoffe. Das war etwas ganz Besonderes, in den Verkauf Export zu kommen. Da hatte man es gleich mit Leuten zu tun, die in der Welt herumkamen. Die meisten kamen nach der Lehre in die Buchhaltung.

KÖRNER: Du hast direkt ins Ausland verkauft?

MANFRED: Niemals direkt! Da wurden immer Wiederverkäufer dazwischengeschaltet. Wenn wir nach Nigeria verkauften, dann ging das immer über einen Zwischenhändler.

KÖRNER: Weshalb dieser umständliche Weg?

MANFRED: Aus kreditwirtschaftlichen Gründen und um unsere Organisation nicht zu groß werden zu lassen. Ich habe mir da gute Chancen ausrechnen können, weiterzukommen. Da habe ich drei Jahre gearbeitet, und verschiedene andere Abteilungen des Konzerns wollten mich haben, da bin ich in den Absatz Stickstoff gegangen . . .

KÖRNER: Immer noch in deinem Konzern . . .

MANFRED: Ja! Das ist bei uns nicht nach Ländern gegliedert, sondern nach Produktgruppen. Ich habe da sehr viel gearbeitet. Tag und Nacht, fast jeden Samstag. Da mußte ich auch schon große Risiken eingehen, und es fing schon damals mit dem Magenleiden an. Da war ich sechsundzwanzig und bin Devisen- und Preisrisiken eingegangen, da bekam ich eine Magenschleimhautentzündung nach der anderen. Ich sollte dann auch halbe Handlungsvollmacht bekommen, aber das hat sich zerschlagen . . .

KÖRNER: Weshalb?

MANFRED: Man hat einen anderen mir vorgezogen. Der wurde bei einer anderen Abteilung des Konzerns abgehalftert, und den haben sie bei uns reingeschoben. Ich wollte gern für die Handelsorganisation ins Ausland gehen, aber das war damals unmöglich, wenn man keine Beziehungen hatte. Da schickte der Aufsichtsrat X seine Tochter nach London, und der Vorstand Y schickte seinen Freund nach Mailand . . . aber da war nichts zu machen. Ich wollte ganz gern zu unserer Niederlassung in Amerika, die wollten mich auch haben, aber da kamen immer andere hin. Nun, dann bin ich einfach auf eigene Faust ausgewandert. Ich hatte geheiratet . . .

KÖRNER: Wann?

MANFRED: 1968! – Nach einem Jahr habe ich meiner Frau gesagt, du, ich kündige und wir wandern aus nach Amerika. Weil ich keine Chancen hatte, wegzukommen. Ich wollte weiterkommen. Das war für mich dominant. Ich mußte es schaffen. Das hieß für mich Auslandserfahrung. Das war eine Art Aussteigen, weil ich auf eigene Faust rüberging. Ich habe alles verkauft, die ganzen Möbel mit großen Verlusten,wir sind mit zwei Koffern rübergegangen. Da habe ich ein Dreivierteljahr bei einem Schwein gearbeitet, der hat mich ausgebeutet, betrogen, belogen . . .

KÖRNER: Was hast du da gemacht?

MANFRED: Importiert! Da ging es mir derartig schlecht . . . Ich habe keinen Sonntag ruhig verbringen können, ich habe nicht geschlafen, ich habe mich dauernd übergeben müssen ab Sonntag abends . . . Wahrscheinlich aus Angst . . . Aber ich habe dort sehr viel gelernt. Wir haben mit Gewichten gemogelt . . . wir haben jeden betrogen, der zu betrügen war. Ich habe vor diesem Mann sehr viel Angst gehabt. Der hat seine Leute wie Leibeigene behandelt. Ich habe dabei sehr gut die Sprache gelernt und war bald amerikanischer als die Amerikaner. Nach einem Dreivierteljahr kam dann unsere amerikanische Handelsorganisation und hat mich wieder reingeholt. Da ging das mit dem Slogan: Wir wollten dich ja sowieso haben, aber wir haben dich nicht rüberbekommen, deshalb haben wir uns gefreut, daß du privat rübergekommen bist. Die sind von sich aus an mich herangetreten. Da haben wir die Möbel aufgeladen und sind mit dem LKW nach New York, da kamen wir am Thanksgivingday an, und ich wußte nicht mal, wo ich den Wagen mit den Möbeln parken sollte, die Parkplätze waren nur für PKWs, und in die Parkhäuser kam ich mit dem großen Wagen nicht hinein. Da habe ich den Wagen in eine Seitenstraße gestellt und einem Puertoricaner fünf Dollar am Tag gegeben, damit er auf den Wagen aufpaßte. Da habe ich dann vier Jahre in Amerika gearbeitet. Dann habe ich Beate gesagt, Schluß, hier ist keine Zukunft mehr für uns. Mir gefiel Amerika sehr gut, ihr gefiel es auch ... aber ich wollte weiterkommen, und für eine amerikanische Firma arbeiten, das kam nach meinen Erfahrungen nicht mehr in Frage, da habe ich im Konzern gesagt, ich will wieder nach Deutschland, und man hat mir den entsprechenden Vertrag gegeben. Jetzt hatte ich ja die notwenigen Kenntnisse, ich habe sehr erfolgreich gearbeitet, ich kann mich auf jeden einstellen ... ob er politisch rechts ist oder liberal ... ob er football liebt oder nicht, das habe ich immer sofort heraus. Ich spreche niemals über Geschäfte, ich spreche mit dem Menschen, und das Geschäft ergibt sich dann meistens von selbst ...

KÖRNER: Frei nach Dale Carnegie ...

MANFRED: Geschäfte machen heißt Emotionen wecken. Man muß den Partner für sich einnehmen. Was jemand kaufen will, weiß er viel besser als ich. Wichtig ist, daß mich der Partner gut findet. Der muß mich besser finden als andere. Das heißt verkaufen.

KÖRNER: Du kamst dann wieder in die Bundesrepublik ...

MANFRED: Ich bin zurückgekommen mit dem Bewußtsein, jetzt findest du einen guten Job. Ich wollte weiterkommen. Das war für mich primär, Erfolg sehen ... mehr Geld verdienen ...

KÖRNER: Und das hast du verdient ...

MANFRED: Ja! Ich habe in der Exportorganisation angefangen, neue Verkaufsbewegungen einzuleiten ... Ich hatte eine Kostenstelle im Pflanzenschutz, aber ich habe alle nur denkbaren anderen Geschäfte gemacht. Ich habe es sogar einmal fertiggebracht, drei Container Tiefkühlhähnchen rüberzuholen und hier zu verkaufen ...

KÖRNER: Ach, deshalb schmeckt das Zeug immer wie Plastik ...

MANFRED: Ich hieß dann eine Zeitlang im Haus Hühner-Hugo, aber im Grunde hat das allen imponiert ... Nur dieser ständige Streß ... du spielst den coolen Geschäftsmann, und innerlich zitterst du, daß dir mal was in die Hose geht. Um Frau und Kind konnte ich mich kaum kümmern. Mit dem Magen wurde es wieder schlimmer, ich habe mir dann ein Pferd gekauft und habe es in O. im Reitclub eingestellt. Das war der erste Kontakt, den ich hier bekam. Nach der Arbeit habe ich mich in den Wagen gesetzt und bin nach O. gefahren, um erst mal eine Stunde zu reiten. Wenn ich auf das Pferd stieg, war ich immer noch völlig verkrampft, aber wenn ich dann nach Hause kam, hatte sich das wenigstens zum Teil gelegt ...

KÖRNER: Warum hattest du so viel Angst?

MANFRED: Alle haben Angst! Meine Angestellten hatten vor mir Angst, ich hatte vor dem Hauptabteilungsleiter Angst, und der hatte vor dem Vorstand Angst und der Vorstand vor dem Aufsichtsrat ... das Ganze ist ein System von Angst ...

KÖRNER: Angst um den Arbeitsplatz?

MANFRED: Ganz allgemein, Angst vor Mißerfolg. Wir hatten dann natürlich ein Einfamilienhaus in der besten Wohngegend der Stadt ... mit sehr hohen Belastungen ... das ganze Leben unterliegt da Zwängen, wenn ich zur Miete gewohnt hätte, hätten sie angenommen, ich würde meiner Leistung im Beruf nicht genügend vertrauen ...

KÖRNER: Und so was bildet man sich nicht nur ein?

MANFRED: Nein! Bei uns hat ein Hauptabteilungsleiter mal seinen Privatwagen verkauft, weil er ihn nicht brauchte, da ging sofort das Gerücht um, man hätte ihm den Führerschein wegen Trunkenheit am Steuer abgenommen. Der konnte erzählen, was er wollte, Ruhe war erst, als er wieder seinen Wagen auf den Parkplatz stellte.

KÖRNER: Wer Risiken eingeht, der kann doch auch mal Fehler machen!

MANFRED: Das sagst du! Ein Konzern sieht das anders! Ich hatte da die Abteilung mit achtzehn Mann, ich hatte Handlungsvollmacht ... In meiner Abteilung arbeiteten teure Spezialisten, und da mußte ich jederzeit dafür sorgen, daß mich die Leute anerkannten. Da mußt du Erfolg bringen, und ich brachte ihn. Gesundheitlich ging es mir immer schlechter. Da kamen Reklamationen, und ich mußte nachts raus. Einmal habe ich Holz gekauft, und das kam blau an . . .

KÖRNER: Das war wohl eine Gemischtwarenhandlung!

MANFRED: Die Konzerne bemühen sich fast alle, nicht nur auf einem Bein zu stehen! Unsere Handelsgesellschaft verkaufte alles, womit sich Profit machen läßt. Wir hatten die Aufgabe, Gewinn an den Konzern abzuführen. Ich hatte immer die besten Leute eingekauft, und wenn sie nichts brachten, dann habe ich sie rausgesetzt. Da herrscht ein derartig enormer Druck, den Gewinn pro Jahr zu produzieren . . . da muß man rastlos immer weiter und weiter . . . man sagt, das macht einem Spaß, aber das redet man sich selber ein. Wir hatten eine operationelle Jahresplanung . . . da war ich von vornherein gezwungen, optimistische Steigerungsraten einzuplanen. Pessimistische Planung ist nicht möglich . . .

KÖRNER: Weshalb nicht?

MANFRED: Guck dir das doch an! Der Handel besteht aus Menschen, und das bedeutet, daß sie im Jahr fünf Prozent mehr Lohn bekommen. Die Arbeitszeit wird kürzer. Du mußt also einen größeren Gewinn erwirtschaften, um das zu behalten, was du heute hast. Die Lohnkosten sind in fünf Jahren fünfundzwanzig Prozent höher. Du mußt also den Gwinn um fünfundzwanzig Prozent erhöhen, um einen Kostendeckungsbeitrag abführen zu können. Das bedeutet Mehrarbeit und höhere Margen . . .

KÖRNER: Und wenn das nicht möglich ist?

MANFRED: Das erleben wir ja jetzt! Das heißt Personalabbau und Arbeitslosigkeit und noch mehr Leistungsdruck . . . Der Druck kommt von innen und von außen . . . Mein Job war es, Vorbild zu sein und die Leute zu motivieren.

KÖRNER: Und jetzt bist du kein Vorbild mehr!

MANFRED: Die haben gesagt, ich sei verrückt, als ich kündigte. Da hat man angenommen, ich würde bei der Konkurrenz anfangen. Die haben es einfach nicht begriffen, daß ich nicht mehr wollte. Das geschieht selten, daß einer ganz rausgeht.

KÖRNER: Wie lange bist du jetzt ganz raus?

MANFRED: Vor zweieinhalb Jahren habe ich gekündigt. Aber das war ein langfristig angelegter Prozeß. Ich habe ein Jahr neben der Arbeit getestet, was in diesem Antiquitätenmarkt für mich drin ist. Da war eine ganze Menge drin, und da fing ich an, Geschäfte mit eigenem Geld für eigene Rechnung zu machen . . .

KÖRNER: Durftest du das?
MANFRED: Wenn du Sammler bist, kannst du doch deinem Hobby nachgehen! Und wenn mal Telefonate bei mir in der Firma aufliefen . . . ich habe Kunden immer die Durchwahlnummer gegeben. Das blieb unbemerkt, selbst als ich kündigte, wußte noch keiner, was ich vorhatte . . .
KÖRNER: Da bist du aufs Land gezogen?
MANFRED: Ich hatte schon vorher hier das Lager. Dann kam die Operationsdrohung, und da habe ich die Konsequenz gezogen. Beate hatte ziemlich viel Bedenken. Aber als sie sich dann erst mal dazu entschlossen hatte, das mitzutragen, hat sie das durchgestanden. Heute geht es ihr und dem Kind auch besser als je zuvor. Das Leben in der Stadt, ich bereue nichts, aber ich würde nie wieder in die Stadt ziehen. Mit fünfundvierzig Jahren sollte ein Mann auf eigenen Beinen stehen. Das habe ich jetzt geschafft.
KÖRNER: Du meinst, das hat Zukunft?
MANFRED: Es geht mir gesundheitlich besser denn je. Und wenn ich merke, daß es schlechter wird, werde ich mich nach etwas anderem umsehen. Ich glaube nicht mehr an Sicherheit und Dauer, die einzige Sicherheit, die man hat, ist die eigene Intelligenz und Beweglichkeit. Ich mache mir keinerlei Sorgen mehr um meine Zukunft.
KÖRNER: Ein Antiquitätengeschäft hast du nicht aufgemacht?
MANFRED: Einen Laden?? – Nein, ich bin doch nicht verrückt! Da wäre ich ja wieder angebunden und hätte Geschäftszeiten und Personal und Ladenmiete, das wäre überhaupt nicht alternativ . . .
KÖRNER: Zählst du dich zur Alternativszene?
MANFRED: Ich arbeite mit Selbsthilfegruppen zusammen, die Möbel arbeiten wir selbst auf, ich habe den eigenen LKW, ja, ich halte das schon für alternativ. Alternativ heißt ja nicht, daß man kein Geld verdient. Ich habe mich aus dem ganzen Streß rausgezogen und backe meine eigenen Brötchen auf eigene Rechnung. Das ist alternativ. Wenn es bei mir gut läuft, dann deshalb, weil ich verkaufen kann und Sachkenntnis und Eigenkapital einbringen konnte.
KÖRNER: Hast du gespart?
MANFRED: Wir haben das Haus in der Stadt verkauft, und hier haben wir gepachtet . . . Ich muß nur aufpassen, daß das hier nicht

zu groß wird. Wenn man immer auf Wachstum geplant hat ... meine Hauptsorge ist, daß ich das hier nicht zu groß werden lasse ... Wenn man erst Leute anstellt, dann entwickelt das Eigenautomatik ...

KÖRNER: Du machst das alles allein?

MANFRED: Die Beate hilft mir, und wir beschäftigen junge Leute auf Stundenbasis. Immer so, daß da kein Arbeitsverhältnis daraus wird. Wenn man erst auf Lohnnebenkosten kommt, dann wird es bei dem Gewinn eng. Flexibilität ... das ist das einzige, womit man überleben kann, die großen Saurier sind auch ausgestorben!

KÖRNER: Ich finde, den großen multinationalen Konzernen geht es blendender denn je ...

MANFRED: Ja? Glaubst du das? Ich sehe jedenfalls überall hysterische Diversifikation, weil sie ihrer Zukunft nicht trauen. Mindestens fünfzig Prozent des Managements sitzt auf Schleuderstühlen ...

KÖRNER: Und warum verändern sie das nicht?

MANFRED: Warum? Warum ist die Banane krumm! Sie kommen nicht einmal auf die Idee, daß man seinen Kopf auch für sich arbeiten lassen kann. Die Angehörigen meiner Generation wurden noch für eine Welt erzogen,die es so gar nicht mehr gibt. Alles hat sich verändert und verändert sich weiter, und wenn ich nicht meinen eigenen Weg gefunden hätte, würde ich wahrscheinlich in fünf Jahren arbeitslos auf der Straße liegen! Da kommen jetzt eine Menge hungriger junger Wölfe von den Wirtschaftsfachschulen, die haben zwar keine Praxis, aber die sind scharf und billig! Ich wäre ein Idiot gewesen, wenn ich darauf gewartet hätte, bis mich der Konzern runterstuft oder raussetzt. Da kommen sehr harte Zeiten, wenn du das noch nicht gemerkt haben solltest!

KÖRNER: Und wer kauft dann Antiquitäten?

MANFRED: Wer dann noch verkauft, solltest du besser fragen!

17

Bad Reichenhall im Februar: Glanz und Elend der Alternativszene

»Die Angehörigen meiner Generation wurden noch für eine Welt erzogen, die es so gar nicht mehr gibt«, sagt Manfred P. »Alles hat sich verändert und verändert sich weiter, und wenn ich nicht meinen eigenen Weg gefunden hätte, würde ich wahrscheinlich in fünf Jahren arbeitslos auf der Straße liegen!«

Immer wieder fahre ich die Tonband-Cassette vor und zurück, dieser Satz, der mich nicht losläßt, weil in ihm alle meine Veränderungsschwierigkeiten (und vielleicht die Schwierigkeiten des Veränderns überhaupt?) zusammenzulaufen scheinen. Er ist auch mein Satz, vielleicht der Satz, den jeder meiner Gesprächspartner unterschreiben könnte, weil er ihre Situation annähernd umreißt:

Otto C., der Unternehmer, der Heilpraktiker wird: Hat er die glas- und kunstglasverarbeitenden Betriebe wirklich in fremde Hände gegeben, weil er mehr Zeit für sich gewinnen wollte? Oder hat da ein Mann, der Instinkt für zukünftige Entwicklungen sein Leben lang bewiesen hat, nur erkannt, daß Unternehmen dieser Größenordnung keine sonderlichen Zukunftschancen mehr haben? Daß seine Betriebe von den sich abzeichnenden Umstrukturierungen in den Industriegesellschaften erfaßt und möglicherweise vernichtet werden und eine solide Heilpraktiker-Existenz (wer sagt denn, daß die Praxis klein bleibt?) für die Zukunft eine sicherere Existenzgrundlage darstellt?

Paul G., Gelegenheitsarbeitnehmer, der auf seine Sozialversicherung keinen sonderlichen Wert legt: Ist das nur Gleichgültigkeit, oder ahnt etwas in ihm, daß ein Rentenanspruch bei sich weiterhin verringerndem Bruttosozialprodukt im Alter weniger wert sein könnte als die Erinnerungen an ein Leben unter südlich blauem Himmel?

Riskiert John Z. diese Verschuldung, weil er befürchtet, als Elektromaschinenbauer in einer Zeit nach dem Ende des Wachstums zu den Arbeitslosen zu gehören, weil, wo die Warenproduktion rückläufig wird, keine Elektromaschinen mehr gebaut und

aufgestellt werden könnten? (Der Wunsch der Industrie nach mehr und billigerer Energie ist selbstverständlich ein Wunsch nach mehr Elektromaschinen für mehr Automation – und mehr Arbeitslose!)
Geht Richard G. nach Thailand, weil er die Zukunft für Rechtsanwälte in der Bundesrepublik (die Zukunft des größten Teils der *freien* Berufe in der Bundesrepublik, vielleicht die Zukunft der ganzen Bundesrepublik?) für aussichtlos hält?
Mutmaßungen, Möglichkeiten sind das.
Noch immer liegt die Zeitung aus Dortmund auf der Schranktür, die ich zu meinem Schreibtisch gemacht habe. Ich glaube nicht daran, daß der Konzern das Stahlwerk in der Stadt bauen, der Stadt die Stahlbasis erhalten wird, von der nicht nur Stahlarbeiter leben, sondern große Teile des sekundären und tertiären Bereichs. Was sich die Industrie mit der Bevölkerung des Ruhrgebiets erlaubt: In den sechziger Jahren die Kohlenkrise, raus aus den Kohlen, hieß es für den Bergmann, und rein in andere Bereiche. In den siebziger Jahren Energiekrise, wieder rein in die Kohlen. In den achtziger Jahren Stahlkrise, jetzt heißt es, raus aus dem Stahlwerk, und da stehen keine anderen Industrien bereit, die Arbeitskräfte aufzunehmen, da gibt es auch ohne Stahlkrise mehr als eine Million Arbeitslose – handelt da ein Angestellter wie Manfred P. nicht klug und in weiser Voraussicht, wenn er sich in dieser (sterbenden?) Industriegesellschaft rechtzeitig nach einer neuen, ihm krisenfester erscheinenden Basis für seine Existenz umsieht?
»Alte Vasen, alte Uhren und alte Möbel werden immer ihre Liebhaber finden«, sagt er. »Und echte Antiquitäten sind nicht beliebig vermehrbar . . .« – Eine »Rette-sich-wer-kann-Mentalität«, eine private Überlebensstrategie, die längst den Gedanken an weiteres wirtschaftliches Wachstum und immer mehr Wohlstand abgeschrieben hat und nicht mehr darauf bedacht ist, beim Finanzamt nach Abschreibungsmöglichkeiten zu suchen.
Auf meiner Reise durch die Bundesrepublik habe ich mit vielen Aussteigern, jungen und älteren, gesprochen. In kleinen kapitalschwachen Netzen, in Hinterhofbetrieben und auf Bauernhöfen arbeiten Menschen unter Bedingungen, die jeder gewerkschaftlich organisierte Fließbandarbeiter entrüstet zurückwiese. Ein neues, sozial kaum abgesichertes Handwerksproletariat bastelt verzweifelt an seiner Alternativstruktur, die mit der Gesamtgesellschaft

(zu der es selbstverständlich zählt) auf vielfältige Weise verbunden bleibt. – Ist die Alternativszene ein Ausgleichsbehälter des hydraulischen Systems Industriegesellschaft, das je nach Bedarf einen Teil der Arbeitskräfte aufnimmt oder wieder abgibt?
Alle, mit denen ich sprach, handeln nach ihren eigenen Wünschen, dennoch liegen viele dieser Veränderungsbewegungen durchaus im gesamtwirtschaftlichen Interesse, das in einer kapitalistisch verfaßten Gesellschaft naturgemäß das Interesse des Kapitals ist.
Ein Mehr an persönlicher Entscheidungsfreiheit schafft sich Manfred P., eine Verminderung der Fremdbestimmung und Entfremdung – eine Nische in der Industriegesellschaft –, nur möglich, weil es diese Industriegesellschaft gibt?
»Es geht mir gesundheitlich besser denn je«, sagt Manfred P. »Und wenn ich merke, daß es schlechter wird, werde ich mich nach etwas anderem umsehen. Ich glaube nicht mehr an Sicherheit und Dauer, die einzige Sicherheit, die man hat, ist seine eigene Intelligenz und Beweglichkeit. Ich mache mir keinerlei Sorgen mehr um meine Zukunft.«
Wächst hier ein neuer Menschentyp mit neuer Flexibilität heran, oder hat es diese Flexibilität immer schon gegeben, war sie nur vom Sicherheitsdenken in einer Bundesrepublik überlagert oder verdrängt, in der mit dem Slogan »Keine Experimente« Wahlen gewonnen werden? Oder überwinden wir allmählich die Angsterfahrung, die unsere Eltern dem Krieg verdanken und an uns weitergaben, auch an mich?
Diese Vorsicht, die mich zögern und zaudern und mich mit vielem Wenn und Aber meinen eigenen Veränderungswunsch hin- und herschieben läßt, ist diese Vorsicht (oder Furcht) nicht das Erbe meines Vaters, der auf ein Leben als Industriekaufmann vorbereitet wurde und, mit dem Weltbild eines Industriekaufmanns ausgestattet, nach dem Krieg erfuhr, daß nichts weniger gebraucht wurde als Industriekaufleute? – Jedenfalls war *sein* Veränderungswunsch der Wunsch nach einer sicheren Stellung im öffentlichen Dienst, das war sein Ideal, und als er es endlich erreicht hatte, wollte er, wie immer, auch für mich das, was er für das Beste hielt – und ich bin daran fast zerbrochen.
Kann ich von den Erfahrungen Manfred P.s etwas lernen? Wenn ich mir vergegenwärtige, wie er allmählich unter dem Schutzschild

seiner Abteilungsleitertätigkeit seine Trödlerexistenz vorbereitet, erkenne ich mich wie in einem Spiegel. Verändern, wie die Quecke wächst. Auch Manfred ist für eine Bürokarriere erzogen worden. Wenn ich in der Tageszeitung in einer Beilage, die für Büroberufe wirbt, einen Artikel lese, der den Beruf des Bürokaufmanns in den lockendsten Farben schildert, und daran denke, daß Jahr für Jahr junge Menschen in Banken und Sparkassen für Berufsfelder ausgebildet werden, die schon jetzt durch bereits entwickelte Systeme (Direktbuchung durch von Mikroprozessoren gesteuerte EDV-Anlagen) voll automatisiert werden könnten, hielte die Industrie diese Systeme nicht noch aus arbeitsmarktpolitischen Gründen zurück, dann verstehe ich die Trödler und Alternativbastler, die makrobiotischen Grasblattspezialisten und die Maschinisten an den stotternden Motoren aller möglichen Alternativprojekte. Mich wundert es nicht, wenn Menschen, die eine Zukunft für sich (und nicht nur das Wachstum des Kapitals) wollen, aus dem geordneten Kälbermarsch in die Arbeitslosigkeit ausbrechen, das Konzept Djangos von der Kinoleinwand in die Dschungel der großen Städte übertragen: einsam, aber schneller.
Kann ich von Manfred P. lernen?
Du hast keine Chance, aber nutze sie[1]: Ich mag diese eifrigen, stets an neuen Plänen und Projekten werkelnden Stadtameisen, die an den Knochen nagen, die eine längst von den rohstoffreichen Ländern in ihre Grenzen verwiesene Wohlstandsgesellschaft in ihre Plastik-Mülltonnen wirft. Die Sehnsucht nach weniger fremdbestimmtem Leben bricht sich hier schmale Pfade durch die Industriegesellschaft: Rückzüge auf vorindustrielle Produktionsformen in der Industriegesellschaft, Inseln im wirtschaftlichen Gefüge der industriellen Leistungsgesellschaft, mit ihr vielfältig verflochten. Und ohne sie nicht denkbar?
Heute bin ich mit Anke stundenlang am Saalach-See spazierengegangen. Eine Insel der Ruhe im Lärm der Industriegesellschaft. Ohne diesen Lärm nicht denkbar? Erst möglich durch den lebensfeindlichen Schmutz und die Betonlandschaften anderswo?
Nicht nur Verwandte und Freunde hindern mich, meine Wohnung in Dortmund einfach zu kündigen und in diese kleine Stadt

1 Reimar Oltmanns, ›Du hast keine Chance, aber nutze sie!‹, Hamburg 1980

umzuziehen, zurückzukehren in die Wälder meiner Kindheit.
Ein seltsam verfremdeter Kategorischer Imperativ tanzt in meinem Kopf, dieses »Und-wenn-das-alle-täten?«.
»Handle so, daß die Maxime deines Willens jederzeit zugleich als Prinzip einer allgemeinen Gesetzgebung gelten könnte.« Auf diesen Satz Kants läßt sich alles zurückführen, was sich jeder von seinen Freunden und Bekannten, von seinen Verwandten und Kollegen anhören muß, der sich anschickt, *seinen* eigenen Weg zu gehen.
Und wenn alle die Industriegebiete verlassen wollten? Wenn das alle täten, sich in idyllische Landschaften zurückziehen?
Und wenn das alle täten, die Angestelltenstellung kündigen und Antiquitäten verkaufen? Wer würde denn dann die Antiquitäten kaufen?
Kann ich von Manfred P. lernen?
JE LÄNGER ICH DARÜBER NACHDENKE, UM SO KLARER WIRD MIR, DASS ICH KEINEN EINZIGEN ERFOLGREICHEN UNTERNEHMER KENNE, DER SICH JEMALS UM DIESEN SELTSAM VERFREMDETEN KATEGORISCHEN IMPERATIV GEKÜMMERT HÄTTE.
(Auch die Alternativszene kümmert sich nicht darum; bedeutet das, daß sie sich vom Kategorischen Imperativ befreit hat? Oder bedeutet das nur, daß es sich bei den Angehörigen der Alternativszene um Kleinunternehmer handelt?)
Kann ich von Manfred P. lernen?
In verschiedener Hinsicht erscheint mir die Lebenswirklichkeit des Schriftstellers der des *freien* Unternehmers im alternativen Netz sehr ähnlich: Für meine Arbeit und ihre Verwertung kann ich wenig von Manfred P. lernen – ich erkenne freilich, wie sehr seine Fehler und Irrtümer meinen Fehlern und Irrtümern gleichen.
Wenn ich beklage, daß sich mein Leben auf den Strich zwischen Einnahmen und Ausgaben verkürzt hat, wenn mir hier in Bad Reichenhall täglich klarer wird, wie unsinnig meine große teure Wohnung in Dortmund und die viel zu hohe Telefonrechnung sind: das Konsumtionsverhalten ist unabhängig von der Szene, in der ein Mensch seine Haut vermarktet! Ob alternativ oder nicht alternativ, ist da nicht zwangsläufig eine Alternative!
Aus fremden Erfahrungen lernen? – Vielleicht kann Manfred P. etwas von mir lernen:

Seit ich hier in Bad Reichenhall wieder zu einem anderen, einfacheren Leben zurückzufinden beginne, ist mir klargeworden, daß ich meine Arbeitskraft in den letzten Jahren auf eine Art und Weise ausgebeutet habe, die denkbarer Ausbeutung durch einen fremden Arbeitgeber in nichts nachgestanden hat. Der Chef kann auch im eigenen Kopf sitzen.

Nachtrag:
Während eines längeren Spaziergangs durch Bad Reichenhall versuchte ich herauszufinden, woran es liegt, daß ich mich in dieser kleinen Stadt so wohl fühle. Es ist nicht allein die Landschaft, sondern es ist auch die Struktur von Handwerk, Handel und Gewerbe. Da stehen in Geschäften noch die Inhaber hinter Verkaufstheken, gehört eine Metzgerei noch dem Metzger, und selbst das Kaufhaus und der Supermarkt fügen sich in ein Netz, in dem ich nichts von der mißmutigen Unfreundlichkeit spüre, die in der Industriegroßstadt mit ihren Großkaufhäusern jeden Einkauf zu einer Art Horror-Trip macht.
Als Flucht in die Vergangenheit, als Rückzug in alte, anderswo überwundene vorindustrielle Strukturen erschiene mir ein Umzug nach Bad Reichenhall keineswegs! Im Gegenteil: So ähnlich stelle ich mir die Lebenswirklichkeit in einer nachindustriellen Gesellschaft vor.
Als ich aus der Stadt zurück zum Appartementhaus gehe, sind die Berge von niedrig über der Landschaft hängenden Wolken verdeckt. Die Bergbahn, die auch im Winter *Fremde* zum Gipfel des »Predigtstuhls« transportiert, hat ihren Betrieb eingestellt.
SIND DIE VERÄNDERUNGSBEWEGUNGEN REAKTIONEN AUF EIN SICH ABZEICHNENDES ENDE DER INDUSTRIELLEN WACHSTUMSGESELLSCHAFT?

18

Mit Deutschland fertig sein:

**Gesprächsprotokoll Richard G., 48 Jahre,
früher Rechtsanwalt – jetzt Gastwirt in Thailand**

Gesprächsprotokoll Richard G.:

»Ich konnte und wollte das nicht mehr länger mitmachen. In jedem Puff an der Patpong herrschen klarere Verhältnisse als in der deutschen Rechtsprechung. Ich hoffe nur, daß ich hierbleiben kann ...«

(Richard G., 48 Jahre alt, früher Rechtsanwalt, jetzt Gastwirt)

Das Gespräch fand im Februar 1981 in Richards Gaststätte im thailändischen Urlaubsort P. statt. Das an einer Hauptstraße gelegene Lokal in einem Steinhaus unter Palmen wies von der Speisenkarte bis hin zur drei Tage alten deutschen Boulevardzeitung, von den weiß-blau gewürfelten Tischdecken bis zur Plattenauswahl in der Musicbox den Gestalt gewordenen Traum seines Besitzers nach: ein deutsches Restaurant unter tropischer Sonne. Die bis zum kleinsten Stein des bayerischen Biergartens gelungene Kopie einer hervorragenden deutschen Kulturleistung wurde in ihrer Gesamtwirkung nur dadurch geringfügig beeinträchtigt, daß die asiatisch-mandelförmigen Augen der thailändischen Serviererinnen nicht zu den Dirndl-Kleidern aus München paßten, die Richard für seine Angestellten schneidern ließ. Richards Ehefrau bewegte sich zwischen Küche und Ausschanktheke hin und her. Sie spricht nur wenige Worte Deutsch; Richard schien sich mit seiner Frau und dem Personal in Thai sehr gut verständigen zu können.

KÖRNER: Ich habe in M. ein bißchen rumgehört. Du warst ein ziemlich erfolgreicher Anwalt ...

RICHARD: Tatsächlich? – Du gestattest mir gewiß, daß ich mir ein Lächeln nicht verkneifen kann! Die Menschen denken in Dimensionen ... erfolgreich ... na ja, wenn man erfolgreich ist, weil man Maßanzüge trägt und ein Auto fährt, bei dem das Wort »Prestige« in Silber auf der Karosserie steht, ja, dann werde ich wohl erfolgreich gewesen sein ...

KÖRNER: Und was muß ein erfolgreicher Anwalt machen, damit ihm die Lizenz entzogen wird? Silberne Löffel stehlen?
RICHARD: Sag nur, die haben sich noch immer nicht beruhigt! – Muß die Herren Kollegen ja schwer beeindruckt haben, daß ich der Anwaltskammer den Bettel vor die Füße geworfen habe! Im Ernst, ich habe von diesen Gerüchten in M. auch gehört, der blanke Unsinn! Ich habe meine Kanzlei ordnungsgemäß an meinen Nachfolger übergeben, der wurde Verweser der noch anhängigen Sachen und hat die Kanzlei ordnungsgemäß übernommen ...
KÖRNER: Dann könntest du also morgen wieder deine Zulassung beantragen?
RICHARD: Theoretisch könnte ich das ...
KÖRNER: Was heißt theoretisch?
RICHARD: In der Praxis würde es wahrscheinlich Schwierigkeiten geben. Ich wäre ja dann länger als drei Jahre raus, und wenn einer in dieser Zeit ein Restaurant in Thailand geführt hat, du kennst doch die Meinung in Deutschland über dieses Land, für die ist ganz Thailand ein riesiger Puff ... Und ob sie mich unter diesen Umständen noch mal als Anwalt tätig sein ließen, ich weiß nicht. Ich glaube nicht, daß sich meine Handlungsweise mit dem Ansehen der Anwaltschaft vereinbaren läßt ...
KÖRNER: Ein Rechtsanwalt ist doch kein Beamter ...
RICHARD: Der Rechtsanwalt ist praktisch so eine Art Beamter auf eigenes Risiko! Du hast die Nachteile der Beamten ohne ihre Vorteile ...
KÖRNER: Was für Nachteile?
RICHARD: Da gibt es eine Menge Nachteile! Das fängt schon mit ganz simplen finanziellen Überlegungen an. Du kannst heute eine große Kanzlei nicht mehr ohne Personal führen ... man muß Routinearbeiten abwälzen.
KÖRNER: War das nicht immer so?
RICHARD: Nicht in dem Ausmaß! Das fängt mit dem Bürovorsteher an. Der kostet dich viertausend Mark. An Lohnnebenkosten, Urlaub, Weihnachtsgeld, der ganze Sozialklimbim, das kostet dich noch mal siebzig Prozent ... Der Mann kostet dich, bevor er überhaupt arbeiten kann, siebentausend Mark, das sind über achtzigtausend Mark. Dann sitzt er aber erst da, dann braucht er eine Sekretärin, die kostet auch vierzigtausend Mark, dieses Gespann kostet dich ohne Arbeitsplatzkosten schon hundertzwan-

zigtausend Mark. Das ist ganz und gar ausgeschlossen, daß ein Bürovorsteher dieses Geld auch erwirtschaftet, das ist grundsätzlich anders als früher, als der Bürovorsteher fünfhundert Mark gekostet und mit seiner Arbeit zweitausend Mark eingebracht hat.

KÖRNER: Nun sind die Anwaltsgebühren doch gestiegen . . .

RICHARD: Das ist ein Problem, das bestreite ich, da komme ich bestimmt noch drauf. Ich will damit nur sagen, daß ein Anwalt heute eine Menge Sachen erledigen muß, die er ohne weiteres delegieren könnte, wenn das nicht aus finanziellen Gründen unmöglich wäre . . .

KÖRNER: Und das hat dir gestunken?

RICHARD: Nicht nur das! Die ganze Situation, dieser Beruf zehrt von einem Ansehen aus längst vergangener Zeit. Ich habe es doch bei den Kollegen gesehen, die waren früh um sieben in der Kanzlei und haben bis neun gearbeitet und sind am Wochenende noch in die Kanzlei gegangen . . .

KÖRNER: Hast du das nicht gewußt, als du das Jura-Studium begonnen hast?

RICHARD: So was sagt einem ja keiner! Mein Glück oder Pech ist, daß ich aus einer Anwaltsfamilie stamme, meine Mutter stammt aus einer Anwaltsfamilie. Da haben die mir in einem Alter, wo ich noch leicht zu beeinflussen war, zwischen dem zehnten und zwölften Lebensjahr, da war klar, daß das Ansehen bringt und erhebliche wirtschaftliche Vorteile, die Frage, ob mir das mal Spaß machen würde, das interessierte nicht. Und damit ich das auch einsah, um das abzurunden, mein Vater lebte ja nicht mehr, und da durfte ich 'ne Weile bei den Großeltern leben, um mir das anzusehen, danach war keine Frage, ob ich das machen sollte, da bin ich regelrecht reingerutscht. Dann kommst du zum Studium, und ich stand wie jeder Jurist wie eine Kuh vor einem neuen Scheunentor, weil ja dieses juristische Denken völlig unlogisch ist . . .

KÖRNER: Du hast in M. studiert?

RICHARD: Nein, in H. Ich habe mir nach dem Abschluß eine Stadt mit gutem Freizeitwert, vielen Autos und vielen Ehescheidungen gesucht . . .

KÖRNER: Wie sucht man so was?

RICHARD: Statistisches Jahrbuch der Bundesrepublik!

KÖRNER: Du sagtest was vom unlogischen juristischen Denken ...
RICHARD: Die fangen mit der Rechtsfähigkeit der natürlichen Person an und arbeiten da mit riesigen Theorien, da habe ich mich gefragt, was soll der ganze Quatsch. Da habe ich mich mehrere Semester sehr schwer getan, bis ich drauf und dran war, den ganzen Quatsch hinzuschmeißen ...
KÖRNER: Schon während des Studiums?
RICHARD: Ja! Ich glaube, das ist eine Phase, die jeder Jurist mitmacht. Aber dann kam mir die große juristische Erleuchtung, die jeder haben muß, die Erleuchtung, daß die ganze Juristerei ein völlig abstraktes Gedankengebäude ist, das in der Wirklichkeit keinerlei Entsprechungen hat. Wenn du zwei Äpfel zusammenzählst oder zwei Birnen oder zwei Jungfrauen, dann sind das immer zwei Birnen ...
KÖRNER: Bei Jungfrauen wäre ich mir da nicht so sicher ...
RICHARD: Okay, also dieses System hat in der Wirklichkeit keine Entsprechung, aber es wird leider auf die Wirklichkeit angewandt. Das sind eine Vielzahl von Prinzipien, die sich innerhalb des Systems nicht widersprechen dürfen ... Das ist das ganze Geheimnis, als ich das begriffen hatte, fand ich den Zugang und habe mich hingesetzt, da habe ich neun Monate Tag und Nacht gearbeitet, als ich das gebüffelt hatte, habe ich mich zum Examen gemeldet. Da ging kein Mensch ins Examen mit dem Wissen von der Universität, jeder geht zum Repetitor, der paukt ihm die Prüfungsfragen und so was ein ...
KÖRNER: Wie alt warst du beim Examen?
RICHARD: Fünfundzwanzig!
KÖRNER: Und da ist man Anwalt?
RICHARD: Nein, da ist man Referendar. Das waren damals vier Jahre, wo jeder Tag, den du krank bist oder Urlaub hast, nicht zählt, da machst du alle Stationen durch, bis du nach Ablauf der Referendarzeit dich zum Assessorexamen melden kannst. Damit hast du die Befähigung zum Richteramt ...
KÖRNER: Wie alt warst du da?
RICHARD: Da war ich dreißig. Und mit der zweiten juristischen Staatsprüfung kannst du alles mögliche machen. Da kannst du Richter werden oder Staatsanwalt, du kannst in die Verwaltung gehen, und du kannst auch Anwalt werden ...

KÖRNER: Du bist Anwalt geworden ...

RICHARD: Ich bin Anwalt geworden. Ich habe mir die Stadt gesucht, da war ich restlos blank, als Assessor verdienst du ja nichts, ich habe mich um eine Urlaubsvertretung bemüht, das war damals schon mies, da haben sie mir gesagt, unter fünfhundert Mark im Monat sollte ich nicht anfangen ...

KÖRNER: Wie lange hatte die Ausbildung da gedauert?

RICHARD: Die Examenszeiten sind ziemlich lang, bei mir waren es fast neun Jahre. Da hatte ich aber Glück, da habe ich ein Angebot von einem Anwalt bekommen, ob ich nicht anfangen würde in seiner Kanzlei. Ich hatte da schon als Referendar gearbeitet ... da habe ich zwölfhunderteinundfünfzig Mark verlangt, weil ich da diese albernen Abzüge nicht hatte, da hat er zwar geschluckt, aber er hat mich angestellt. Ich durfte niemandem sagen, was ich verdiente, da waren ja mehrere Anwälte beschäftigt. Und dann habe ich von einem Kollegen gehört, der seine Kanzlei aufgeben wollte, da habe ich mich mit ihm in Verbindung gesetzt. Das war eine kleine Kanzlei, der Mann hatte Vermögen und brauchte davon nicht zu leben. Ich habe mir die Bücher angesehen, habe die Kanzlei übernommen und erst mal den Bürovorsteher an die Luft gesetzt, ich habe die erste Kraft an die Luft gesetzt. Ich habe geackert wie ein Pferd und habe im ersten Jahr schon ein Einkommen gehabt von über vierzigtausend Mark. Das war damals ein enormes Geld. Damals traf ich mal einen Konreferendar, der erzählte mir, sein Chef wäre großzügig, er gäbe ihm immerhin siebenhundertfünfzig Mark im Monat ...

KÖRNER: Meinen Respekt!

RICHARD: Ich habe das also aufgebaut und ausgebaut, ich habe sehr viel Geld verdient, weil ich sehr viel gearbeitet habe, das lief dann eben so dahin ...

KÖRNER: Du warst immer Junggeselle?

RICHARD: Nein! Ich habe 1968 geheiratet! Da habe ich gedacht, ich hatte meine Sturm- und Drangzeit hinter mir, da sagte ich mir, weshalb nicht, ich war ja in der Lage, eine Familie zu ernähren und nicht nur recht und schlecht, sondern gut bis sehr gut ...

KÖRNER: Und was hat dich hier an diesen lieblichen Golf von Siam geführt?

RICHARD: Da spielt meine Scheidung eine Rolle. Das ist nicht der wesentliche Grund, aber das spielt eine Rolle ...

KÖRNER: Welche?
RICHARD: Das war vor fünf Jahren ... Aber es ist nicht so, daß mich die Scheidung dazu gebracht hat, mein Leben zu überdenken, das war genau andersherum, ich bin mir wahrscheinlich über mein Leben klarer geworden, und das hat dann zur Scheidung geführt ... Ich habe gesehen, daß ich mit der Frau, die ich geheiratet hatte, nicht mehr zusammenleben kann, daß ich da nicht das Leben führen kann, das ich eigentlich wollte ...
KÖRNER: Warst du unzufrieden?
RICHARD: Mein Leben sah damals so aus, daß ich um sechs Uhr aufgestanden bin, da habe ich Zeitung gelesen und eine Stunde trainiert, dann war ich spätestens um halb neun im Büro, da habe ich bis sieben oder halb acht im Büro gesessen und habe gearbeitet, im Büro oder bei Gericht, dann kam ich total erschöpft nach Hause. Da brauchte ich fast eine Stunde, um mich wieder zu regenerieren, dann habe ich zu Abend gegessen und mich gegen zehn Uhr ist Bett gelegt, damit ich am nächsten Morgen wieder wach und fit war. Am Samstag habe ich am Vormittag trainiert und am Nachmittag wieder in Familie gemacht, und am Sonntag fuhr ich nach dem Mittagessen meistens wieder in die Kanzlei ...
KÖRNER: Keinen Urlaub?
RICHARD: Doch! Urlaub habe ich meist zweimal im Jahr gemacht. Vierzehn Tage im Sommer und eine Woche um Ostern. Das war es im Grunde ...
KÖRNER: Was verdient man dabei?
RICHARD: Das Finanzamt erfährt das ja nicht! – Ich bin sehr gut ausgekommen. Hunderttausend Mark, mal weniger, meist mehr ...
KÖRNER: Was hast du mit dem Geld gemacht?
RICHARD: Ausgegeben! Ich hatte eine Frau, die ganz gut dabei geholfen hat!
KÖRNER: Und da wacht man dann irgendwann mal auf ...
RICHARD: Da stellt sich irgendwann ein Unbefriedigtsein ein. Das hat ja immer mehrere Ursachen. Einer der Gründe war bestimmt, da muß ich meiner ersten Frau dankbar sein, daß ihre Ansprüche immer größer wurden. Die gab immer mehr Geld aus. Ich mußte immer mehr arbeiten, weil sie immer mehr Geld brauchte. Und ich merkte, daß der Akademiker im Grunde nichts anderes ist, als ein geistiger Fließbandarbeiter. Er muß immer wieder dieselben

Denkprozesse unter zeitlichem Druck wiederholen. Wenn jemand zum Arzt kommt und hat es am Blinddarm, da kann der Arzt nicht sagen, Blinddärme hatte ich heute schon drei Stück, das langweilt mich, ich werde mich jetzt um Ihre Bauchspeicheldrüse kümmern, die interessiert mich. Du mußt ständig die Probleme lösen, die von anderen auf den Tisch gelegt werden. Das führt zu einer extremen, einseitigen geistigen Belastung, und diese wiederum hat auf die Dauer schwerwiegende Auswirkungen a) auf die geistige Struktur, b) auf die seelische Struktur und damit auch auf die körperliche Gesundheit ...

KÖRNER: Die alles tötende Routine ...

RICHARD: Die Sache sieht im Grunde so aus: Wenn du sechzig Stunden in der Woche immer dieselbe geisttötende Arbeit machst, geht das nur, wenn du dir im Laufe der Zeit Neurosen anerziehst, bewußt oder unbewußt schaffst du dir Zwangsneurosen an, die dich zu einem ganz bestimmten Verhalten zwingen ...

KÖRNER: Eine Arbeitsneurose??

RICHARD: Zum Beispiel! Ich hatte einen Kollegen, der nahm sich selbst für das Wochenende Akten mit nach Hause, und als ich ihn darauf ansprach, da sagte er, ich werde das nie vergessen, da sagte er: Aber was soll ich denn sonst machen! Fernsehen? – Der Mann war mit fünfzig schon nicht mehr dazu imstande, etwas anderes zu machen, als seine Akten wegzuarbeiten. Dem war schon ein Gespräch nicht mehr möglich ... Inzwischen ist er tot ...

KÖRNER: Und deine Neurose?

RICHARD: Ich hatte einen Lesezwang. Ich habe zu Hause, also, wenn ich halbwegs wieder aufnahmefähig war, da nahm ich mir die Zeitung oder irgendein Buch und habe gelesen. Da sagte meine Frau, sag mal, bist du verrückt, du hast den ganzen Tag Akten gelesen, und jetzt liest du weiter, ich konnte gar nicht mehr anders, ich habe in jeder freien Minute gelesen ... Im Urlaub, wenn ich ins Hotelzimmer kam, ich mußte irgendwas lesen, und wenn es das Telefonbuch war ...

KÖRNER: Kannst du Thai lesen?

RICHARD: Was? – Du, das ist längst vorbei! Wenn die Sonne aufgeht oder wenn eine gute Frau über die Straße geht, das bekomme ich jetzt wieder voll mit! So was habe ich zuletzt in Deutschland gar nicht mehr gesehen, das interessierte mich überhaupt nicht mehr! Wenn meine Frau kam und mir irgendwelche Probleme erzählen wollte, da habe ich ihr gesagt, laß mich in Ruhe, ich habe den ganzen Tag mit Problemen zu tun gehabt, ich will nicht schon wieder solchen Quatsch hören. Das ist bei den meisten Anwälten so, die können sich gar nicht mehr für ihre Familie engagieren, das führt zu einer seelischen Verarmung, das ist direkt eine Verkrüppelung, man ist überhaupt nicht mehr imstande, überhaupt zu leben. Man ist zwar geistig in seinem Fachgebiet eine Zeitlang ein As, aber nach längerer Zeit tritt genau durch diese Spezialisierung, durch dieses begrenzte Feld, das man beackert, tritt ein geistiger Verfall ein. Da ist man auch im Beruf nicht mehr das, was man mal war. Das Gehirn ist dazu entwickelt, sich in einer natürlichen Umwelt zurechtzufinden. Ich habe das bei Konrad Lorenz gelesen, unser Gehirn ist nicht zum ausschließlich abstrakten Denken geschaffen. Das ist wie beim Sport, jede einseitige Dauerbeanspruchung führt zu Schäden . . .

KÖRNER: Willst du damit sagen, jeder Rechtsanwalt wird verrückt?

RICHARD: Sagen wir besser etwas sonderlich! Einseitige Belastungen unter Streß führen auf Dauer zu Schäden . . . da kommt ja die Neurose hinzu, ein Anwalt, der zwei Herzinfarkte hinter sich hat, der müßte doch normalerweise sagen, ich schmeiß' das hin und mach' was anderes . . . aber die können das gar nicht! Ich habe das in meinem letzten Deutschland-Jahr erlebt, da bekam ein Kollege Darmkrebs, du, nach der Operation, als er noch am Tropf hing, der hat sich Akten und Fachliteratur ins Krankenhaus bringen lassen und sich damit beschäftigt, obwohl er gar nicht wußte, ob er das überlebt, ob er jemals wieder aus dem Krankenhaus herauskommt . . . Das führt auf Dauer zu einem völligen Zusammenbruch der Persönlichkeit, dieser geistige Dauerstreß, und es ist von außen nicht einmal zu erkennen. Die Fassade, weißt du, die Fassade bleibt. Solange solche Anwälte nur beruflich angesprochen werden, merkt man das nicht, aber wenn du über etwas redest, das auch nur drei Millimeter daneben liegt, dann werden sie seltsam still und schweigsam. Die sind innerlich längst völlig zerfallen und zum Wrack geworden . . .

KÖRNER: Wenn das so ist und das die meisten nicht einmal merken, woran liegt es, daß du das rechtzeitig gemerkt hast?

RICHARD: Du wirst ja schon von der Schule darauf vorbereitet, sinnlose Sachen zu tun. Wenn du in der Schule lernst, wieviel

Gänseblümchen auf einer Wiese wachsen und wieviel Samenfädchen ein Gänseblümchen hat, dann lernst du was, das du nie wieder brauchst. Aber du wirst dazu gezwungen, das zu lernen, obwohl das objektiv wie subjektiv völlig idiotisch ist ...

KÖRNER: War deine Schulzeit anders?

RICHARD: Natürlich war sie nicht anders! Dazu kommt noch folgendes, wenn ein Junge mit schlechten Zensuren nach Hause kommt, dann wird er mit Liebesentzug bestraft ... dann wird ihm die Liebe, die ein Kind ja unbedingt braucht, entzogen, und da wird das Kind von Anfang an zu sinnloser Arbeit dressiert, damit es als Erwachsener eine gute Arbeitskraft ist. Seine charakterlichen Besonderheiten, seine Interessen und seine Wünsche, das spielt bei der Ausbildung überhaupt keine Rolle, das Kind wird allein auf Leistung getrimmt, ohne daß es nach dem Sinn und Zweck dieser Leistung zu fragen hat. Mit dieser Dressur, die ja gut angeschlagen hat, sonst hätte er ja gar nicht das Abitur, kommt der Junge jetzt zur Universität, da strengt er sich wieder an, damit er einen Beruf ausüben kann. In diesem Stadium taucht dann meist irgendeine Frau auf, die er heiraten und ernähren will, und die übernimmt dann die Rolle, die vorher die Mutter und der Vater spielten. Die Frau macht das nur viel subtiler, so blöd, wie er als Kind gewesen ist, ist der Mann ja jetzt nicht mehr, jetzt spielt das Maß der Liebe und Zuneigung der Frau eine Rolle, und das wird, ich rede jetzt von den deutschen Verhältnissen, wieder von der Leistung abhängig gemacht. Das heißt, wenn er der Frau jedes Weihnachten einen Pelzmantel schenkt, dann wird er mehr geliebt, als wenn das nicht der Fall ist ...

KÖRNER: Vereinfachst du das nicht?

RICHARD: Nein! Ich habe in M. zur Gesellschaft gehört, und ich habe bei meiner Scheidung angefangen, die Augen aufzumachen. Die Frauen spornen die Männer über sexuelle Mechanismen zur Leistung an ...

KÖRNER: Durch Verweigerung der Sexualität?

RICHARD: Das ist viel subtiler! Der Mann, der den ganzen Tag dem Arbeitsstreß unterliegt, der kann ja nachts im Bett nicht mehr so munter sein, das wirft ihm die Frau aber nicht vor, weil das dazu führen könnte, daß er säuft oder sich aufgibt, nein, die Frauen tolerieren das und halten es dem Mann vielleicht unterschwellig vor, die sagen, ich liebe dich ja, damit finde ich mich ab, da ist der

Mann dann direkt dankbar dafür, und jetzt versucht er diese sexuelle Schwäche durch besondere berufliche Leistungen auszugleichen, und auf diese Weise treibt die Frau den Mann immer weiter in dieses Elend hinein, das ich dir geschildert habe ...

KÖRNER: Ist es dir so gegangen?

RICHARD: Nein! Ich habe das gemerkt, weil ich mich gefragt habe, ob das gut für mich ist, was ich mache, und das hätte zu meinem Zusammenbruch geführt. Ich war völlig überarbeitet, und bei der Entwicklung in der Bundesrepublik, die sich damals schon abzuzeichnen begann, hätte ich mich umbringen können, wenn ich dageblieben wäre. Ich habe begriffen, wie der Anwaltsberuf funktioniert. Ich wollte das Maß der Arbeit einschränken, runterfahren die Kanzlei, weißt du, weniger machen, aber das geht nicht. Du mußt jeden Dreck machen, wenn da einer mit einer Kleckersache kommt mit einem Streitwert von hundert Mark, wo ich nichts daran verdiene, das kann ich nicht ablehnen, weil der Mann vielleicht das nächste Mal mit einer Ehescheidung kommt. Ich kann aber auch die Kleckersache des Klienten, der mit seiner Scheidung bei mir war, danach nicht mehr ablehnen ... Man gerät in eine Zwangslage, man hat das nicht mehr im Griff, das ist wie ein Auto, das immer schneller fährt und das man nicht bremsen kann. Du bist in einer Situation, daß du immer mehr arbeiten mußt und dafür immer weniger Geld bekommst ...

KÖRNER: Waren das nur wirtschaftliche Gründe, die dich hierhergebracht haben?

RICHARD: Nein! Das ist doch ein System, da greift ein Rad in das andere, das hängt alles zusammen! Die Art, was eine Ehe in Deutschland ist, ich habe immer sehr viel von der Ehe gehalten, das ist die natürliche Form des Zusammenlebens erwachsener Menschen ... Wenn ich daran denke, was meine Ehe war ... als Mann arbeitest du, und die Frau sitzt zu Hause herum, natürlich fängt sie an, sich zu langweilen, und da verschafft sie sich die Abwechslung von dem Geld, das der Mann verdient ...

KÖRNER: In der Oberschicht, wenn keine Kinder da sind ...

RICHARD: Auch bei den Arbeitern! Was bleibt denn überhaupt noch an Zeit für das Zusammensein, für das eigentliche Leben? Wenn da eine Stunde am Tag bleibt, ist das viel ... wenn ich diesen Unsinn lese, Ehe und Familie stehen unter dem besonderen Schutz der staatlichen Ordnung, wie es im Grundgesetz heißt ... die Ehen und Familien werden durch die Verfassung der gesamten Ordnung in der Bundesrepublik zugrunde gerichtet, und die werden sich sehr wundern, denn mit der Familie, die zugrunde geht, ruinieren sie den Staat ...

KÖRNER: Bist du für Law and Order?

RICHARD: Das primär materielle Denken ist es, das jede funktionierende menschliche Gesellschaft zersetzt! Das fängt doch hier auch schon an, das war jahrhundertelang ein friedliches und freundliches Volk, und wenn du hier nachts als Fremder über die Straße gehst, mußt du damit rechnen, die bringen dich wegen deiner Armbanduhr um ...

KÖRNER: Weil sie hungern?

RICHARD: Die leben hier sehr einfach, aber ich kenne keinen, der hungert! Du kannst bei einer Garküche für Pfennige eine schmackhafte Mahlzeit kaufen ... die leben zwar in den Dörfern zu sechs Mann in einem Raum, aber die waren zufrieden ...

KÖRNER: Ich habe hier sehr viel Armut und Elend gesehen ... in Bangkok ...

RICHARD: Höre mir mit diesem stinkenden Bangkok auf! Das ist eine viel zu schnell gewachsene Metropole eines Entwicklungslandes! Was hier in Thailand passiert ist, ich habe mich sehr viel mit der Geschichte meiner neuen Heimat beschäftigt ... Das Land ist von den Amis und vom Tourismus heruntergewirtschaftet ... Die haben gesehen, was die Menschen im Westen alles haben, und da wollen sie das natürlich auch ... Diese Prostitution, die du überall findest, du wirst dich wundern, aber die Thai sind eigentlich ein äußerst prüdes Volk gewesen, bevor die Amis das Land zum Puff für die GI's machten ...

KÖRNER: Ich weiß da wenig ... wir haben zuletzt über die Familie in Deutschland gesprochen ...

RICHARD: Ich will dir mal was sagen, es ist ein Jammer, aber ich habe hier zum erstenmal in meinem Leben erlebt, wie es ist, wenn eine Frau einen Mann liebt. Wenn hier mal was schiefginge ... wenn ich mal nicht könnte, die Mai würde für mich arbeiten ... die würde sich in Stücke reißen lassen für mich und das Kind ...

KÖRNER: Das wollte ich sowieso fragen, wie du hier in die Gegend kommst. Was war denn da, ja, man sagt wohl, das eigentlich auslösende Element ...

RICHARD: Ich meine, da kam sehr viel zusammen. Da war erst

einmal die mittelstandsfeindliche Politik in der Bundesrepublik ...

KÖRNER Ist die so mittelstandsfeindlich?

RICHARD: Na hör mal, ist das eine Frage? Da greifen mehrere Mechanismen ineinander ... Da ist das steigende Lohnniveau, das einen Freiberufler daran hindert, Personal einzustellen, da ist die ständige Geldentwertung, die dich dazu zwingt, immer mehr zu arbeiten, um den Lebensstandard zu halten, die Steuer ... das brauche ich dir doch wirklich nicht zu erzählen ...

KÖRNER: Und das brauchst du hier nicht?

RICHARD: Der Lebensstandard richtet sich immer nach dem Umfeld. Ein großer Wagen und eine repräsentative Wohnung, in Deutschland brauchst du das unbedingt, wenn du mithalten willst ...

KÖRNER: Muß man mithalten?

RICHARD: Wenn man im Beruf nicht untergehen will, ja, das muß man, wenn du da im Konsum abfällst, da denken sie, was ist denn da los, kann der nicht mehr ... dann muß es ihm aber im Beruf sehr schlecht gehen ... und dann geht es dir bald richtig schlecht. Ich habe gründlich darüber nachgedacht. So Teilbereiche ändern ... das ist ausgeschlossen ... das hängt alles zusammen, Beruf und Konsum und Ehe, da greift eben ein Rad ins andere, da kann man in einem Bereich allein überhaupt nichts ändern, das muß man radikal und gründlich machen ... Wenn ich das genau bedenke, mir hat die ganze Richtung in der Bundesrepublik nicht mehr gepaßt ...

KÖRNER: Die Entwicklung zum Wohlfahrtsstaat?

RICHARD: Das ist nur materiell gesehen ein Wohlfahrtsstaat, und auch da habe ich meine Zweifel ... da kommt über kurz oder lang eine Währungsreform, der Saat ist doch total verschuldet ... und wenn jetzt der Reagan in den Staaten dran ist, der wird die Rüstungsschraube drehen, da wird den Europäern Hören und Sehen vergehen ...

KÖRNER: Die Thai sind ja auch nicht gerade Pazifisten ...

RICHARD: Die haben Angst ... die haben jahrhundertelang eine sehr geschickte Schaukelpolitik gemacht, um sich unabhängig zu halten, aber nach Vietnam und Kambodscha und Laos, mit dem Kommunismus vor der Tür ist das nicht so einfach. Als Gast in einem freundlichen Land hält man sich aus der Politik natürlich völlig raus, aber die Führung, natürlich ist das nach unseren Begriffen eine ziemlich korrupte Pseudo-Demokratie, wo die Wahlkämpfe mit der Maschinenpistole geführt werden, aber mir geht es gut hier, du weißt, woran du bist ...

KÖRNER: Du sagtest vorhin, da kämen mehrere Faktoren zusammen ...

RICHARD: Ja, mir erschien die Arbeit im Anwaltsberuf immer sinnloser, und im Zusammenhang damit zerbrach meine Ehe ...

KÖRNER: Deine erste Ehe! – Hattest du Kinder?

RICHARD: Gott sei Dank nicht! Wenn ich damals Kinder gehabt hätte, ich weiß nicht, ob ich das dann geschafft hätte, aus der Tretmühle rauszukommen. Da sind Kinder wie eine Eisenkugel am Fuß. Die halten dich fest. Die meisten kommen wegen der Kinder nicht einmal dazu, über ihr Leben nachzudenken, da heißt es immer nur, Geld ranschaffen.

KÖRNER: Aber jetzt hast du ein Kind ...

RICHARD: Ja! Hauptsächlich wegen der Mai ... Die Frauen hier sind anders, wenn sie ein Kind haben, es ist irgendwo noch alles sehr viel natürlicher, mehr Gefühl, weißt du! Die Mai hat die Schule insgesamt vier Jahre besucht, aber wenn ich manchmal sehe, mit wieviel Ernst sie sich um das Kind bemüht, manchmal denke ich, das ganze System drüben, ich kann mir nicht helfen, irgend etwas stimmt nicht. In der Großstadt, gewiß, da gibt es hier Slums und Leute, die nach westlichen Maßstäben in bitterem Elend leben ... aber nach westlichen Maßstäben ... auf den Dörfern ... da leben die Leute zufrieden ...

KÖRNER: So zufrieden, daß sie ihre Kinder an Fabriken und Bordelle verkaufen ...

RICHARD: Ach ja. Und zu Hause werden sie durch die Chemie verkrüppelt oder mit Krebs geboren. Das Leiden ist nun mal in der Welt ... hier sieht man es deutlich, weil es materielles Leiden ist, im Westen siehst du weniger, weil das Elend drinnen sitzt. Als ich hier ankam, ich war doch seelisch und gefühlsmäßig ein Krüppel ...

KÖRNER: Und jetzt bist du geheilt und lebst im Paradies ...

RICHARD: Ein Paradies mit Fehlern. Das Wetter ... im Sommer kannst du hier vierzig Grad im Schatten bei neunzig Prozent Luftfeuchtigkeit erleben, aber da hat man die Air-Condition und die Ware in der Tiefkühlung, das ist nun wirklich nicht das Problem. Der Winter in Europa ist auch kein Zuckerlekken . . .

KÖRNER: Das wollte ich dich sowieso fragen, wie du das schaffst, als Anwalt ein Restaurant zu führen und dann noch ein typisch deutsches so weit weg von Deutschland . . .

RICHARD: Die Gastronomie ist etwas, was ein intelligenter Mensch ohne große Schwierigkeiten lernt. Ich habe nicht den Ehrgeiz, ein Drei-Sterne-Restaurant zu führen. Was die Urlauber wollen, ist gut gekühltes Bier und Asbach und Steinhäger und auf der Karte ein Wiener Schnitzel und Eisbein mit Sauerkraut und Rindswurst . . . Eine Käseplatte und ein Fläschchen Sekt für die Damen . . .

KÖRNER: Und das läßt du aus der Bundesrepublik einfliegen . . .

RICHARD: Das flieg' ich ein, oder die Ware kommt mit dem Containerschiff. Ich habe schon Lehrgeld zahlen müssen, aber das zahlst du überall. Jetzt bin ich hier angesehen, die kennen mich inzwischen, und da kriegst du deine Verbindungen, mit der Polizei und dem Häuptling . . . Vor einem halben Jahr hat mir einer die Armbanduhr abgenommen, da habe ich das dem Häuptling erzählt, und drei Tage später hatte ich sie mit einer höflichen Entschuldigung wieder. Das war ein kleiner Gauner aus der Hauptstadt, der kannte die Verhältnisse hier nicht . . .

KÖRNER: Klingt wie bei Edgar Wallace . . .

RICHARD: Jede Gesellschaft hat ihre Regeln, und da fügt sich der Fremde so gut wie möglich ein, wenn er klug ist. Hier stehen einige Leute auf der Liste, zu Hause brauchst du das nicht, und dafür drückt dir das Finanzamt die Kehle zu. Jedes System hat seine Vorteile und seine Nachteile. Im Prinzip sind die Menschen hier offen und freundlich. Ich habe keine Schwierigkeiten. Ich bin zufrieden, und es geht mir gut . . .

KÖRNER: Bist du gleich mit der Absicht nach Thailand gekommen, hier ein Lokal aufzumachen?

RICHARD: Nein, überhaupt nicht! Vor fünf Jahren, als ich meine Scheidung hinter mir hatte, da wollte ich erst mal Urlaub machen. Da kannst du ja nicht einfach abfahren und die Kanzlei allein lassen, da habe ich einen Vertreter besorgen müssen, und dann bin ich für drei Wochen nach Thailand geflogen . . .

KÖRNER: Weshalb nach Thailand?

RICHARD: Natürlich in erster Linie wegen der Frauen. Ich hatte die Scheidung hinter mir, und mit deutschen Frauen wollte ich nichts mehr zu tun haben, da bin ich nach Thailand geflogen und habe nach fünf Tagen die Mai kennengelernt . . .

KÖRNER: In einer Bar?

RICHARD: Nein! Beim Schneider! Ich wollte mir ein paar Anzüge machen lassen, die bekommt man ja billig hier, und da arbeitete sie in dem Schneiderladen. Ich habe sie zum Essen eingeladen, sie wollte erst nicht, aber dann habe ich sie schließlich überreden können . . .

KÖRNER: In welcher Sprache denn? Bei vier Jahren Schulzeit . . .

RICHARD: Englisch. Die sprechen alle ein bißchen Englisch, sie sprach sogar ein paar Worte Deutsch, bei dem Tourismus bleibt das nicht aus . . .

KÖRNER: Und da hast du mit ihr geschlafen und so weiter . . .

RICHARD: Ich habe sie mit ins Hotel genommen, und sie ist dann dort geblieben, und wir haben den ganzen Urlaub praktisch am Schwimmbecken und im Bett verbracht. Da konnte ich über mein Leben nachdenken. Das erschien mir alles so unsinnig, du lebst für die Kanzlei und das Gericht, du sollst Prozesse gewinnen, und jeder Prozeß ist eine Art Lotteriespiel . . .

KÖRNER: Wie das?

RICHARD: Weil die Rechtsprechung nicht nur völlig unübersichtlich geworden ist, sondern auch unvorhersehbar für den Anwalt. Man kann einem Klienten nicht mit reinem Gewissen sagen, ob er einen Prozeß gewinnt oder verliert. Selbst wenn man sagen könnte, die Sache ist klar, das gewinnen wir, so was kann durch mehrere Instanzen gehen . . . wie in vier oder fünf Jahren die Rechtslage ist, weiß kein Mensch. Die Rechtsprechung ändert sich unter dem Einfluß politischer und wirtschaftlicher Verhältnisse ständig.

KÖRNER: Das hat dich frustriert?

RICHARD: Es fehlen die Erfolgserlebnisse. Selbst wenn man einen Prozeß gewinnt, ist das selten auf die eigenen Fähigkeiten zurückzuführen, sondern das ist Zufall. Das System ändert sich ständig . . .

KÖRNER: Nun ist die Bundesrepublik aber ein Rechtsstaat . . .

RICHARD: Das sagst du, der dort lebt? Ich bekomme das ja meist nur durch die Zeitungen mit . . .

KÖRNER: Welche liest du?

RICHARD: Den ›Spiegel‹, den ›Stern‹, die ›Zeit‹ und die ›Zürcher Weltwoche‹ . . . Ich bekomme das in den letzten Jahren hauptsächlich durch die Zeitungen mit, aber ich bin der Ansicht, daß der deutsche Rechtsstaat in sorgfältiger Kleinarbeit systematisch demontiert wird, diese Demontage hat spätestens nach dem Ersten Weltkrieg eingesetzt, als man nämlich von der Begriffsjurisprudenz übergegangen ist zur Interessenjurisprudenz . . . die Begriffsjurisprudenz war logisch wie die Mathematik, da kam man zwangsläufig mit Logik zu richtigen Ergebnissen. Aber spätestens nach dem Ersten Weltkrieg hat sich das geändert mit der vordergründigen Erklärung, daß infolge des verlorenen Krieges und infolge des sozialen und politischen Umbruchs eine völlig neue Sicht des Rechtssystems notwenig ist. Das ist natürlich völliger Quatsch gewesen . . .

KÖRNER: Zurück zu dir! – Du bist dann in Thailand geblieben?

RICHARD: Wenn das so einfach möglich wäre! Ich bin inzwischen mit Mai verheiratet, und wir haben ein Kind . . . aber das Lokal hier, das läuft alles auf ihren Namen . . . ich bekomme die Aufenthaltserlaubnis inzwischen immer für ein Jahr, aber wenn das Jahr abgelaufen ist, dann muß ich immer mal raus und flieg' drei Tage später wieder zurück . . .

KÖRNER: In die Bundesrepublik?

RICHARD: Quatsch! Ich fliege nach Penang oder nach Singapore!

KÖRNER: Deine Ehe . . .

RICHARD: Ja, die Ferien gingen dem Ende entgegen, und die Mai wurde von Tag zu Tag stiller und trauriger, da habe ich gesagt, was soll das eigentlich, was interessieren mich die anderen, so ein Quatsch, die besten Jahre meines Lebens hatte ich mich nach den anderen gerichtet, da habe ich mir gesagt, die Frau liebt dich, wie dich noch nie eine deutsche Frau geliebt hat . . .

KÖRNER: Wie alt war die Mai damals?

RICHARD: Einundzwanzig! – Ja, die liebte mich, wie mich noch nie eine deutsche Frau geliebt hatte, und da habe ich gesagt, wenn du willst, dann nehme ich dich mit. Da blühte sie auf . . . die letzten Tage, alle Freundinnen von ihr kamen und brachten Geschenke, die Menschen haben hier eine Liebenwürdigkeit, da war keine

Spur von Neid, die umarmten sie und wünschten ihr Glück ... Ja, und dann flogen wir nach Deutschland ...

KÖRNER: Geht das so einfach?

RICHARD: Da gab es natürlich jede Menge Bürokratie, ich mußte Kosten für ein Flugticket hinterlegen für den Rückflug, und bei der Einreise gab es Schwierigkeiten, aber ich habe das hinbekommen, mit einem Touristenvisum für drei Monate. Ich wollte das dann ändern, aber als wir wieder in der Bundesrepublik waren, die Mai in der großen Wohnung und wenig Deutsch und ich in der Kanzlei ... dann auch noch der Winter, sie hat sich nie beklagt, aber von Tag zu Tag, sie ging ein wie eine Blume, die man abgeschnitten hat, und da sagte ich mir, also was soll der Quatsch hier in Deutschland noch, ich habe einen jungen Anwalt gesucht, der scharf auf die Kanzlei war, habe den ganzen Bettel verkauft und bin nach Thailand geflogen. Dort haben wir dann geheiratet. Ich habe alle Brücken sofort hinter mir abgebrochen. Wenn man was Neues anfängt, ich breche dann alle Brücken hinter mir ab, man muß sich den Rückweg verbauen, wenn die ersten Schwierigkeiten auftauchen, darf man keinen einfachen Rückweg haben ...

KÖRNER: Hast du mit Freunden darüber gesprochen?

RICHARD: Mit Freunden und mit meiner Mutter.

KÖRNER: Und was haben die gesagt?

RICHARD: Daß ich total verrückt wäre! Ich hätte einen Schock durch die Scheidung! Quatsch, ich hatte keinen Schock, ich habe nur meine Situation ganz klar gesehen. Arbeiten und nichts anderes, und dann liegst du irgendwann auf der Bleiche ... Ich habe die Praxis abgegeben ...

KÖRNER: Verkauft?

RICHARD: Heute, wo das Verhältnis zwischen Anwalt und Klient nicht mehr ein lebenslängliches ist wie früher, was willst du da für eine Kanzlei verlangen? Da zahlt ja kaum jemand was, jeder muß sich den Kundenstamm selbst aufbauen, da ist nicht mehr viel zu holen ...

KÖRNER: Was hast du damals bekommen?

RICHARD: Ich hatte eine gute Büroeinrichtung ... Ledermöbel und solche Sachen ... ich habe für alles knapp siebzigtausend Mark bekommen, in Raten ... Da wollte ich ja wieder was machen. Überhaupt nicht arbeiten, da wird ein Mann verrückt, und da bin ich dann auf die Idee mit der Gastwirtschaft gekommen. Ich will kein Vermögen verdienen, ich will einigermaßen leben, und ich lebe sehr gut, seit ich hier bin . . .

KÖRNER: Und ein Lokal schafft man so einfach?

RICHARD: Ich habe mir natürlich Fachbücher mitgenommen und lange mit früheren Klienten geredet, die in Deutschland Betriebe haben . . . da wächst man rein wie in jede Aufgabe. Das macht mir hier mehr Spaß, als mir die Kanzlei jemals hätte machen können. Ich sage dir, in jedem Puff an der Patpong herrschen klarere Verhältnisse als in der deutschen Rechtsprechung. Ich hoffe nur, daß ich hierbleiben kann . . .

KÖRNER: Und wenn es da mal Schwierigkeiten geben sollte?

RICHARD: Dann nehme ich meine Frau und mein Kind und bin ruckzuck weg.

KÖRNER: Wohin?

RICHARD: Irgendwohin, wo man zufrieden und in Ruhe leben kann.

KÖRNER: Und wovon leben?

RICHARD: Ich habe ein bißchen Geld vor der deutschen Steuer in die Schweiz retten können . . . Damit kann man etwas Neues anfangen, und wenn mit dem Geld was passiert, daß es Verhältnisse gibt, daß ich da nicht an das Geld komme . . .

KÖRNER: An Geld in der Schweiz kommt man immer . . .

RICHARD: Das sagst du! Das haben die deutschen Juden auch gedacht, und das Geld haben die Schweizer Banken auch auf die Nummernkonten genommen. Aber als die Juden dann zu ihrem Geld wollten, da haben die Schweizer höflich sorry gesagt . . . Wenn mit dem Geld mal was passieren sollte und wenn ich das hier aufgeben müßte und wenn ich irgendwo als Straßenkehrer arbeiten müßte . . . zurück nach Deutschland bringen mich keine zehn Pferde . . .

KÖRNER: Haß des Auswanderers auf seine frühere Heimat?

RICHARD: Quatsch, ich hasse nichts und niemanden. Ich will mit dieser verrückt gewordenen Leistungskommune nichts mehr zu tun haben und mit der deutschen Justiz schon gar nichts. Das ist alles. Und jetzt sage ich der Mai Bescheid, und wir gehen alle drei zum Chinesen was essen.

19

Bad Reichenhall im Februar: Ex oriente lux, ex okzidente luxus und ihre Verschmelzung

»Ich will kein Vermögen verdienen, ich will einigermaßen gut leben, und ich lebe sehr gut, seit ich hier bin . . .«, sagte Richard, als unser Gespräch am Golf von Siam zu Ende ging. »Ich hasse nichts und niemanden. Ich will mit dieser verrückt gewordenen Leistungskommune nichts mehr zu tun haben und mit der deutschen Justiz schon gar nichts. Das ist alles . . .« Die Auswanderung nach Asien. Der totale Bruch mit gewachsenen Strukturen. Wenn es möglich ist, noch mal von vorn anzufangen, müßte der neue Anfang am einfachsten im Ausland möglich sein, in der konsequenten Abwendung von alten Lebensstrukturen.
Noch keine drei Wochen sind vergangen, seit ich mit dem Cassetten-Recorder in Richards Gaststätte saß, danach der Flug ins winterliche Deutschland. Auch diesmal war die Rückkehr mit dem üblichen Schock verbunden, mit dem mich die Bundesrepublik nach jedem Aufenthalt in einem wärmeren, weniger industrialisierten Land empfängt. In einem der schnellen Intercity-Züge bin ich von Frankfurt nach Dortmund gefahren. Zwei Nächte in meiner Wohnung in Dortmund, diesem elektrifizierten, mit Klimamaschinen, Heizmaschinen, Musikmaschinen, Fernsehmaschinen, Kühlmaschinen und Kochmaschinen ausgestatteten hochtechnisierten Alptraum. Ein Besuch bei meiner Mutter, die in einer Hochhausmaschine lebt, seit dem Tode meines Vaters allein. Die ständig gegen ihre Einsamkeit kämpft und noch einsamer wäre, wählte ich einen ähnlichen Weg wie Richard. Deutschland kommt auch mir wie ein Irrtum vor, wenn ich nach einer Auslandsreise zurückkomme. Drei Tage hielt ich es in der grauen, lauten Stadt im Ruhrgebiet aus, dann packte ich die Schreibmaschine in den Wagen, ein paar Kleidungsstücke und einige Bücher und fuhr nach Bad Reichenhall. Eine Flucht an einen Ort, auf der Landkarte der Bundesrepublik nur unter einem einzigen Gesichtspunkt gesucht: Möglichst weit weg von einem industriellen Ballungsgebiet sollte er gelegen sein, möglichst nahe an großen Waldgebieten, die für mich immer die Wälder meiner Kindheit sind.

Nie wieder so wie vorher leben, das hatte mich zur Suche nach fremden Veränderungserfahrungen veranlaßt. Tonband-Cassette nach Tondband-Cassette habe ich fremdes Leben aus dem Cassetten-Recorder angehört. Stimmen von Männern, die von Veränderung erzählten. Fremde Geschichten, in denen ich mich immer, mal mehr, mal weniger, wiedererkannte.
Richards Veränderung kommt mir am entschiedensten, konsequentesten vor. Und sie läßt mich am entschiedensten daran zweifeln, daß eine grundsätzliche Veränderung und ein Neubeginn überhaupt möglich sein könnten.
Was ist da passiert?
Ein Mann wird zum Rechtsanwalt gemacht. Er baut eine Rechtsanwaltskanzlei auf und heiratet. Seine Ehe zerbricht, und er bricht aus der Arbeitswelt, die er als sinnlose Tretmühle empfindet, aus. Er wagt den Sprung ins Ausland und findet eine neue Aufgabe, in die er hineinwächst, wie er in jede Aufgabe hineinwächst, sagt er.
So gut wie alles an der Gesellschaft der Bundesrepublik wird zur Zielscheibe seiner Kritik. Wenn ich diese Kritik auf ihren Kern zu verdichten suche, reduzieren sich Richards Klagen auf einen einzigen Satz:
»Das Leben in der Bundesrepublik gefällt mir nicht, weil man dort mit sehr viel sehr komplizierter Arbeit viel Geld verdienen muß, das man für Menschen und Sachen ausgeben muß, die ich nicht brauche!«
Diesen Satz hat Richard freilich nicht gesagt. Von »Sozialklimbim« spricht er und meint damit genau jenes Netz sozialer Sicherheit, das ihn daran hindert, seine Arbeit auf schlecht bezahlte Hilfskräfte zu delegieren, diese also auszubeuten. Über die Ansprüche selbstbewußter gewordener deutscher Frauen beklagt er sich, und er sagt, daß er in Thailand zum erstenmal in seinem Leben erfahren habe, wie es sei, wenn eine Frau richtig liebe.
Und wie ist das, wenn eine Frau richtig liebt? – Da ist sie die stille und demütige Sklavin ihres Herrn und Gebieters.
Wie ist das, wenn die Welt für Richard noch in Ordnung ist? – Da sind Eingeborene froh, wenn sie für ihren Herrn und Gebieter für einen Lohn von etwa vierzig Mark im Monat arbeiten dürfen, und an die Stelle des Finanzamtes, das ein Rechtsanwalt ganz selbst-

verständlich betrügt, tritt das Schmiergeld an den örtlichen Gangsterchef.

»Rund 3,5 Millionen Kinder arbeiten in Thailand in Fabriken und Bordellbetrieben«, las ich in einem Bericht der Anti-Sklaverei-Gesellschaft, London. »Arbeitsvermittler zahlen an die Eltern 100.- bis 300.- DM.« Ich glaube der Londoner Gesellschaft, auch mir wurden in Asien schon Menschen zum Kauf angeboten. Ich frage mich nur, ob ich einen Grund habe, mich über diese Kinderausbeutung aufzuregen, weil ich nicht weiß, unter welchen Produktionsbedingungen die Thai-Seide der Oberhemden hergestellt wird, die ich gewöhnlich in Asien kaufe, und welches Gehalt in der Fabrik in Hongkong gezahlt wird, wo der Kugelschreiber hergestellt wurde, mit dem ich das Manuskript dieses Buches korrigiere.

Chancen und Risiken der Veränderung: Ich frage mich, ob es überhaupt möglich ist, aus fremden Erfahrungen zu lernen. Ich frage mich, ob Veränderungen innerhalb der dem einzelnen gegebenen Möglichkeiten nicht tatsächlich immer nur Teil von Austauschprozessen sind, bei denen der einzelne die Möglichkeit hat, für sich zu verändern, damit sich insgesamt nichts ändert.

Ich beklage mich über mein Leben in einer hochindustrialisierten Gesellschaft, neige dazu, vom einfacheren Leben (am Golf von Siam oder hier in Bad Reichenhall) zu träumen – und in den noch unterentwickelten Ländern träumt der Bauer von elektrischem Licht (und Anke träumt vom Leben in der Großstadt, einem eigenen Auto und Nächten in einer lauten Diskothek unter Laser-Lichtanlagen).

JE LÄNGER ICH DARÜBER NACHDENKE, UM SO KLARER WIRD MIR, DASS DER SELTSAM VERFREMDETE KATEGORISCHE IMPERATIV IN MEINEM KOPF DAS HAUPTHINDERNIS AUF DEM WEG ZUR VERÄNDERUNG IST.

Man kann nicht nach Thailand auswandern, weil man dann die industriell noch unterentwickelte dritte Welt ausbeutete? Man kann als Elektromaschinenbauer Frau und Kinder nicht im Stich lassen und mit einer anderen Frau einfach eine Diskothek eröffenen? Man kann als Unternehmer nicht einfach seine Betriebe im Stich lassen und Heilpraktiker werden? Man kann nicht als Arbeiter nur zwei Monate arbeiten und den Rest des Jahres auf

Campingplätzen verbringen? Man kann sich nicht scheiden lassen wollen, wenn man damit den Selbstmord seiner Frau verursacht? Man kann als Theologe nicht plötzlich feststellen, daß man homosexuell ist, und seinen Orden deshalb verlassen? Man kann als Beamter seine Lebensstellung nicht einfach aufgeben und Lokalredakteur werden ? Man kann als Redakteur nicht aus der Redaktion in die Sicherheit einer Lebensstellung flüchten? Man kann als Angestellter nicht einfach seinen Konzern im Stich lassen und in die Alternativszene abdriften? Man kann nicht als Rechtsanwalt nach Thailand gehen und eine Gaststätte eröffenen?
UND OB MAN DAS KANN! JEDER DER MÄNNER HAT VERÄNDERT, UND DIESE VERÄNDERUNG WAR MÖGLICH, WEIL ER GANZ EINFACH SEINEN WÜNSCHEN FOLGTE.

Nachtrag:
Heute war ich mit Hannes aus dem Café Meran in der Eissporthalle Bad Reichenhalls. Wir haben zusammen eine Thermoskanne »Jägertee« (ein Gemisch aus Rotwein, Obstler, Enzian und Gewürzen) leer getrunken, und als ein Spieler der Reichenhaller Mannschaft gefoult wurde, mischte sich auch mein lautstarker Protestschrei mit dem wütenden Gebrüll von allen Bänken. Als ich spät in der Nacht wieder zum Appartementhaus kam, kam ein Anruf von Renate aus Dortmund. Wann ich denn wieder nach Hause käme. Die Stimme dieser Frau, mit der ich schlafe, Kinos und Diskotheken besuche und verreise, klang leise und sehr weit entfernt.
»Ich weiß noch nicht, ob und wann ich nach Dortmund komme!« sagte ich. (Wir belügen uns nicht; das ist sehr viel.)
Einmal war ich zusammen mit Renate in einem Therawada-Kloster auf Sri Lanka, weil ich von den Mönchen dort etwas lernen wollte. Die Mönche wollten auch etwas von uns: Kugelschreiber und Tonband-Cassetten, aber nicht die von Sony, sondern die guten deutschen, die von der BASF. Liegt das Glück immer am anderen Ufer?

20

Ein Suchender, der seinen Guru fand:

Gesprächsprotokoll Heinz K. alias Swami Pujari, 31 Jahre, früher Arzt - jetzt Leiter eines Meditationszentrums

Gesprächsprotokoll Heinz K. alias Swami Pujari:

»Ich habe gelernt, daß Krankheit ein natürlicher Prozeß des Lebens ist und genauso dazu gehört wie essen, trinken, schlafen. Die Annahme, der Kranke befände sich außerhalb einer Norm und sei zu reparieren, erscheint mir anmaßend und lieblos zugleich. Die meisten Patienten leiden nicht an einer Krankheit in dem Sinne, wie die Medizin sie definiert, sondern sie leiden an verpfuschten Ehen und unerträglichen Arbeitsplatzsituationen – der Anspruch, da als Mediziner helfen zu wollen, erscheint mir absurd . . .«
(Heinz K. alias Swami Pujari, 31 Jahre alt, früher Arzt, jetzt Leiter eines Meditationszentrums)

Das Gespräch fand Ende Dezember 1980 in einem Wohnraum des Rajneesh-Meditationszentrums in einer westdeutschen Großstadt statt, das Swami Pujari seit einigen Monaten leitet. Pujari praktiziert als Arzt nicht mehr in Klinik oder Arztpraxis, bietet im Zentrum jedoch medizinisch-psychosomatische Beratungsstunden und, in Einzelsitzungen, Massage und Shiatzu an. Der helle Wohnraum war mit auf dem Fußboden liegender Schaumstoffmatratze, Schreibtisch und einem kleinen Bücherbord nahezu spartanisch eingerichtet. Über dem Kopfende der Matratze war ein Foto Bhagwan Shree Rajneeshs an die Wand geheftet. Neben der Matratze lag ein Cassetten-Recorder mit Kopfhörer, um den Cassetten-Recorder herum lagen zahlreiche Tonband-Cassetten mit Vorträgen des Poona-Gurus Bhagwan Shree Rajneesh, aber auch Kassetten mit Meditationsmusik.

KÖRNER: Ich muß dir zuerst ganz offen sagen, daß ich mit sehr gemischten Gefühlen in dieses Gespräch gehe. Ein Freund von mir hat mit sehr viel Mühe über den dritten Bildungsweg das Abitur gemacht und dann jahrelang auf einen Studienplatz für Medizin gewartet, und du bist approbierter Mediziner und schmeißt das einfach hin. Was bringt einen dazu? – Mir erscheint das ziemlich absurd! Wenn man Menschen helfen kann . . .

PUJARI: Ich habe eher die Erfahrung gemacht, daß man Menschen nicht helfen kann . . . oder vielleicht die Erfahrung, gar nicht mehr helfen zu wollen.

KÖRNER: Weshalb nicht?

PUJARI: Es gibt da so zwei Pole . . . einer, der hilft, und einer, der angeblich helfen kann. Und da habe ich gesehen, ja, daß beides irgendwo eine Illusion ist . . .

KÖRNER: Verstehe ich nicht! Nehmen wir an, einer ist krank, weil er ein Bein gebrochen hat. Er kommt zu dir, weil er Schmerzen hat, und du bist Arzt. Kannst du nicht helfen?

PUJARI: Die rein technischen Behandlungen, das ist eine Sache, die für mich immer klar war. Aber das kommt ja in der Praxis so gut wie nie vor. Das ist das kleinste Kapitel der Medizin. Was in die Praxis kommt, das sind im Grunde viele psychosomatische Geschichten. Ich habe zeitweilig ein Heim für Alkoholiker und Obdachlose betreut. Da als Arzt helfen zu wollen . . . das ist ein Anspruch, der mich erschreckte. Weil, da steckt immer ein Stück Nichtakzeptieren des anderen dahinter, ein Nichtakzeptieren der Situation, in der er sich befindet. Der Anspruch, da als Arzt helfen zu können, das hat mich gestört. In mir entstand immer mehr der Wunsch, solche Situationen erst einmal so zu lassen, wie sie sind. Ich wollte auf Menschen nicht mit einer bestimmten Vorstellung zugehen, wie sie eigentlich sein sollten . . .

KÖRNER: Wenn jemand krank ist und er kommt zu dir, kannst du ihm nicht helfen?

PUJARI: Im Grunde genommen kann ich ihm nicht helfen!

KÖRNER: Kann er sich helfen?

PUJARI: Da mußt du schon aufpassen! Ich habe Zweifel an unserem Begriff der Krankheit. Der geht immer davon aus, daß es den gesunden Menschen gibt . . . Einen Zustand, den man Gesundheit nennt . . . dieser funktionale Begriff vom Menschen . . . Ich glaube das nicht, daß es Krankheiten gibt, von denen man den Menschen heilen kann. Ich sehe überall nur kranke Menschen, verstehst du, nicht ein Gesunder hat eine Krankheit, sondern der Mensch ist krank. Diese Annahme, es gäbe Krankheiten und es gäbe eine Gesundheit, diese Definition erschreckt mich . . .

KÖRNER: Laß uns darauf später mal zurückkommen. Deine Zweifel an der Schulmedizin sind inzwischen nicht mehr selten, ich zweifle da auch manchmal, obwohl, wenn ich eine Lungenentzündung habe, bin ich ziemlich froh, daß es da Antibiotika gibt. Und wenn Krankheiten durch Bakterien oder Viren hervorgerufen werden . . .

PUJARI: Dann stellt sich mir sofort die Frage, weshalb einzelne Menschen von diesen Bakterien oder Viren erkranken und andere nicht . . .

KÖRNER: Ich bin kein Arzt! – Liegt das nicht am Immun-System?

PUJARI: Möglicherweise! Aber weshalb ist dann bei einigen das Abwehrsystem dazu imstande, mit Erregern fertig zu werden, und bei anderen nicht? Wenn das Abwehrsystem geschwächt ist . . .

KÖRNER: Du, für eine medizinische Fachdiskussion fehlt mir jegliche Kompetenz! – Warum hast du dich für diesen Beruf entschieden?

PUJARI: Wie kommt man hierzulande zu einem Beruf . . . Ich habe erst Volksschule gemacht und dann die Realschule und dann das Abitur . . . dann studiert man . . .

KÖRNER: Was ist dein Vater von Beruf?

PUJARI: Der ist Schlosser gewesen und Kaufmann, und dann nach dem Krieg, da ist er zur Bundesbahn gegangen. Werkstattleiter oder so was. Meine Mutter ist Hausfrau.

KÖRNER: Geschwister?

PUJARI: Drei! Ich bin der Benjamin, der jüngste sozusagen . . .

KÖRNER: Und da hast du nach dem Abi das Studium voll durchgezogen . . .

PUJARI: Das sieht von draußen gesehen so aus. Ich habe das Studium aber dreimal unterbrochen und dann unter verändertem Ansatz immer wieder neu aufgenommen. Nach dem Abi war ich noch unsicher. Soziologie oder Politologie, ja, ich habe mich dann für Medizin entschieden.

KÖRNER: Weil dein Abitur besonders gut war?

PUJARI: Das nicht einmal. Ich weiß das noch genau, ich habe an einem Abend überlegt, was ich machen könnte, und da kam ich darauf, ja, als Arzt mit einer abgeschlossenen Berufsausbildung würde ich einen Punkt erreichen, von dem aus ich zu einer Neuorientierung finden könnte.

KÖRNER: Druck von deinen Eltern?
PUJARI: Gar nicht. Meine Mutter hätte am liebsten gesehen, daß ich ein Handwerk erlerne. Finanzielle Gründe. Arzt werden zu wollen, das hing ihr viel zu hoch.
KÖRNER: Finanzielle Gründe? – Haben deine Geschwister studiert?
PUJARI: Nein! Meine Schwester war Krankenschwester und dann Ehefrau, jetzt ist sie geschieden und wieder Krankenschwester, einer meiner Brüder ist hauptberuflich bei der CSU, und der andere Bruder, ja, der ist in Bethel ...
KÖRNER: Weshalb das?
PUJARI: Wegen einer Epilepsie! Der war zweieinhalb Jahre im Waisenhaus, und als er rauskam, hat er sich eine Hirnhautentzündung geholt.
KÖRNER: Weshalb Waisenhaus?
PUJARI: Wegen einer Krankheit meiner Mutter! Die war zweieinhalb Jahre wegen einer offenen Tb in Heilstätten, und weil niemand da war, der sich um die Kinder kümmerte, mußten wir alle ins Waisenhaus.
KÖRNER: Wie lange warst du da?
PUJARI: Praktisch von null bis zu zweieinhalb Jahren. Ja, mit meinem Bruder, mit der Schule, das ging nicht, heute sehe ich das so, mit der Krankheit, da hat auch viel die Stimmung zu Hause mitgespielt. Meine Eltern haben sich nie richtig verstanden ... Als Mutter im Krankenhaus war, da haben sich meine Eltern sehr entfremdet. Weil mein Vater in dieser Zeit auch eine andere Frau kennengelernt hat. Das entwickelte sich dann zu einer Affäre, die zwanzig Jahre dauerte ...
KÖRNER: Parallel zur Ehe deiner Eltern?
PUJARI: Ja, da hat sich bei meinem Vater sehr viel Haß aufgestaut, daß er nie richtig frei war, in der Ehe gebunden ...
KÖRNER: Weshalb hat er die Ehe dann geschlossen?
PUJARI: Wahrscheinlich aus Panik. Er hat vielleicht irgendwann Angst bekommen, daß er keine Frau mehr mitbekommt, schon mit sechsundzwanzig, als er heiratete ... Vor dem Krieg muß die Ehe wohl auch ganz gut gewesen sein. Aber im Krieg hat er sich, glaub' ich, in eine Russin verliebt, das war wohl eine sehr tiefe Beziehung, danach konnte er mit einer mehr formellen Beziehung wie mit meiner Mutter nicht mehr viel anfangen ... Meine Mutter war

körperlich damals so heruntergekommen, ich sollte gar nicht zur Welt kommen. Der Arzt hat ihr dringend davon abgeraten ... aber das hat sie dann nicht fertiggebracht, mich wegmachen zu lassen. Wir sind zu Hause sehr katholisch gewesen, weiß du ... Ja, und vor vier Jahren hat mein Vater dann wieder eine andere Frau kennengelernt, und das hat dazu geführt, daß er zu Hause ausgezogen ist ...

KÖRNER: Dein Vater kann nicht mehr ganz jung sein ...

PUJARI: Mein Vater ist jetzt siebenundsechzig. Als er ausgezogen ist, war er dreiundsechzig. Da gab es schon manchmal harte Auseinandersetzungen zwischen meinem Vater und mir. Daß Mutter auf ihn wartete und er hatte eine andere Frau, und dann hat sich auch noch ein Freund von mir in meine Schwester verliebt, und da gab es schon viel Auseinandersetzungen, weil meine Schwester zu der Zeit auch verheiratet war. Da hat es mein Vater fertiggebracht, meiner Schwester zu sagen, ja, wenn sie diese Beziehung zu meinem Freund aufrechterhält, dann dürfe sie nicht mehr nach Hause kommen. Und er machte genau das, was er ihr verbieten wollte.

KÖRNER: Und hat sie sich das verbieten lassen?

PUJARI: Natürlich nicht! Ich hab' ihm gesagt, daß ich das für verlogen halte, und dann war der Gipfel, ja, er hat mich am heiligen Weihnachtsfest aus der Wohnung rausgeschmissen.

KÖRNER: Wie alt warst du da?

PUJARI: Da studierte ich schon. Das waren schon irre Trips, die da abgelaufen sind. Er war damals dreiundsechzig und sie sechsunddreißig, die Zahlen waren genau vertauscht. Ich habe das zwar lange Zeit nicht für gut gehalten, aber es imponiert mir auch. Mein Vater ist sehr vital, irgendwie ist er ein Mann, der sich nie hat ganz einkassieren lassen.

KÖRNER: Wann bist du zu Hause ausgezogen?

PUJARI: Sofort nach dem Abitur! Ich bin mit einem Freund zusammengezogen, den ich im ersten Semester kennengelernt hatte. Ich habe viel gearbeitet, schon vor dem Studium und auch später, in den Semesterferien, ich habe mir das Geld für die Unabhängigkeit von den Eltern noch während der Abi-Wochen selbst verdient. In einer Druckerei, mit schwerer Arbeit. Da habe ich so viel gearbeitet, ich habe mit unterbezahlter Handarbeit in vier Monaten zehntausend Mark verdient. Als das Studium dann anfing, bekam ich BAFÖG und habe mich mit der eigenen Bude besser gestanden, als ich es zu Haus bekommen hätte. Meine Mutter hätte in diesem Falle erwartet, daß ich Essensgeld abgebe und einen Mietanteil zahle, und mir wäre nur ein kleines Taschengeld geblieben. Mit meinem Freund gab es dann auch Probleme, der kam aus einer ganz anderen Umgebung, das war ein Arztsohn, und es war schwer, mit ihm zusammenzuwohnen, da gab es schon Schwierigkeiten, zu sich selber zu finden . . .

KÖRNER: War dein Vater autoritär?

PUJARI: Ja, das würde ich sagen. Wir haben auch heute noch oft Auseinandersetzungen. Der ist zum Beispiel für die Todesstrafe, wenn Terroristen gefaßt werden, führt er regelrecht Freudentänze vor dem Fernseher auf, das ist eben, ja, das ganze alte Programm noch voll drin. Der hat auch noch immer nicht begriffen, daß ich das nicht will. Karriere in der Arztpraxis oder im Krankenhaus . . .

KÖRNER: Wie waren denn deine Beziehungen zu Frauen?

PUJARI: Ich traf in München eine Japanerin wieder, die ich schon in meiner Heimatstadt gekannt hatte, die studierte Musik in München, und da begann eine Beziehung, wir lebten nicht zusammen, aber es war eine sehr intensive Beziehung, die nach zweieinhalb Jahren zerbrach.

KÖRNER: Woran ist diese Beziehung zerbrochen?

PUJARI: Auch wenn das mißverstanden wird, ich muß sagen, an meiner Angst.

KÖRNER: Wie alt warst du da?

PUJARI: Zweiundzwanzig!

KÖRNER: Und sie?

PUJARI: Zwei Jahre älter! – Ich hatte immer Angst davor, mit ihr zusammen in eine gemeinsame Wohnung zu ziehen. Ich merkte, daß ich sehr verliebt in diese Frau war, daß ich alles um mich herum vergaß und verlor. Ich studierte ja, ich wäre am liebsten dauernd mit der Frau zusammengewesen, aber da machte ich gerade mein Physikum, das war eine Teufelszeit. Der ganze Existenzkampf an der Uni, beim Physikum fielen fünfundzwanzig Prozent durch, ich merkte, wenn ich voll in die Beziehung eingestiegen wäre, da hätte ich das Studium sausen lassen können. Und nach dem Physikum, da kam so viel Angst hoch, mich selbst zu verlieren, da hatte ich manchmal Angst, ich bestehe mehr aus der Frau, als ich selbst bin.

Da habe ich der Frau gesagt, ich muß mich einfach mal eine Zeit zurückziehen, herausfinden, was ich machen will und wer ich eigentlich bin. Ich hatte regelrecht Angst vor der Beziehung ...
KÖRNER: Angst davor, sich in der Gemeinsamkeit zu verlieren?
PUJARI: Ja! – Ich habe auch nie Drogen genommen, weil ich mich nicht verlieren wollte, das war eine Gefahr. Danach kam eigentlich eine Phase, wo ich mich mehr mit meinen Beziehungen zu Männern auseinandersetzte. Das war auch eine Auseinandersetzung mit einer Form von Angst ...
KÖRNER: Mit welcher Angst?
PUJARI: Zum Beispiel mit der Angst, schwul zu sein. Da war eine tiefe Angst, mich zu verlieren, nicht der zu sein, der ich bin.
KÖRNER: Die Angst vor den eigenen Wünschen oder der eigenen Triebstruktur?
PUJARI: Die Angst, nicht das leben zu können, was ich bin. Ich hatte Angst davor, nicht offen sein zu können, gegenüber Männern und Frauen, ganz einfach gegenüber Menschen. Und zwar uneingeschränkt. Wenn ich mal nicht eine Frau sympathisch fand, sondern einen Mann, da war eine Angst, das zuzulassen, eine Angst, daß das andere Leute sehen könnten. Ich habe da eine Szene erlebt, am Bahnhof, da mußte ich irgendwie hin, da ging ich auf dem Bahnsteig auf und ab und sah einen wirklich alten Knacker da stehen, und der hielt eine Aktentasche in der Hand, der hielt die so komisch in der Hand, daß mir das auffiel, der guckte immer in die Aktentasche, dann guckte er ängstlich um sich und guckte wieder rein, da fiel mir das auf, und ich bin mal näher an ihm vorbeigegangen, und ich konnte einen Blick in die Aktentasche werfen, da hatte er da ein schwules Porno-Magazin drin ... Das hat mich so entsetzt, daß dieser Mensch, der ein ganzes Leben hinter sich hatte, daß der da stand am Bahnhof, total verklemmt, unfrei und arm, da lief bei mir ein wahnsinniger Film ab, daß ich mal eine ähnliche Sitiuation haben könnte, diese Angst davor zu zeigen, was einen interessiert ...
KÖRNER: Hast du damals homosexuelle Neigungen ausgelebt?
PUJARI: Nein, ich hatte Freunde, aber das hätte ich damals nie zugelassen ... nur nach der Beziehung mit der Frau aus Japan, da habe ich mich einen Monat völlig zurückgezogen, um meine

Vergangenheit aufzuarbeiten. Meine trostlose Kindheit in der Vorortsiedlung zum Beispiel . . . da kam dann endlich Vertrauen auf . . .

KÖRNER: In dich? In die Welt?

PUJARI: In mich vor allem, ich hatte das Gefühl, da war auf einmal eine Richtung, in die ich gehen wollte. Da bin ich das erste Mal nach München gefahren und habe Gruppentherapie und Selbsterfahrungsgruppe gemacht . . .

KÖRNER: In was für einer Einrichtung?

PUJARI: In einem Zentrum, wo so die Methoden der humanistischen Psychologie praktiziert wurden . . .

KÖRNER: Maslow? Pearls?

PUJARI: Da wurde Encounter und alles mögliche gemacht, das war ein Zentrum für individuelle Sozialtherapie . . .

KÖRNER: Wie bist du gerade auf diese Einrichtung gekommen?

PUJARI: Durch einen Freund! Da bin ich oft hingefahren. Ich konnte ja durch die Arbeit meines Vaters bei der Bundesbahn billig Eisenbahn fahren . . . da bin ich oft hingefahren, in den Semesterferien habe ich dort mitgearbeitet, und das Geld, das ich dafür brauchte, habe ich mir durch Röntgenbereitschaften verdient . . .

KÖRNER: Haben dir diese Selbsterfahrungsgruppen was gebracht?

PUJARI: Ja, die haben mir unendlich viel gebracht . . . daß ich eben anfing, meine eigene Kraft und meine eigene Energie überhaupt zu entdecken . . . Das war die Erfahrung, daß meine Wünsche und meine Sehnsucht eine Kraft waren, die ich einsetzen konnte, um damit was zu machen. Gleichzeitig war das die Entdeckung einer Welt, wo ein Teil der Dinge, von denen ich träumte und die ich mir wünschte, verwirklicht war . . . Vertrauen und Offenheit im Umgang mit anderen Menschen . . . die Bereitschaft, auch mal ein Wagnis und ein Risiko einzugehen . . . da kamen viele Menschen zusammen mit der gleichen Sehnsucht und der gleichen Offenheit und der gleichen Risikobereitschaft . . . Das war sehr schön, aber wenn ich dort eine Weile gelebt hatte, dann kam ich wieder in den Universitätsbetrieb, und dort war für mich nichts . . . Ich hatte da Studienfreunde, denen ich davon erzählte, aber die konnten damit überhaupt nichts anfangen erst mal . . . erst nach und nach fuhren da auch Freundinnen und Freunde hin, Menschen, die heute zum Teil auch in Poona waren und mit denen ich auch heute noch guten Kontakt habe.

KÖRNER: Bestehen Verbindungen zwischen diesem Zentrum und Poona?

PUJARI: Das ist schwierig, da bestehen schon Verbindungen ... da kommen auch Leute hin, die mit Bhagwan Kontakt hatten ... Ich habe dort auch die ersten Lectures von Bhagwan gehört und auch von ihm gelesen ... ich habe dann mit dynamischer Meditation begonnen, alle Scheine gemacht, die ich für das Staatsexamen brauchte. Im Februar 1976 bin ich das erste Mal nach Poona geflogen.

KÖRNER: Zum Bhagwan. Wie war das, bist du gleich in den Ashram gezogen, oder lebtest du zuerst in einem dieser üblen indischen Hotels?

PUJARI: Du kommst ja nicht gleich als Bewohner in den Ashram ... Ich habe Bhagwan-Vorträge gehört. Da kann ja jeder jederzeit hinkommen ... Ich habe im Hotel gewohnt und bin zu Vorträgen gegangen. Damals war das alles noch überschaubarer, heute ist so was kaum noch möglich, ich saß in der dritten Reihe, direkt vor Bhagwan ... Diese ersten Lectures, das war für mich eine so enorme Erfahrung ...

KÖRNER: Eine Erfahrung von welchen Kräften? – Ich habe alles von und über Bhagwan gelesen, was ich auftreiben konnte, was passiert da, das selbst gescheite Leute wie Andreas Elten oder dich zum Beispiel, was läßt euch derart darauf abfahren ...

PUJARI: Es ist die Liebe! Ich habe da eine solche Liebe und ein solches Verständnis gefunden ... ich konnte das manchmal kaum aushalten, ich hätte losheulen und schreien können ...

KÖRNER: Weil du dich verstanden fühltest?

PUJARI: Nein, das war nicht so individuell! – Das war eher die Erfahrung, da ist einer, der versteht ... Da war einer, der ganz klar und deutlich erkannt hatte, wie sehr wir uns daran hindern, frei zu sein. Da war ein gütiger und hochintelligenter Mann mit einem sagenhaften Humor, der aufzeigte, wie die Gesellschaftsspiele ablaufen ... Da war so viel Liebe, das konnte ich fast nicht erfassen. In den Lectures war für mich völlig klar, daß ich Schüler von ihm werden wollte, und wenn ich dann aus den Vorträgen kam und durch den Ashram lief, da packte mich der kalte Horror vor den anderen . . . das war für mich sehr schlimm . . . wenn ich seine Schüler sah, die Leute um ihn herum, bei ihm, mit ihm war sofort alles klar . . . aber mit den anderen Leuten, da wollte ich nichts zu tun haben.

KÖRNER: Was störte dich an den anderen, die wie du beim Bhagwan, ja, man kann ja wohl sagen, einen Sinn suchten?

PUJARI: Das waren nicht nur die Schüler, der ganze Ashram, da war so viel Abwehr von meiner Seite . . . der Bhagwan war so in Ordnung, aber wenn ich diese Leute im Ashram sah . . . Dann habe ich mich mal zufällig in einer spiegelnden Scheibe gesehen, da lief ich genauso dumm und dämlich durch die Gegend, und da begriff ich, daß es nicht darum ging, einer Gemeinschaft beizutreten oder Sektenmitglied zu werden, da begriff ich, wenn ich Schüler vom Bhagwan werde, hat das nur mit ihm und mit mir zu tun. Jeder andere hat genauso das Recht, er selbst zu sein, wie ich es habe . . .

KÖRNER: Du bist gleich bei deinem ersten Besuch Bhagwans Sannyasin (d. i. Schüler) geworden?

PUJARI: Ja! Ich habe die Mala von ihm genommen . . .

KÖRNER: Eine Kette mit seinem Bild . . .

PUJARI: Ja.

KÖRNER: Wie lange warst du da in Indien?

PUJARI: Nur sechs Wochen! Dann bin ich wieder nach Deutschland geflogen. Ich wollte dieses wahnsinnige Glück und die Freude, die ich empfangen hatte, zu Hause an Leute weitergeben, die ich gern hatte. Als ich zurück war, habe ich erst einmal bei Freunden gelebt . . .

KÖRNER: Wie war das . . . mit diesen Erfahrungen wieder in die Bundesrepublik zu kommen . . .

PUJARI: Ein Horror-Trip! – Bhagwan hatte mir gesagt, ich solle hier in der Stadt ein Zentrum eröffnen . . . Ich war damals ganz entsetzt . . . ich und ein Zentrum, dachte ich, das geht doch gar nicht, ich habe doch gar kein Geld . . . Ich war so überrascht, als er mir die Urkunde mit dem Namen des Zentrums in die Hand drückte . . .

KÖRNER: Das war 1976 . . .

PUJARI: Ja. Im März. Da kam ich nach Deutschland zurück . . . mit dem Zentrum war das erst mal unmöglich . . . Ich fand keine Räume, ich hatte kein Geld, ich hatte Freunde unter den

Medizinern, die mit mir zusammen das Staatsexamen machen wollten, da merkte ich aber, daß das mit dem Staatsexamen überhaupt nicht hinhaute . . . ich konnte mir die Bücher nicht mehr in den Kopf packen . . . gleichzeitig lief ein irrer Horror in der Beziehung ab, die ich damals hatte . . .

KÖRNER: Eine Frau?

PUJARI: Nein, das war eine Beziehung zu einem Freund. Durch den Aufenthalt in Poona konnte ich sehr deutlich die Spannungen erkennen, die zwischen uns waren, das war auch vorher schon da, aber das wurde durch Poona für mich klarer sichtbar . . . ich war offener, sensibler . . . ich habe mehr von meinen Bedürfnissen und Notwendigkeiten gewußt, die ich zuvor nicht gesehen hatte . . .

KÖRNER: Und welche Konsequenzen hast du da gezogen?

PUJARI: Da waren erst mal keine Konsequenzen, sondern ein sehr greifbarer Schmerz, wenn man sieht, welche Bedürfnisse nicht erfüllt werden . . . Ich kam mir sehr einsam vor, ich sah die Schwierigkeiten, mit dem, was in mir war, auch nach draußen zu gehen. Meine Fähigkeit, zu lernen und zu studieren, Prüfungen zu machen, das war damals ein Bein, auf dem ich stand. Da habe ich mir damals ein Zimmer genommen, das war teuer und schön, da wollte ich mein Staatsexamen vorbereiten. Da setzte ich mich vor die Bücher, las eine Seite und mußte sie noch mal lesen, weil ich gar nicht begriffen hatte, was da stand. So als ob man übermüdet liest . . .

KÖRNER: Warst du übermüdet?

PUJARI: Nein! Ich war völlig durcheinander! Ich konnte meine Wünsche und Bedürfnisse nicht erfüllen, ich konnte mich jetzt aber auch nicht an die Arbeit setzen . . . weil mein Kopf einfach durchdrehte . . . dann habe ich erst mal meine Examensgruppe abgesagt . . . ich konnte das nicht machen, dann bin ich nach Griechenland gereist . . . mit Freunden . . . das war so verrückt. Ich sah, die Welt da unten war schön, so total in Ordnung. Sonne, Meer . . . alles war da, man brauchte nur zuzugreifen . . . wir waren sechs Leute da unten, und jeder nagte an seinen Problemen herum . . . da sah ich, die Welt draußen, die ist so total in Ordnung, aber der Horror ist in uns . . . da bin ich dann zurück nach Deutschland . . .

KÖRNER: Nach welcher Zeit?

PUJARI: Das waren ungefähr zwei Monate ... da lebte ich eine Woche allein in der Wohnung meiner Schwester und habe nachgedacht, da wußte ich, der Horror, der konnte noch jahrelang weitergehen, ob ich nun ein Zentrum eröffnete oder das Staatsexamen machte ... wenn ich das Staatsexamen machte, da hatte ich eine neue Basis ... neue Möglichkeiten, mich zu orientieren ... da habe ich den Entschluß gefaßt, erst einmal das Staatsexamen zu machen ... Da habe ich ein Zimmer in der Wohnung einer Freundin bezogen und für das Examen gelernt, und ich machte dann mein Staatsexamen, achtzehn Prüfungen ein halbes Jahr lang, und danach wollte ich vier Monate in einem Krankenhaus als Medizinalassistent arbeiten, das war ein Krankenhaus an der DDR-Grenze, da hatte man mir volles Gehalt geboten, weil die Leute dringend Ärzte brauchten ... Da hätte ich in drei, vier Monaten genug Geld verdienen können, um in aller Ruhe nach Poona zu fliegen, aber nach einem Tag merkte ich, ja, das ging einfach nicht ...
KÖRNER: Warum nicht?
PUJARI: Das habe ich bis heute noch nicht begriffen ... Ich merkte nur, das ging nicht. Ich kannte das alles, ich habe viel in Krankenhäusern gearbeitet ... aber ich merkte ... ich stand da und mir wurde siedend heiß, ich habe mich erst dagegen gesträubt, weil ich für vier Monate zugesagt hatte, da bin ich in aller Ruhe ins beste Restaurant essen gegangen, habe meine Sachen zusammengepackt, und am nächsten Morgen bin ich zum Personalchef gegangen und sagte ihm, daß ich das nicht machen könne, und da ließ er mich ohne weiteres gehen. Da stand ich praktisch einen Tag später mit meinen Koffern wieder am Bahnhof am Punkte Null und bin nach kurzer Zeit, in der ich Geld verdiente, wieder nach Poona geflogen.
KÖRNER: Für welche Zeit ...
PUJARI: Ich war dort vier Monate. Diese Zeit in Poona war sehr wichtig für mich. Ich wollte dort meditieren, aber ich wurde krank ... Erkältung, Mandelentzündung ... das war ein Zusammenbrechen meiner Aktivität ... Ich machte das alles nicht, weil es mir Spaß machte, sondern ich machte das, weil ich über die Meditation was erreichen wollte.
KÖRNER: Um dich ruhigzustellen?
PUJARI: Das auch! – Da brach alles zusammen, ich merkte, daß ich

überhaupt keine Lust hatte, irgend etwas zu machen . . . ich wollte einfach nur da sein . . .

KÖRNER: Du hattest eine Angina?

PUJARI: Ja. Das ist sehr typisch . . . die Enge . . . an dieser Stelle kommt sehr viel heraus, wenn man durch irgend etwas durchgehen muß . . . Ich flog dann nach Deutschland zurück, und da war eine große Wut . . . ich hatte so viel getan, um stark zu werden, aber ich merkte erst mal meine wirkliche Schwäche . . . Ich kämpfte um Liebe und Verständnis, die mir als Geburtsrecht zustanden, und je mehr ich darum kämpfte, um so mehr rückten sie weg . . . da kam ich auch zum Rückschluß auf mein Elternhaus . . . ich merkte auf einmal, daß ich auch als Kind hatte immer um Sachen kämpfen müssen, die eigentlich einem Kind von Natur aus zustehen . . . ein Zuhause zu haben . . . geliebt und akzeptiert zu werden . . . da kam der ganze Schmerz hoch, den ich erlebt hatte . . . ich war nicht akzeptiert worden, ich hatte mich meinen Eltern gegenüber nie geöffnet und ihnen nie vertraut, und da habe ich eine zehntägige Meditationsgruppe gemacht, wo man acht Stunden am Tag dasitzt und nur den Atem beobachtet . . . Was in dieser Zeit ablief . . . da kam mein ganzes Leben in meinen Gedanken wie eine Reise in die Vergangenheit hoch, und irgendwann erreichte ich einen Punkt, wo ich meine totale Hilflosigkeit sah. Und diesen Punkt irgendwo zu sehen, das war einerseits so schmerzvoll . . . und andererseits merkte ich, daß ich alles mögliche getan hatte, um diese Hilflosigkeit nicht zu sehen . . . danach fühlte ich mich viel befreiter . . . von diesem Druck, was bringen zu müssen, was leisten zu müssen, was machen zu müssen . . . Ich hatte nach dieser Meditation zum erstenmal das Gefühl, daß ich einfach dasein konnte.

KÖRNER: Ganz entspannt im Hier und Jetzt?

PUJARI: Ja, so etwa. Meine Arztausbildung war ja mit dem Staatsexamen noch nicht ganz abgeschlossen, einerseits fühlte ich mich deswegen »unrund«, andererseits wußte ich auch nicht, was ich mit einer abgeschlossenen Ausbildung machen konnte. Daß ich als herkömmlicher Mediziner nicht arbeiten konnte oder wollte, das war mir schon klargeworden. In dieser Situation habe ich Bhagwan das geschrieben und ihm das erläutert, und da schrieb er, daß ich diese MA-Zeit noch machen sollte, da habe ich eine Wohngemeinschaft gegründet, angefangen zu arbeiten, das war eine sehr gute Erfahrung. Ich habe im Krankenhaus auf der Station für innere Krankheiten gearbeitet, ich war in Orange und trug die Mala, und da war schon eine Scheu bei mir dagewesen, mich da so total zu zeigen. Aber ich habe das trotzdem gemacht und zu den Ärzten wie Patienten ein sehr gutes Verhältnis bekommen ... als ich nach vier Monaten wegging, habe ich Geschenke bekommen, die waren alle in Orange verpackt, das war eine so positive Erfahrung, akzeptiert zu werden. Das kam denen überhaupt nicht darauf an, wie ich herumlief, es kam darauf an, wie ich als Mensch war ... Nach diesen vier Monaten versuchte ich, ein Meditationszentrum aufzubauen, aber das scheiterte und wurde eine sehr große Enttäuschung ...

KÖRNER: Weshalb?

PUJARI: Das Leben war ein Nebeneinanderherlaufen. Jeder ging seine Wege und machte seine Sachen ...

KÖRNER: In der Wohngemeinschaft?

PUJARI: Ja! Das war ein gedankenloses Nebeneinanderleben ... Ich ging dann wieder nach München, wo ich viele Freunde hatte ...

KÖRNER: Wann war das?

PUJARI: Vor zwei Jahren! Da habe ich den zweiten Teil meiner MA-Zeit gemacht, die Chirurgie, das war auch eine Erfahrung, ich konnte als Arzt sehr viel machen, aber das war keine Arbeit, hinter der ich total stehen konnte. Nach diesen vier Monaten bot mir eine Ärztin an, bei ihr als Praxisvertretung zu arbeiten ... das habe ich gemacht, obwohl ich noch nicht die Approbation hatte, aber das ist anerkannt worden, das war eine ungeheure Erfahrung für mich, die Zeit in der Praxis ...

KÖRNER: Die Erfahrung, helfen zu können?

PUJARI: Nein! Eher die Erfahrung, nicht helfen zu können! – Es war auch die Erfahrung, nicht mehr helfen zu wollen ...

KÖRNER: Warum nicht?

PUJARI: Es gibt da zwei Pole ... einer, der hilft, und einer, der angeblich helfen kann. Und da habe ich gesehen, ja, das geht eben nicht. Du bist als Arzt eine Art Handelsgehilfe der pharmazeutischen Industrie und der Techniker, die immer neue Maschinen entwickeln ... Ja, ich habe da meine MA-Zeit gemacht und anschließend meine Approbation bekommen. Aber du kannst eine noch so gute Medizin machen, die Faktoren drumherum, die machen dir alles kaputt. Das konnte und wollte ich nicht machen.

Diese Arbeit erschöpfte mich körperlich und seelisch ... ich vermißte jede Freude ... das war einfach nicht sinnvoll ... Es hat keinen Zweck, einzelne Organe zu behandeln, wenn der ganze Mensch krank ist und bleibt und kein lebenswertes Leben hat ... Ich habe dann noch eine Anzahl von Praxisvertretungen gemacht ... da waren Praxen dabei ... da merktest du, daß das eine Fabrik war ... das hatte mit Hilfe für die Menschen überhaupt nichts mehr zu tun, das waren keine Menschen, das waren Kunden ...

KÖRNER: Und man hat keine Möglichkeit, ein anderer, ein besserer Arzt zu sein? – Du bist doch als Arzt ein freier Mann ...

PUJARI: Das sieht nur so aus! Du bist praktisch Angestellter der Krankenkasse ... eine Arztpraxis ist ein Wirtschaftsunternehmen ... und wenn man innerhalb eines Systems lebt ... du kannst da nicht alles anders machen wollen, als es die anderen Ärzte machen ... da ist ein enormer Druck ...

KÖRNER: Und wenn du eine Privatpraxis eröffnest?

PUJARI: Das löst nicht die Probleme der Patienten! Damit kannst du nicht dazu beitragen, daß sie erkennen, wie es in ihrem Leben aussieht! Das ist viel wichtiger für mich! Für mich ist wichtig, welchen Sinn meine Arbeit im Gesamtzusammenhang hat ...

KÖRNER: So eine Art Kategorischer Imperativ von Kant?

PUJARI: Das hat für mich weniger mit Kant zu tun als damit, wie ich mich fühle! Wie ich diese Welt sehe ... 1979 bin ich wieder nach Poona gefahren und habe zwei große Hauszelte mitgenommen, ich habe ein Gerüst gebaut und das Zelt darauf aufgebaut ... der Ashram hatte sich total verändert ...

KÖRNER: Zum Club Méditerrané mit erleuchteter Leitung?

PUJARI: Ganz im Gegenteil! Bhagwan hatte das Tempo unheimlich verstärkt ... Ich hatte Sehnsucht danach, etwas für mich herauszufinden, aber ich mußte sehr viel arbeiten. Das war kein Zwang, jeder konnte sich nehmen, was er wollte ...

KÖRNER: Wie lange warst du diesmal in Indien?

PUJARI: Zehn Monate!

KÖRNER: Und danach bist du wieder nach Deutschland gekommen? – Warum?

PUJARI: Da war zum einen die Krankheit ... ich habe mir die Amöben geholt und konnte im Ashram nicht arbeiten ...

KÖRNER: Du hast dort als Arzt gearbeitet?

PUJARI: Nein! – In der Küche! Und da mußte ich aussetzen und hatte nichts mehr zu tun, und da bekam ich eine große Sehnsucht danach, meine Energie sinnvoll einzusetzen ... ich spürte eine Energie und wußte noch nicht, wohin diese Energie hinfließen wollte ... Ich konnte mich auch nicht in irgend etwas hineinstürzen, ohne daß ich wußte, was ich eigentlich wollte ... Da kam eine Panik in mir hoch, ich wußte nicht, was ich machen wollte, und da dachte ich, gut, dann kannst du nach Deutschland, um zu sehen, was da für mich läuft ... da bin ich im Juli 1980 zurückgekommen, und da gab es wieder sehr viele Verwirrung, da bin ich siebentausend Kilometer in einem Monat gefahren, überall Freunde besucht und ein paar Tage gelebt und gesehen, was sie so machten, das war einerseits eine Suche und andererseits eine Angst davor, mich auf irgend etwas einzulassen ... Dann erinnerte ich mich an den Darshan, wo mir Bhagwan gesagt hatte, ich sollte ein Zentrum aufmachen ... und als ich den Entschluß dazu gefaßt hatte, das zu machen, da ging alles wie von allein. Wir haben die Wohnung hier gefunden, wie geschaffen für ein Zentrum, im Erdgeschoß die Teestube und die Meditationsräume und hier oben die Wohnräume.
KÖRNER: Ihr lebt in Wohngemeinschaft! Wie ist das mit der Miete?
PUJARI: Du, da sind einige Sannyasin, die in ihren Berufen arbeiten und hier ein Zimmer haben, die geben Geld ab ...
KÖRNER: Alles?
PUJARI: Nein, die zahlen einen Mietanteil, und die Kosten für Lebensmittel werden umgelegt, dann arbeiten andere im Ashram, die verdienen kein Geld ... aber die Frage nach dem Geld ist nicht so wichtig, Geld ist ein Mittel für den Lebensunterhalt ... aber nicht mehr ... wir machen dann auch Veranstaltungen, Seminare und Beratung ... Ich bin mir ziemlich sicher, daß wir existieren können ... Beim letzten Vortrag ... wir haben kaum Werbung gemacht, und da kamen über zweihundert Leute ... das wird schon wirksam, wenn man Energien einsetzt ...
KÖRNER: Ja, ich kann mir schon vorstellen, daß es viele Menschen gibt, die Antworten suchen ... aber wie sieht das mit dir aus, bist du jetzt glücklich?
PUJARI: Die Frage kann ich nicht beantworten ...
KÖRNER: Gut, ich nehme diese Frage zurück! Bist du zufrieden?
PUJARI: Ja! Unbedingt ja! – Und wenn du mich so fragst, dann kann ich dir sogar sagen, daß ich glücklich bin!

21

Bad Reichenhall im Februar: Bhagwans Hammer und der Ashram als Schonraum

Aus fremden Erfahrungen lernen: Je häufiger ich die Cassetten mit fremden Lebensgeschichten durch den Recorder laufen lasse, um so deutlicher wird mir, in welch großem Maße sich diese Lebensgeschichten bei aller Verschiedenheit doch gleichen. Ist die Welt eine Art Konfektionshaus, von dem jeder ein Leben wie von der Kleiderstange verpaßt bekommt, einen Anzug, der die Nacktheit notdürftig bedeckt, an einem Ärmel zu kurz ist und am anderen zu lang? Habe ich vier Jahrzehnte gebraucht, bis ich endlich begreife, daß es höchste Zeit ist, nach Schere, Nadel und Faden zu greifen, um mir den Anzug, der mir paßt, selber zu schneidern?
Dieser junge Arzt hat unter seiner ihm nicht passenden Biographie in einem Maße gelitten, daß es ihn bis nach Indien trieb, in die Industriestadt Poona, wo der Inder Bhagwan Shree Rajneesh mit seinem Ashram die große Biographie-Zertrümmerungsmaschine aufgebaut hat.
»Ganz entspannt im Hier und Jetzt«[1] ruft er den Menschen aus den verschiedensten Ländern zu, die an den Kassen seines Ashrams Schlange stehen und ihre beschädigten Identitäten vorzeigen wie die Bettler vor dem Ashram ihre eiternden Wunden, und der Guru nimmt den großen Hammer, den er sich aus allen möglichen philosophischen Systemen und allen Schulen westlicher und östlicher Psychologie zusammengebastelt hat, und zertrümmert Konditionierung und Determination, mit denen Elternhaus, Schule, Beruf einen Menschen für ihre Bedürfnisse passend auf das jeweils gewünschte Format geschliffen haben.
Gründlich arbeitet diese Ich-Zertrümmerungsmaschine, so perfekt, daß sie dem Befreiung vom alten Ich suchenden Sannyasin mit der Mala, dieser Halskette mit Bhagwans Bild, gleich einen neuen Namen verpaßt. Klug ist dieser Bhagwan; als die Königin den Zwerg endlich Rumpelstilzchen nennen konnte, hörte er auf, fröhlich um sein Feuer zu tanzen, und sie hatte ihn in ihrer Gewalt.

1 S. Satyananda, ›Ganz entspannt im Hier und Jetzt‹, Hamburg 1979

Der Arzt, der nach dem frühkindlichen Vertrauensdefizit (diesmal die Zeit im Waisenhaus) in einer zerstörten Familie zum Abiturienten heranwächst, durch ein Studium mit seinen (nichts weniger als sinnvollen) Leistungsanforderungen für die Rolle des Schulmediziners geschliffen wird, rennt von Therapeut zu Therapeut, reist durch Kliniken und Krankenscheine sammelnde Dr. Eisenbarth-Praxen, bis er seine Identität unter Bhagwans Hammer legt.
Und einmal mehr funktioniert der »Hammer on the Rock«[2]. Durch die Mühle in Poona gedreht, kommt der Arzt mit neuem Namen zurück und gründet ein Meditationszentrum. Jetzt strömen die Menschen zu ihm, zeigen ihre Sozialisationswunden vor und suchen, nein, nicht die Erleuchtung – die Befreiung vom alten Ich und einen neuen Sinn für ihr ihnen sinnlos erscheinendes Leben.
Love stand auf vielen Türen und Wänden des Meditationszentrums, in dem ich mich mit Pujari unterhielt. Love versuchen die Frauen und Männer, die in diesem Zentrum leben, für sich und andere möglich zu machen. Ich habe den Eindruck, daß ihnen dieser Versuch gelingt: Innerhalb der vier Wände eines Hauses herrscht (solange die Miete pünktlich bezahlt und die Treppe gesäubert wird) in der Bundesrepublik (noch?) jene Freiheit, die es möglich macht, ein Leben zu führen, das weitgehend den eigenen Wünschen folgt. Derlei gilt hierzulande derzeit als »jugendgefährdende Sekte«, was im Klartext allemal heißt, daß gesellschaftliche Konventionen gefährdet werden; wenn es um die *Jugend* geht, halte ich die Feuerstuhlproduzenten, deren Kunden nicht selten querschnittsgelähmt in Hospitälern dahinvegetieren, für tausendmal gefährdender!
Schonräume? Reinhard und die Bundeswehr? Peter und das Kloster? Swami Pujari und der Ashram?
Niemand kann wissen, in welche Richtung sich unsere Gesellschaft entwickelt. In den Ostblockländern werden Staatsangehörige, die es geschafft haben, sich Bhagwans Denken zu nähern, verfolgt. Im Westen verfolgt sie niemand; wir belächeln sie. Auch ich habe über diese zerbrechlich erscheinenden Gestalten oft gelächelt, bevor ich mit Swami Pujari sprach und herausfand, wer und was sie zerbrochen hat. Der Ashram als Schonraum, die Flucht in den sakralen Bereich, innerhalb dessen Grenzen andere Gesetze

2 B. S. Rajneesh, ›Sprengt den Fels der Unbewußtheit!‹, Frankfurt/Main 1979

herrschen als außerhalb. Mein Weg ist das nicht, weil ich es nicht für sinnvoll halte, die Geheimagenten des Willens meiner Eltern aus meinem Kopf hinauszujagen, um sie durch die Geheimagenten des Willens eines Gurus zu ersetzen.

Biographien, Tonband-Cassetten: Menschen werden geboren, erfahren schon in der frühen Kindheit Schmerz, der ihr Vertrauen in die Welt deformiert. Sozialisationsmechanismen in Elternhaus, Schule, Beruf, Universität richten sie zu zum funktionierenden Staatsbürger. Wie es drinnen aussieht, geht niemanden etwas an. Ein gewaltiger Druck durch Leitungsmechanismen soll das Funktionieren im gesellschaftlich gewünschten Sinne auch weiterhin sichern. ABER DIESE LEITUNGSMECHANISMEN FUNKTIONIEREN NICHT MEHR EINWANDFREI.

Oder ist das Gesellschaftssystem so genial, daß es selbst diese Männer, die ihren Wünschen folgten, für seinen Fortbestand braucht? Überlebt eine Gesellschaft, indem sie sich aus dem experimentellen Verhalten von einzelnen und Randgruppen heraus ständig erneuert?

Sind die Veränderungen Johns, Pauls, Ottos, Peters, Manfreds, Richards und Pujaris, die sämtlich Entscheidungen gegen die Eingliederung in Produktionsprozesse der gegenwärtigen industriellen Leistungsgesellschaft sind, Teil einer gesamtgesellschaftlichen Veränderung, die längst begonnen hat?

Oder gehören meine Gesprächspartner nur zu den immer zahlreicher werdenden Menschen, die nicht mehr bereit sind, sich dem Druck auszusetzen, den eine sterbende Industriegesellschaft produziert?

Alles deutet darauf hin, daß sich unsere Industriegesellschaft am Anfang des Übergangs in eine nachindustrielle Gesellschaft befindet, deren Grundwerte sich auch noch nicht andeutungsweise abzuzeichnen beginnen.

Es ist möglich, daß die Gesellschaft der Zukunft eine Informationsgesellschaft sein wird, die den Warenverbrauch nicht mehr fetischisiert. Es erscheint mir ebensogut möglich, daß diese Gesellschaft der Zukunft den Ordnungsstaat Orwells[3] mit diktatorischer Strenge verwirklicht.

Wie diese Gesellschaft der Zukunft auch immer aussehen mag, ich

3 G. Orwell, ›1984‹, Stuttgart 1950

lebe heute in einer anderen Gegenwart. Ich bin in Verhältnisse hineinsozialisiert worden, die ich als erdrückend empfinde, und jeder meiner Gesprächspartner hat mir bewiesen, daß solche Verhältnisse veränderbar sind.

Ich bin überzeugt davon, daß ein Mensch, dem bewußt geworden ist, daß er unter seinen Lebensverhältnissen leidet, nur die Wahl zwischen zwei Möglichkeiten hat. Er kann sich diesen Verhältnissen weiterhin anpassen und seine Wünsche verdrängen, oder er kann seine Lebensverhältnisse verändern. Anpassung ist der sichere Weg zu psychischer und somatischer Krankheit. Veränderung ist der Weg zum eigenen Leben. Und ob ich aus fremden Erfahrungen lernen kann!

John Z. erkennt, was für ein Elend Arbeitswelt und Familie für ihn bedeuten, und er läuft vor beidem auf und davon.

Otto C. erkennt, daß seine Betriebe seine Frau und ihn krank machen, daß es sich nicht lohnt, für den Bankzins zu arbeiten. Er wählt den geordneten Weg in den Heilpraktikerberuf.

Paul G. begreift sehr jung, daß ihn die Arbeit am Fließband zerstört, und er sucht die Wärme unter blauem Himmel.

Reinhard K. erkennt, in was für ein Elend ihn seine Mutter getrieben hat, und er löst sich von der Mutter und ihrer Nachfolgerin, seiner Ehefrau.

Peter F. läßt seine Homosexualität heraus und verläßt den Orden, der für ihn ein Schonraum gewesen war und nie eine geistige Heimat.

Dieter R. befreit sich von der Lebenswirklichkeit, die ihm sein Vater konstruiert hat, und geht in einen anderen Beruf und ein anderes Leben.

Thomas D. löst sich ebenfalls von dem unter Einfluß seines Vaters entstandenen Lebensplan und wählt *sein* eigenes Leben. Er nimmt auf seine Weise vom Streß der Leistungsgesellschaft Abschied.

Manfred P. befreit sich von einer ihm sinnlos erscheinenden Angestelltenkarriere und zieht sich in ein selbstbestimmteres Leben zurück.

Richard G. verabschiedet sich von der Bundesrepublik und dem Rechtsanwaltsberuf, weil für ihn das eine wie das andere keine Zukunft mehr hat.

Swami Pujari läßt seine alte Identität von einem Inder zertrüm-

mern und geht nach innen, in den Ashram, in einen der Freiräume, die in unserer Gesellschaft vorhanden sind.
Veränderungen sind nicht nur denkbar, sondern sie sind möglich. Das Haupthindernis zwischen meiner alten und einer neuen Lebenswirklichkeit befindet sich in meinem Kopf.
Traditions-Leitung, Innen-Leitung, Außen-Leitung: Man kann seine Verwandten und Freunde nicht einfach zurücklassen? – Aber den Dreck des sterbenden Ruhrgebiets einatmen und den Lärm und Schmutz der Industriegroßstadt ertragen, das kann *man*! Das schadet ja nur einem selbst und sonst niemandem. Vorbei! Zum Teufel mit den Vorstellungen aus einer anderen Zeit mit einer anderen Wirklichkeit!
Es ist Mittag geworden. Durch das Fenster meines Appartements, das ich weit geöffent habe, weil hier die Luft Sauerstoff aus großen Kiefernwäldern in mein Zimmer bringt und nicht den Staub und die Abgase eines sterbenden Stahlwerks, höre ich die Kirchenuhren Bad Reichenhalls. Über Nacht ist wieder Schnee gefallen, der im Sonnenlicht glänzt und glitzert. Kostbar sind diese Tonband-Cassetten für mich geworden, weil sie mir das Wissen vermitteln, daß Veränderungen möglich sind. Es gibt keine allgemeinverbindlichen Rezepte für Veränderungen. Aber es gibt die Gewißheit, daß Veränderung möglich ist. Glücklich die Menschen, die mit ihren Verhältnissen brechen, bevor sie von diesen Verhältnissen gänzlich zerbrochen werden können.
»Hinausch, hinausch ausch dem Hausch! Hinausch ausch den Schtuben. . .«: Diese Aufforderung eines sprachgestörten Kindes ist für mich die einzige vernünftige Antwort, die ich dieser sterbenden Industriegesellschaft in ihren menschenfressenden, alles zermalmenden Schlund werfen kann. Ich atme ihren Dreck, den sie mir jahrelang in die Lungen blies, nicht mehr ein.
Keine Spur von Rückzug oder Flucht! Alle denkbaren Wege sind nicht nur denkbar, sondern auch in der Wirklichkeit vorhanden! Wo die Kraft des Elefanten nicht ausreicht, um die gegen jede Veränderung gerichteten Kräfte und Gewohnheiten zu überwinden, nutzt vielleicht die List der Schlange! Ich für meinen Teil halte es mit der Strategie der Quecke. Schluß mit dem eindimensionalen, klar definierten und einfach zu kontrollierenden Leben! In den Orkus mit den Landkarten längst vermessener Gewohnheiten, meine Wünsche werden mir künftig die Wegweiser sein, und wenn

man das einen Lebensplan nennen will, wird er aussehen wie der Schnittmusterbogen aus einem Modejournal. Angriffs- und Fluchtlinien für eine Lebenscollage, auf die ich in der Stunde meines Todes zurückblicken kann: Verändern – was denn sonst?

Nachtrag:
Das Einstein-Rosen-Podolsky-Paradoxon[4] beweist, daß die beiden Photonen, zu denen ein Pi-Meson zerplatzt, noch vom »Schicksal« des jeweils anderen Photons »wissen«, auch wenn sie sich Lichtjahre weit voneinander entfernt haben. Sollte für Verwandte und Freunde etwas anderes gelten? Und wenn es so ist, wie wäre es dann um Verwandtschaft und Freundschaft bestellt?

Nachtrag 2:
»Das Realitätsprinzip sagt, wenn *hier*, dann nicht *dort*, wenn innen, dann nicht außen. Die Alternative zum Dualismus ist Dialektik; das heißt Liebe.«[5]

4 P. Davies, ›Mehrfachwelten‹, Düsseldorf 1981
5 N. O. Brown, ›Love's Body‹, München 1977

Nachwort: Annäherung an fremde Erfahrungen

»Wir beanspruchen nicht, eine Summa zu verfassen oder eine Chronik aufzustellen, unsere Verfahren sind Vergessen und Subtraktion. Ein Rhizom bilden, Maschinen bauen, die vor allem demontierbar sind; ein Milieu schaffen , wo mal dies und mal jenes auftauchen kann: wie mürbe Brocken in der Suppe.«
(*Gilles Deleuze/Felix Guattari, ›Rhizom‹, Berlin 1977*)

»Der soziale Kontext der patriarchalen Bürgerfamilie . . . hat sich verschoben, verwischt und teilweise aufgelöst. Von emanzipatorischen Bewegungen werden die Mitglieder der Familien erfaßt, und zwar zunehmend bis zu immer jüngeren Jahrgängen, wodurch das Sich-Einfügen in bestehende Autoritätsverhältnisse – und dazu diente zweifelsohne der Weihnachtsmann – eine immer geringere Rolle spielen . . . Das heute weit verbreitete Unbehagen am Weihnachtsfest aber ist ein Indikator für soziale Veränderungen in der Gesellschaft, für eine gewisse Abkehr vom bürgerlichen Leitbild, für die Suche nach Befreiung von den Zwängen bürgerlicher Familiennormen, die sich gerade zu Weihnachten als so besonders mächtig erweisen.«
(*Ingeborg Weber-Kellermann, ›Die deutsche Familie‹, Frankfurt/ Main 1974*)

»Vereinzelt, sehr vereinzelt gibt es ›Sonderlinge‹, die trotz guten Einkommens bewußt ohne Farbfernsehgerät, Mittelklassewagen und moderne Wohnzimmergarnitur leben und keine reklamegepriesenen Erfrischungsgetränke konsumieren und die vielleicht trotz guter Aufstiegschancen eine angenehme untergeordnete Tätigkeit einer anspannenden leitenden Position vorziehen. Diese

Außenseiter der Konsumgesellschaft werden vielleicht die Leitbilder einer wertorientierten Gesellschaft von morgen sein. (Ihr Lebensstandard würde sich dann übrigens schlagartig erhöhen, weil er mit anderen Maßstäben als heute gemessen würde. Heute liegt der ›maximale Konsument‹ an der Spitze, morgen wird Konsumsucht vielleicht Ausdruck zurückgebliebenen Denkens sein und ein recht niedriges Lebensniveau vermuten lassen.)«
(*Helmut Swoboda, ›Die Qualität des Lebens‹, Stuttgart 1973*)

»Der Bürger sieht sich selbst als heroische Gestalt im einsamen Kampf um die Freiheit, als Individualisten im Kampf gegen alle gesellschaftlichen Verhältnisse, die den natürlichen Menschen fesseln, der frei geboren ist und aus einem unerklärlichen Grund immer in Ketten liegt. Und tatsächlich führt der Individualismus des Bürgers zu einem kontinuierlichen technischen Fortschritt und damit zu wachsender Freiheit. Sein Kampf gegen die gesellschaftlichen Verhältnisse des Feudalismus bringt eine umfassende Befreiung der gesellschaftlichen Produktivkräfte mit sich. Sein Individualismus drückt den besonderen Weg aus, auf dem die bürgerliche Ökonomie ständig ihre Basis revolutioniert, bis diese für den Überbau zu revolutionär wird und die bürgerliche Ökonomie in ihr Gegenteil umschlägt.«
(*Christopher Caudwell, ›Bürgerliche Illusion und Wirklichkeit‹, München 1971*)

»Wenn wir von den meisten Phänomenen des Wachsens und der Entwicklung absehen, dann ist der häufigste Anlaß für eine Veränderung das Eintreten einer Abweichung von einer bestimmten Norm. Wenn der Winter kommt, heizt man das Haus und trägt wärmere Kleidung, um das Fallen der Temperatur auszugleichen. Wenn es noch kälter wird, muß mehr geheizt und noch wärmere Kleidung getragen werden. In anderen Worten: ein Wandel wird unerläßlich, um Überleben und Wohlbehagen zu gewährleisten.«
(*Paul Watzlawick, John H. Weakland, Richard Fisch, ›Lösungen‹, Bern 1974*)

»Ein Ende des Wachstums von Bevökerung und Wohlstand müßte keineswegs das Ende jeden Fortschritts bedeuten. Es gäbe jede

Menge Raum für alle Arten geistiger Kultur, für moralischen und sozialen Fortschritt, für eine Vervollkommnung der Kunst des Lebens – und eine weit größere Wahrscheinlichkeit für eine solche Verbesserung, sobald einmal der menschliche Geist nicht mehr nur vom Streben nach vermehrtem Reichtum erfüllt ist.«
(*John Stuart Mill, ›Grundsätze der politischen Ökonomie‹, Aalen 1968*)

»Die Psychoanalyse bleibt ein Privileg von wenigen, und ihre therapeutischen Ergebnisse werden oft bestritten. Wenn man aber mehrmals mit verschiedenen Menschen erlebt hat, welche Kräfte freiwerden, wenn die Folgen der Erziehung abgebaut werden konnten; wenn man sieht, wie diese Kräfte überall sonst destruktiv eingesetzt werden müssen, um das Lebendige bei sich und bei anderen zu zerstören, weil dieses von klein auf als böse und bedrohlich angesehen wurde, dann möchte man etwas von den in der analytischen Situation gewonnenen Erfahrungen der Gesellschaft vermitteln. Ob diese Vermittlung gelingt, bleibt eine offene Frage.«
(*Alice Miller, ›Am Anfang war Erziehung‹, Frankfurt/Main 1980*)

Höchst unordentliche Literaturauswahl

Obgleich das genaue Zitieren aus der Literatur im Text Brauch ist, habe ich in diesem Buch, wo immer es mir vertretbar erschien, darauf verzichtet. Die folgende Aufstellung enthält jene Bücher, die ich während der Arbeit benutzt habe und die auch für den Leser dieses Buches interessant sein können.

Ariès, Philippe, ›Studien zur Geschichte des Todes im Abendland‹, München 1976

Besson, Waldemar u. a., ›Perspektiven für das letzte Drittel des 20. Jahrhunderts‹, Stuttgart 1968

Binswanger, Hans Cristoph u. a., ›Wege aus der Wohlstandsfalle‹, Frankfurt/Main 1979

Breitenstein, Rolf, ›Die große Hoffnung‹, Düsseldorf und Wien 1980

Brown, Norman O., ›Love's Body‹, München 1977

Busse, Michael, ›Arbeit ohne Arbeiter‹, Frankfurt/Main 1978

Caudwell, Christopher, ›Bürgerliche Illusion und Wirklichkeit‹, München 1971

Condrau, Gion, ›Angst und Schuld als Grundprobleme der Psychotherapie‹, Bern 1962

Cooper, David, ›Die Sprache der Verrücktheit‹, Berlin 1978

ders., ›Psychiatrie und Anti-Psychiatrie‹, Frankfurt/Main 1971

Deleuze, Gilles/Guattari, Felix, ›Anti-Ödipus‹, Frankfurt/Main 1974

dies., ›Rhizom‹, Berlin 1977

Drigalski, Dörte von, ›Blumen auf Granit‹, Frankfurt/Main, Berlin, Wien 1979

Duhm, Dieter, ›Der Mensch ist anders‹, Lampertheim 1975
Dyer, Wayne W., ›Der wunde Punkt‹, Hamburg 1977
Feyerabend, Paul, ›Wider den Methodenzwang‹, Frankfurt/Main 1976
Freud, Sigmund, ›Die Traumdeutung‹, Frankfurt/Main 1961
ders., Studienausgabe Bd. I, ›Vorlesungen zur Einführung in die Psychoanalyse‹, Frankfurt/Main 1969
Fromm, Erich, ›Die Kunst des Liebens‹, Stuttgart 1981
ders., ›Die Furcht vor der Freiheit‹, Frankfurt/Main 1966
ders., ›Haben oder Sein‹, Stuttgart 1976
ders., ›Anatomie der menschlichen Destruktivität‹, Stuttgart 1974
Gerwin, Robert, ›Die Welt-Energie-Perspektive‹, Stuttgart 1980
Groeben, Norbert/Scheele, Brigitte, ›Argumente für eine Psychologie des reflexiven Subjekts‹, Darmstadt 1977
Haug, Wolfgang Fritz, ›Kritik der Warenästhetik‹, Frankfurt/Main 1971
Havemann, Robert, ›Morgen – Die Industriegesellschaft am Scheideweg‹, München 1980
Hoffmann-Axthelm, Dieter u. a., ›Zwei Kulturen? Tunix, Mescalero und die Folgen?‹, Berlin o. J.
Hoffstätter, Peter R., ›Gruppendynamik‹, Hamburg 1957
Huber, Joseph, ›Wer soll das alles ändern? – Die Alternativen der Alternativbewegung‹, Berlin 1980
Laucken, Uwe, ›Naive Verhaltenstheorie‹, Stuttgart 1973
Levinson, Daniel J. u. a., ›Das Leben des Mannes‹, Köln 1979
Lévi-Strauss, Claude, › »Primitive« und »Zivilisierte« – Nach Gesprächen aufgezeichnet von G. Charbonnier‹, Zürich 1972
ders., ›Traurige Tropen‹, Köln 1970
Maslow, Abraham A., ›Psychologie des Seins‹, München 1973
Mead, George H., ›Geist, Identität und Gesellschaft‹, Frankfurt/Main 1968
Mierau, Fritz, ›Erfindung und Korrektur – Tretjakows Ästhetik der Operativität‹, Berlin/DDR 1976
Miller, Alice, ›Am Anfang war Erziehung‹, Frankfurt/Main 1980
Mitscherlich, Alexander, ›Krankheit und Konflikt‹, Frankfurt/Main 1966

Morris, Desmond, ›Der Mensch mit dem wir leben‹, München/Zürich 1978
Oltmanns, Reimar, ›Du hast keine Chance, aber nutze sie‹, Hamburg 1980
Packard, Vance, ›Die sexuelle Verwirrung‹, Düsseldorf 1969
Plessner, Helmuth, ›Die Frage nach der Conditio humana‹, Frankfurt/Main 1976
Rajneesh, Bhagwan Shree, ›Sprengt den Fels der Unbewußtheit!‹, Frankfurt/Main 1979
Ribeiro, Darcy, ›Unterentwicklung, Kultur und Zivilisation‹, Frankfurt/Main 1980
Richter, Horst E., ›Flüchten oder Standhalten‹, Hamburg 1976
Riemann, Fritz, ›Grundformen der Angst‹, München/Basel 1978
Riesman, David, ›Die einsame Masse‹, Hamburg 1958
Rossanda, Rossana u. a., ›Der lange Marsch durch die Krise‹, Frankfurt/Main 1976
Satyananda, Swami, ›Ganz entspannt im Hier und Jetzt‹, Hamburg 1979
Schneider, Peter, ›. . . schon bist du ein Verfassungsfeind‹, Berlin 1976
Schoeck, Helmut, ›Der Neid – Eine Theorie der Gesellschaft‹, Freiburg/München 1968
Scholmer, Joseph, ›Die Krankheit der Medizin‹, Neuwied 1971
Sheehy, Gail, ›In der Mitte des Lebens. Die Bewältigung vorhersehbarer Krisen‹, München 1976
Skinner, B. F, ›Futurum Zwei‹, Hamburg 1970
Steiner, Rudolf, ›Geisteswissenschaft und Medizin‹, Basel 1937
Vester, Frederic, ›Denken, Lernen, Vergessen‹, Stuttgart 1975
ders., ›Neuland des Denkens‹, Stuttgart 1980
Watzlawick, Paul u. a., ›Lösungen – Zur Theorie und Praxis menschlichen Wandels‹, Bern 1974
Weber-Kellermann, Ingeborg, ›Die deutsche Familie – Versuch einer Sozialgeschichte‹, Frankfurt/Main 1974